元華文創
頂尖文庫 EA033

臺灣設計美學史

美學史

卷三

當代臺灣

楊裕富 著

序 言

「臺灣設計美學史」的寫作，起心動念於三十年前籌備雲林科技大學建築系的時候，

那時一邊在工業設計系教書，另一邊在準備建築系的設系提案及向教育部提出課程

師資設備計畫書。

那個年代，重視本土的口號已經響徹徹雲霄，然而相關本土設計的相關教材乃至於師資卻極其缺乏，工業設計史幾乎全是英國工業設計史或西洋工業設計史，建築史雖然有中國建築史的教材，但多數只談到盛清時期就結束，教材上尚未採取臺灣建築史料進入建築史的階段。然而我們的設計教育目標卻強調能培養出具中國文化特色兼具臺灣本土文化特色的設計人才。我覺得這樣子的教學資料而要達成相對的教育目標，幾乎是緣木求魚，所以就一頭栽入臺灣本土設計資源的研究，連續多年向國科會提出年度研究計畫案。

隨著十餘次的國科會研究計畫的完成，我的「臺灣設計美學史」的寫作材料也收集得相當豐富，再加上二十年前主持過三個文建會的社區總體營造案，其中竹山社寮紫南宮的社區總體營造案的經驗，更讓我對民俗宗教的實際活動有更深刻的體驗，社區總體營造案進行過程中所收集的資料更豐富了「臺灣設計美學史」的相關內容的提煉。所以我就開始著手這本「臺灣設計美學史」的初步寫作。然而這本「臺灣設計美學史」的寫作也隨著我的教學回饋而有相繼的寫作調整，如今出版的已是我「臺灣設計美學史」寫作上的第三個版本了。

回顧這麼長期的寫作過程裡，該感謝的人實在太多了，首先該感謝的是國科會連續十幾年核准我所提出來的研究案，其次感謝文建會核准的「竹山社寮紫南宮的社區總體營造案」與當時文建會副主任委員陳其南先生的指導與鼓勵，再其次則感謝我的碩班研究生與博班研究生們在上課過程中與我的激烈又營養的互動，以及我所指導的研究生們中有三十幾位以傳統與當代建築，傳統與當代工藝為研究對象時，所進行辛苦又踏實「田野調查成果」的滋養，特別是許峰旗博士與馮永華博士在工藝史與視傳設計史上的深入研究，在在都形成本書的重要養分。

最後也要謝謝元華文創公司在出版業艱困的年代挑選本書出版的眼光，更謝謝元華文創的蔡佩玲經理與編輯們辛勤的作業，才能讓這三本埋沒十年的好書能順利出版。

謝謝，謝謝所有幫助這本書形成與出版的朋友們，也預先謝謝對這系列感到興趣的讀者們。謝謝！！

目 次

卷二　盛清臺灣

卷三　當代臺灣

第七章：日據時期的臺灣設計美學

歷史是延續的，如果只就 1895 年至 1945 年期間來解讀日本帝國因戰勝據有臺灣所做的建設，或切片式的找出某一事件來看日本殖民者對臺灣發展的貢獻，那麼就會發生：「當割臺的消息傳來，臺灣民眾憑著他們素樸的保鄉衛土的觀念，以傳統武器對抗近代式軍隊，雖然『愚不可及』，卻正是一個民族追求獨立自主的精神所在。反過來說，開城門迎敵者，如果得到社會的肯定，甚至豔羨的話，這樣的民族在面對未來的危機時，其且將不戰而降，或可逆料」（註一）的歷史寫作感嘆。與以上引述的這種歷史寫作相反的是，目前仍有不少臺灣史的寫作卻仍然以殖民者的口吻，以蔑視「滿大人、清國奴」所做的建設為快，而以傳述想像中日本帝國光輝，乃至日本武士道精神照亮臺灣的現代化為榮。這也難以判斷到底屬不屬於上述「豔羨」的範圍呢？其實，就事件的目的來看，就權力走過的痕跡來看，就事件發展的連續性來看，很容易判斷是該「豔羨」還是該「引以為恥」，只有「切片式」的看待歷史事件，只有自認為「識時務者為俊傑」時，才會發生「狀似難以判斷，實為數典忘祖」的鼓吹言論。

日本佔據臺灣的目的是什麼？當然是在這新一代帝國主義的殖民地上吸取經濟乃至軍事的利益，但是日本帝國在這新奪的殖民地上會有什麼政策？那就要從日本與中國的歷史關係及對中國的「態度」來剖析。如果我們只憑著「大化革新」到「明治維新」等單一事件來理解歷史上日本對中國態度的轉變，那麼就很難理解日本在明治維新成功後對中國的態度怎麼會有如此的「劇變」，乃至於會認為國父孫文的對日勸說：「要成東方王道的干城，勿成西方霸道的鷹犬」（註二）是義正嚴詞的「官方文件」，日本國怎會毫無所感？然而這只是一篇 1924 年時孫文先生在神戶高等女學院對神戶商業會議等五團體，以「大亞洲主義」為題的演講稿。這個時候中華民國軍閥割據四分五裂，缺錢缺糧的黃埔軍校剛剛成立，而日本帝國主義只做不說的以「南滿州鐵道株式會社（SMR）」這個變形的殖民機構經營中國東北已經長達 18 年，南滿州鐵道株式會社的第一任總裁正是以自稱「科學式衛生式殖民臺灣」的後藤新平，所謂的關東軍進出滿鐵經營地如入無人之境，日本從日本本島，殖民地臺灣還發出「移民中國東北」的號召。國父孫文先生 1924 年在神戶高等女校的演講，對雄心勃勃的日本軍國主義者的只作不說而言，只能說是「對牛彈琴」罷了，能有什麼作用。

日本與中國的長期互動關係裡，「蔑視中國」其來有自，放在歷史長河裡，最少也有以下幾件大事，讓日本從「豔羨中國」逐漸轉變為「蔑視中國」。

其一，西元 107 年漢朝封日本西部邪馬臺國領袖為「漢委奴國王」

其二，西元 607—614 年攝政的聖德太子四次派遣隋使入隋，這是日本從朝鮮間接取得中國儒、道、佛經書與技術，轉變為直接從中國取得儒、道、佛經書與技術的開始，聖德太子還親自校註儒家「孝經」為貴族的規範，只是此時兩國國書就發生「天皇 VS 皇帝」、「東日出國 VS 西日落國」等「對等」風波，所以日本大使小野妹子的「物物交換技術引進任務成功」、「日落國與日出國對等承認任務失敗」，不過，經過四次遣隋使後，隋朝已經沒落，遣隋使也就終止。

其三，西元 647 年日本發生「大化改新」政變。大化改新以前，蘇我氏等大豪族控制政權，天皇家族沒有什麼實權。西元 645 年 6 月，皇室中大兄皇子（後來的天智天皇）聯合貴族中臣鎌足發動政變，刺殺當時掌握朝政的權臣蘇我入鹿，其父蘇我蝦夷自殺，皇室奪取政權。中大兄皇子等擁立孝德天皇。孝德天皇（645年—654 年在位）即位後，定年號為大化，全力仿效唐朝建立新制度，影響日本天皇制與國家體制長達三百餘年。

其四，西元 663 年唐朝與大化政權發生白村江海戰，各自展現實力後唐朝勢力直接進入朝鮮半島，大化政權勢力也試圖進入朝鮮半島南端百濟不成。至西元 669年大化政權展開第一次遣唐使，唐朝也令百濟鎮將遣使日本。

其五，西元 894 年日本朝廷發出第二十次遣唐使團，任命菅原道真為大使，然而菅原道真卻上書《請令公卿議定遣唐使進止狀》，也就是說菅原道真並不受命，認為需不需要再派遣唐使，不是天皇說了算，而是要貴族大臣們廷議後決定。由於當時日本裡中國文化素養最高的人就是有「日本李白」封號的菅原道真，所以再度廷議後，日本就終止了長達 225 年的向唐朝「學習」的「唐化運動」，在日本文化史上也就次此展開「大和文化運動」。唐化運動的終止最主要的理由在於菅原道真認為中國文化已然不值得學習，日本「應該」展開本土文化，這本土文化就是後來所稱的「大和風」或「大和魂」。

其六，西元 1274 年、1281 年，元朝兩度大軍侵日，但也都遇到強烈颱風而損兵折將無功而返，後世日本稱這兩次颱風為「神風」，是天佑日本說法的起始。二次大戰末期日本軍閥協調三菱重工生產無起落架的自殺零式戰鬥機，所組成的空軍特殊部隊就號稱「天佑日本」的「神風特攻隊」。

其七，西元 1598 年爭貢之亂，明朝以勘合制將貢商合一，但日本使團在寧波就因貿易糾紛而將明朝官員殺死後駕船逃回日本，史稱爭貢之亂。

其八，西元 1592 年至 1598 年豐臣秀吉入侵朝鮮，明朝以朝鮮宗祖國之責發動「抗倭援朝」戰爭，在明朝史書記載日本戰敗撤軍，日本史書記載則稱「文祿之役」豐臣秀吉即將病逝而撤軍。

其九，西元 1868 年明治維新，日本在蘭學（荷蘭學）的基礎上，開始全盤西化的改革運動。

其十，西元 1874 年日本侵略臺灣的牡丹社換琉球事件。在牡丹社軍事行動上日軍遭到瘧疾感染，可說是已無戰力，但是日本卻透過英國商人的斡旋而以日清談判文書記載日本是因琉球護民之舉而不得不出兵臺灣牡丹社，從此日本的歷史就記載清朝從此以後已非琉球藩的宗祖國，琉球是日本的國土，所以，釣魚臺也是日本的「國土」云云。

其十一，西元 1885 年日本明治維新思想家福澤諭吉在日本發表不署名短文<<脫亞論>>，認為日本應該更積極的文明進步向前衝，脫離亞洲民族的範疇進入超歐趕美的境界。要達到「脫亞」之目的，應對對其惡鄰居「支那」予以隔離，甚至應該像西方列強一樣對待「支那」。日本對中國的態度輕蔑並非始自於福澤諭吉的「脫亞論」，但脫亞論發表後，日本國民的共識逐漸養成支那民族不只是惡鄰居，還是「該被再教育、該被奴役」的下賤民族的觀點則根深蒂固的在日本人的價值觀裡快速形成。

其十二，西元 1894 年日本入侵清廷藩屬國朝鮮，清廷派袁世凱以新軍救援朝鮮戰爭，但日本海軍發動襲擊清廷北洋艦隊，北洋艦隊之炮彈經費因挪為慈禧太后祝壽建園之用，而致戰艦炮彈短缺，開戰不久即遭「全軍覆沒」，清廷戰敗被迫割讓遼東半島與臺灣及龐大賠款。

可見得中日長期歷史關係裡除了西元 107 年的「漢委奴國王」算是「豔羨中國，形式稱藩」之外，從西元 607 年聖德太子派小野妹子為遣隋使開始就是「豔羨中國，形式對等」，甚至於「豔羨中國，形式嘲弄」而在國書裡為個「日出國致日落國」搞得不歡而散。

西元 647 年的大化革新至西元 894 年的終止遣唐使，這長達兩百四十七年的向唐朝學習，表面上好像「豔羨中國，形式對等」，實質上則從西元 663 年的百濟爭奪戰及其後繼事件裡，就可以瞭解其實是「豔羨中國，形式對抗」，唐朝與新羅聯軍在白村江戰役裡打垮日本的入侵後，大化政權則一方面將百濟遺民撤退至對馬島及九州等地，築城頑抗，另一方面則展開遣唐使入唐「學習求和」，唐朝的態度則從指派百濟鎮將遣使日本看得出來，認為這是日本與百濟鎮守將領的事，而不是大化政權與唐朝的事，大化政權與百濟鎮將對等，而不是與唐朝對等。

西元 894 年的終止遣唐使則為中日關係乃至日本對中國態度的極大轉變，面對安史之亂後的唐朝凋庇不止是菅原道真已無「豔羨」之心思，可以說整個日本對中

國都已無「豔羨」的心思。自此大和化運動展開，從以大和朝廷以關西地區為標準的文字語言習俗藝術風格成為日本文化發源地的論述就一再的傳述下去。

西元 1274 年、1281 年，元朝兩度大軍侵日使日本產生「天佑日本」的思潮，這種思潮到了宋明兩朝雖有宋明理學再度影響日本，但是實際上這種影響並非因「豔羨」而影響，而是因形成更嚴密的封建制度而「借用」。這從西元 1598 年爭貢之亂就可以清楚的看得出來，在十六世紀末不但是日本戰國時期最為紛亂的年代，也是日本倭寇騷擾閩浙沿岸最劇烈的年代，雖然在 1563 年戚繼光與俞大猷等人已經剿滅了東南倭寇，但所謂中國東南倭寇裡日本海寇不及十分之三，十分之七卻都是中國東南沿海漁民為寇與日本浪人裡應外合，所以這些日本浪人又怎麼瞧得起這些「無恥的中國人」，另一方面倭寇剿滅了，日本卻仍然處於「戰國時代」，到底哪一個日本藩國可以代表日本來獲得明朝貢商制度下的貿易利益呢？當然各藩均爭，甚至於商人或海盜也可自稱是日本的代表，而寧波的明朝官員又有什麼「能力」阻止所謂「日本朝貢商團」間「爭貢」的衝突呢，於是乎爭之不得殺了明朝官員又如何？明朝這時的武力在日本諸藩乃至日本海盜的眼裡只不過是「紙老虎」而已，殺了明朝官員就殺了明朝官員又如何。或是說在明朝的貢商堪合制度裡，明朝冀望「以商誘藩」的策略，在日本各藩看來本來就是個不戳破的「窩囊廢物」而已，若非商業利益極高，又何必與之交往呢。也無怪乎豐成秀吉會長期的（1592--1598）入侵明朝藩屬國的朝鮮李氏王朝，猶如入無人之境，而明史雖記載日軍戰敗而撤軍，日本史卻記載文祿之役豐成秀吉因病而自朝鮮撤軍，若非明朝的搗蛋，日本國早已併吞了朝鮮。日本朝野會認為中國是搗蛋的惡鄰居，是可惡的窩囊廢，大概在十六世紀末就已經在朝野滋長，明治維新後，1885 年日本明治維新思想家福澤諭吉在<<脫亞論>>裡以「支那」指稱中國，並以生病的惡鄰居來類比清朝、類比中國，恐怕不是福澤諭吉的單一個人的想法而已，恐怕真是一個初生帝國主義國家，上上下下全民的共同心聲吧。怎麼著，稱中國為支那，稱中國人為支那人，不是蔑稱是什麼？是撤徹底底的瞧不起窩囊廢惡鄰居而稱支那人，不是嗎？難道支那人還是個尊稱不成？

有了這種長歷史的脈絡與觀點，再來記述日本殖民臺灣時期的重大事件，就能理解殖民統治裡的種種政策，在殖民者的眼中，在殖民者所收買的「少數漢奸或臺奸眼中」，都是那麼的理所當然吧。我們只是不希望這種日本人眼中的理所當然還在什麼「後殖民論述」裡獲得滋潤。一般而言日據時期臺灣史通常以所謂前期武官總督、中期文官總督、後期武官總督而分為三期，其實總督在當時的日本制度裡就統領軍政大權的武官官職，所以文官總督之說根本是個錯誤的稱呼，所以，我們以前期軍人武官總督、中期文人武官總督、後期軍人武官總督為分期，將日據時期的一些大事簡要記述如下：

其一，前期軍人武官總督期（1895—1918）

1895 年北南開城門事件：臺北城由辜顯榮開城門歡迎日本皇軍蒞臨，臺南城由巴克禮神父帶隊歡迎日本皇軍蒞臨。

1896 年日本國會通過第六十三號法案：賦予臺灣總督具有臺灣事務之律令制定權。換言之，日本在臺總督除了任期輪調外，總督個人獨享軍政司法大權於一身。

1898 年第三任總督兒玉原太郎及第三任民政長官後藤新平雙雙展開長達八年的治臺經歷。後藤新平所提出的「衛生進步殖民學」或「統治是生物學原理的一種，必須要經常用心地去做，並養成習慣，統治臺灣成功最大的秘訣，事實上是循著『生物學原理』」（註三）。這種衛生進步殖民學，如果對照起後來後藤新平出任南滿鐵路株式會社總裁，並設立關東軍「中國人體生化實驗室」來看，其實是比起納粹以瓦斯屠殺猶太人還慘無人道千萬倍，所以這種根植於日本人蔑視中國人的明治維新運動，乃至於衛生進殖民學論述，若在所謂後殖民論述裡仍然能在臺灣論述市場佔有一席之地的話，那才真是「心裡開城門迎敵者，如果得到社會的肯定，甚至豔羨的話，這樣的民族在面對未來的危機時，其且將不戰而降，或可逆料」的悲嘆吧。

其二，中期文人武官總督期（1918—1937）
從 1918 年開始日本殖民政權改換文人武官總督的兩大主因是日本帝國積極的將軍力投入中國東北以及大正時期正值所謂日本左派勢力上升，而有大正民主寬鬆期的幻覺與氛圍。不過這是對日本國國民而言，並不是對殖民地裡的被殖民者而言。所以所謂臺灣議會設置請願運動，乃至什麼臺灣內地（日本）一體化運動，在這個時期風起雲湧，但卻都徒勞無功。倒是在日本帝國主義者企圖積極侵略中國的同時，臺灣殖民當局也略施小惠放寬臺灣與中國之間的商貿，甚至鼓勵臺灣與福建之間的民間交流。

其三，後期軍人武官總督期（1937—1945）
1937 年開始日本帝國以假造藉口發動對中國的戰爭，臺灣殖民政權馬上改換軍人武官總督，並實施衛生進步殖民學的最後一步「皇民化運動」。所謂日本帝國的皇民與日本帝國的國民其實是完全不同「身份」的日本人，皇民者殖民地裡能說日本話、改為日本姓氏、燒掉祖宗牌位改立日本天皇或神道教牌位的被殖民者，經日本殖民官員或臺灣保正檢查合格者，在戰爭時期獲有配糧的被殖民者才稱為皇民。換句話說，日據末期許多臺灣人被拉伕成為軍伕到福建浙江殺中國人，或投入神風特攻隊，投入日本遠征南洋軍，投入充當日軍護士、日軍慰安婦，這些被殖民者才是日本殖民者眼中標準的皇民。臺灣當今論述裡之所以會出現「慰安婦是自願且為臺灣人出頭天」的說法，其是誤認為當今臺灣乃是處於日本後殖民「政權」，誤認為自己是高高在上「殖民者」的「失言」而已。面對這種失言，最好的回應就是「祝福他媽媽出頭天，天天當日軍慰安婦」吧。

日本殖民臺灣期間對臺灣人是法律性、制度性與階級性的壓榨、剝削，乃至於如果切開個別事件論之往往不能顧及全貌，而有日本文化優於臺灣文化，臺灣文化優於中國文化的幻覺。我們從人口政策及社會變遷來波開這層神秘的面紗。

7-1，日據時期的人口政策與社會變遷

從臺灣現代化歷程的角度來看，所謂後藤新平的「衛生進步殖民學」如果拿掉「衛生」二字就少掉了「動物養殖場」的色彩，拿掉「殖民」二字就沒有「被殖民者」的角色。可是如果不加上衛生二字，不加上殖民二字又怎麼能說服當時的日本財閥投資臺灣呢？

日本殖民者在臺灣產業興殖的計畫遇到了一個困境，因為所謂產業興殖的重要基礎在劉銘傳出任臺灣巡撫時早已經展開，戶口田賦已清查，臺北城已經有了衛生下水道，鐵路已經從基隆興建到新竹。接續下去豈不成了後繼者而不是開拓者。所以日本殖民者作了一個重大決策，凡看不見的繼續下去，凡看得見的另起爐灶。這就是拆城牆，改鐵道路線，接續戶口田賦清查，接續下水道建設。在接續戶口田賦清查上，日本殖民政權在 1905 年的臨時戶口調查、1915 年的第二次臨時戶口調查，乃至 1920 年起每隔五年一次的國勢調查都頗為翔實的紀錄了臺灣人口數上的變化，足供我們以較明確的數據來檢核人口政策的執行成果。由於殖民者的這些調查明確的只以被殖民者為登記要項，所以在臺灣的日本人到底有多少，則應另作推算，以下我們引述出日據時期的「臺灣人」人口數目。

1905 年：3039751 人。男 1610816 人，女 1428935 人，性比率 112.7%。
1915 年：3479922 人。男 1813053 人，女 1666869 人，性比率 108.8%。
1920 年：3955308 人。男 1893541 人，女 1761767 人，性比率 107.5%。
1925 年：3993408 人。男 2052669 人，女 1940739 人，性比率 105.8%。
1930 年：4592537 人。男 2353288 人，女 2239249 人，性比率 105.2%。
1935 年：5212426 人。男 2659819 人，女 2552607 人，性比率 104.2%。
1940 年：5872084 人。男 2970655 人，女 2901429 人，性比率 102.4%。（註四）

面對這些人口數據，我們可以有以下的解讀。

其一，日本殖民政權的殖民初期的大量屠殺臺灣人。
在本書第六章曾敘及「在清代史料所見的臺灣人口總數裡，直接的檔案紀錄有道光四年（1824 年）的 250 萬人、光緒元年（1875 年）的 300 萬人。依鹽額（用鹽的數量）推估所建立的人口數則有道光四年的 214 萬人、光緒元年的 262 萬人，

以及光緒二十年（1894 年）的 400 萬人」（註五）。1895 年的人口一定起了極大的變化，乃至於日據經營了 10 年結果人口總數會成為 303 萬人，簡單的推算日據初期臺灣人口減少四分之一以上，減少 100 萬人以上。雖說日人據臺之時曾誇口臺灣人可以自願選擇當日本殖民地人民或清朝的人民，但是 400 萬人裡有能力舉家遷回福建或廣東者畢竟只有大戶人家且在福建已有家產者，更何況這些所謂的大戶人家，在遷回福建之後，還有不少在軍事戰爭過後，又悄悄的遷回臺灣，另外這所謂的大戶人家遷回福建也不至於連家丁、僕役乃至佃戶一起遷回福建，更何況日本殖民者往往正要籠絡這些「大戶人家」，以利「以臺治臺」不是嗎？所以合理的推估，有能力，有意願「光桿不攜田產」而順利遷回福建者，人數應該不及三萬至五萬人。那麼減少的 100 萬人以上，除了戰爭記錄上的 10 至 15 萬人以外，最少有 80 萬人是在殖民初期被日本殖民者無故屠殺。日本在臺殖民初期正是以後藤新平的「衛生進步殖民學」理論，完成殖民者眼中「頑劣份子」的淘汰，這種屠殺式淘汰既可建立日本殖民者武力後盾的「威嚇」，又可有效的令被殖民者低頭，在既有的日本殖民者蔑視支那人，蔑視漢民族的習性與態度上，後藤新平想要養成被殖民者習慣者只有「承認日本民族為優秀民族，承認漢民族為惡鄰居，為該被改造的民族」這種習慣而已。而這種習慣只有從語言文字的改造開始。改造過程裡的人性與否並不考量，因為這時的日本人早已打心底的瞧不起支那人，對待被殖民者只有動物衛生的要求，無須有人性與人情的考量。我們看看後藤新平調任南滿州鐵路株式會社總裁後的所作所為，不是一模一樣的行徑，一模一樣的驕傲，一模一樣的沒有人性不是嗎？

其二，臺灣人口的增加主要集中在中期文人武官總督期，顯示福建新移民出現。日據時期 1920 年的臺灣人口總數為 395 萬餘人，1935 年的臺灣人口總數為 521 萬餘人。十五年間人口增加近 126 萬餘人，約 32%。如此這般人口快速成長，如果只從日本殖民政權的注重衛生、醫療改善乃至經濟成長、糧食充裕，其實是解釋不出來的，筆者認為這是文人武官總督期鼓勵臺灣與福建的民間交流、狀為寬鬆的殖民統治，乃至民國初年福建實質上仍為軍閥割據的混亂統治，因而引起新一波福建到臺灣的移民現象，才足以解釋如此快速的人口成長。

我們只有透過實際數據的不同解讀，才足以透徹瞭解日本殖民臺灣的人口政策與社會變遷。

日本殖民臺灣的人口政策很清楚的分為三個時期。

第一個時期以鞏固武力統治為最高指導原則，以精簡的日本人力管理臺灣是為第二優先原則，在這兩個原則之下有計畫的屠殺臺灣人乃是必要的手段，這種有計畫的屠殺臺灣人又能達到武力威嚇的效果者，則符合「衛生進步殖民學」的潛規

則，潛規則者只作不說。

第二個時期以增加生產力為最高指導原則，以增加日本人移民臺灣為第二優先原則。在這兩個原則之下日本殖民當局才有官辦民營的日本農業移民村的系列計畫案，但是這種「官辦民營的日本農業移民村」並不成功，總計這個階段引進日本農民不到五千戶，大部分都配置在花東縱谷上，只有少部分配置在臺灣西部平原。日本殖民當局在無可奈何之下決定「不明目張膽地」鼓勵福建新移民，如此一來可以補充臺灣一、二級產業所需要的人力。同時這個時期也積極加強日語教育乃至所謂「皇民思想」，以備將來戰力的充實與對中國戰爭時必要的意識形態改造，所謂的去中國化與「蔑視中國文化」乃至醜化支那人，在這個階段其實是如火如荼的展開，另一方面灌輸日本民族的優越性，乃至日本民族是亞洲民族的救星這種論述，乃藉由西化、現代化論述佔據了臺灣表層的主流論述，不過臺灣民間的主流論述留戀既有傳統信仰的現象並未受到有力的擾動。

第三個時期以增加日本軍力為最高指導原則，其實現的手段就是「皇民化運動」在皇民化運動下不止以軍事管制的方式強迫臺灣人燒祖宗牌位改立神道教牌位，更以所謂「文明開化，打倒迷信，鞏固戰力，迎接勝利」對臺灣人進行激烈的意識形態改造工作。所謂「皇民化」說穿了並不是什麼成為「日本天皇的子民」，實際上是成為「為日本皇軍忠誠效力之良民」，所以，這時的人口政策就是臺灣人的意識形態改造工程而已，意識形態改造成功就從數典忘祖開始，從尚未實現的光榮勝利為結尾。這種意識形態改造工程執行得成功不成功，當然有不同的評價與反思，不過就殖民者而言當是不惜代價一定要成功，就殖民者的後代，乃至日據時期的少數臺灣人受益者及其後代而言，乃是登堂入室揮之不去的懷念吧。真是可恥的懷念。

日據時期的社會變遷只有一種形態三種引力。

日據時期的殖民政權只允許一種社會形態出現，那就是統治的日本人與被統治的臺灣人這種固定的社會結構。但是由於日本人口有限，從日露戰爭後就已經開始分佈於廣大的准殖民地上，再加上 1895 年新增的兩個半殖民地：臺灣、韓國與遼東半島，能夠分配到臺灣的日本人力越來越感不足。所以就要在臺灣培養一批「假日本人」來輔助日本殖民政權對被殖民者的有效統治。以致於臺灣的實際人口裡大概分成四類：第一類日本軍人、第二類日本官僚與軍人御用學者及御用僧人、第三類被臺灣人稱為三隻腳的假日本人、第四類被殖民永不得翻身的臺灣人。在不精確卻合理的推據下，第一類人口與第二類人口佔臺灣總人口數約 3%，第二類人口約佔臺灣總人口數約 2%，而被殖民者佔臺灣人口總數約 95%。這種社會階級關係乃至社會形態，也正是爾後後藤新平洋洋得意的認為是最有效率的殖民統治模式。

日據時期的殖民政權雖然只允許一種社會形態出現，但日據時期的進步卻循著三個半「原鄉」繼續前進，這三個半原鄉就是統治者極力宣揚的「日本原鄉」、統治者假借宣揚文明開化的「西洋原鄉」乃至民間仍然續存香火的「福建原鄉」及經貿風流地「上海灘原鄉」。其中「西洋原鄉」是經過日本明治維新思潮改造過後的「歐美原鄉」，一種產業興殖效法對象的「變質原鄉」。而福建原鄉只有在文人武官總督期允許滋長，到了後期軍人武官總督期這福建原鄉就成為迷信乃至現代化所必須清除的路障了，「打倒迷信」這何其熟悉的口號，在 1960 年代的臺灣，真是令人啼笑皆非。「上海灘原鄉」則透過所謂的 ART DECO 風格與東京同步作為進步的象徵而影響著臺灣。

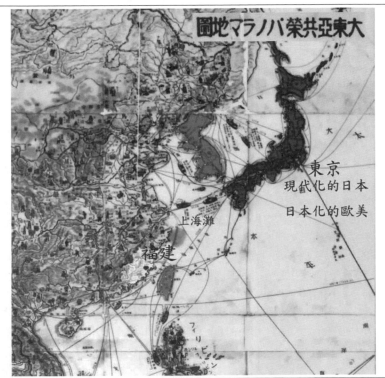

圖 7-1：日據時期臺灣官方的原鄉與民間的原鄉示意圖
紅色標示：日本傳統及日本化的歐美（原鄉），粉紅標示：日本殖民地
黃色標示：福建傳統原鄉及次殖民地的上海灘（原鄉）

7-2，三個半原鄉引力下的藝術類型與發展

日本在臺灣殖民時期的皇民化運動是期望將臺灣完全日本化嗎？當然不是，皇民化是要將臺灣完全殖民化，被殖民者只能像殖民者而不能等同於殖民者，像殖民者的目的是要服從於殖民者，所以語言文字與信仰就是優先改造的項目，不能等同於殖民者才可能「同工不同酬」而讓日本籍的資本家有利可圖。否則殖民地這種戰利品又何必辛辛苦苦的發動戰爭來獵取呢？

同樣的在日據時期的藝術發展與藝術類型就是與日本內地同步了嗎？臺灣建築就從此改成日本建築了嗎？所謂日本建築的式樣就成為臺灣的主流建築了嗎？當然不是。先別說日據時期日本殖民當局所蓋的建築物在新蓋建築的數量上不是主流類型，所有當時在日殖民地所蓋的建築其式樣也與同類型日本「內地」的稱呼上有所不同。基本上目前日本建築史家通稱在殖民地的日本建築為「殖民地建築」，而根源上應稱為「殖民地實驗建築」，這特別是在所謂建築現代化及都市計畫現代化上更是如此，都市計畫上的法規通常是在臺灣、朝鮮、滿州國等殖民地實驗過後才爭取在日本「內地」立法通過，就是最明顯的慣例。更不用說在 1930 年代日本建築論述場域以伊東忠太為首所倡導的國粹派現代建築：帝冠式樣，到了殖民地就要改稱為興亞式樣了。

在日據時期明明臺灣藝術發展並未與日本「內地」同步，甚至於建築、工藝、繪畫的數量上也絕非主流，但是為什麼在當今臺灣藝術史的寫作上往往寫成一代式樣替換一代，日據時期日本藝術染遍臺灣大地呢？這主要有兩個因素造成，其一，目前的藝術史寫法接受了日本中心角度的日人著作影響。其二，日本殖民者以絕對的權力指定了日本殖民當局所興建的建築物的展示姿態與能量，日據時期日本殖民當局的建築物理所當然的蓋在所有城市的關鍵位置上。建築物是意識形態的凝聚物也是意識形態的障礙物，所以日本軍隊進入臺北城以後，重要的工作之一就是徹底醜化爛化原先的意識形態的障礙物，拆城牆、建總督府。臺北城的大天后若是民間信仰中心，那麼就先將大天后宮充當野戰部隊臨時軍醫院，等到局勢穩定了，等到略有殖民成果後就將大天后宮拆掉，改建成產業興殖南洋博物館，把偌大的臺北大天后宮用地改建為「新公園」，展示文明開化的新時代來臨，展示著日本帝國開發南洋的決心。正因為日本殖民當局有絕對的權力將各式各樣的建築物蓋在所有城市的關鍵位置上，所以好像能開風氣之先，引領其他民間建築的仿效，同樣的正因為有所謂「街道改正」的都市計畫，所以街屋門面也就隨著法令而逐漸改頭換面，乃至於放眼所見，日據時期所蓋的建築物全盤日本化了，但事實上並非如此，在日本殖民者的眼中則是在都市地區的重要場所全盤的殖民化了。殖民的成果當然不能完全日本化，否則資本主義裡的低工資勞力與同工不同酬的價差，乃至於「真日本人」的優越性有怎麼得到彰顯呢？

如果我們將日本殖民當局所興建的建築稱為日據時期官方建築的話，那麼日據時期民間建築的發展又是如何呢？這數量上的主流類型的民間建築仍然尋原有模式繼續發展，直到 1937 年開啟皇民化運動為止。

同樣的如果我們將日本殖民當局特意引入教育體系的美術稱為日據時期官方美術或官方繪畫的話，那麼日據時期的民間繪畫的發展又是如何呢？當然是與福建乃至上海連成一氣，而不是與東京連成一氣，直到 1937 年開啟皇民化運動才較為歇緩。建築裝飾工藝及一般工藝也類似於此。

日據時期臺灣藝術發展的樣貌於是乎出現了官方藝術與民間藝術的鴻溝，官方藝術以資源、權力、教育制度取勝；民間藝術以人口、數量、信仰取勝。官方藝術以日本、西洋為原鄉，但卻非原鄉的再現而是原鄉的殖民化再現；民間藝術以福建、上海為原鄉，同樣的因為 1895 年至 1918 年間及 1937—1945 年間的禁止民間原鄉來往，所以這兩段期間也非原鄉的再現，而是想像原鄉的再現。我們如果想剖析日據時期臺灣藝術的發展脈絡，先探其原鄉是個重要的方法。

7-2-1，日據時期官方原鄉藝術發展脈絡

日本的傳統建築以現存最早的奈良法隆寺（約西元 700 年）的直接引入中國盛唐時期木構造建築來看，往前推斷的神社木構造建築仍保持明確的簷下斗拱出挑及較粗壯的樑柱系統外，往後衍生的寢殿造、書院造都特意採用較經濟的樑柱系統，這種特意或許是西元 894 年菅原道真建議終止遣唐使而崛起「大和風格」所致，總之，取之中國也要有別於中國。也因此不同時期從中國傳入的木構造建築式樣也都有一種別出心裁的風格式樣名稱。換句話說，西元 700 年前後的寺院造與與宮殿造無異，然而十一世紀從中國傳入的佛寺建築式樣就稱為「大佛樣」，十二世紀從中國傳入的佛寺建築式樣就稱為「禪宗樣」，十六、七世紀從中國傳入的佛寺建築式樣就先稱為「南禪樣」後改稱為「天竺樣」，可見得西元 894 年菅原道真建議終止遣唐使事件在日本文化史上是多麼具影響力的一件事，日本從中國傳入佛教建築式樣總要取個與唐、宋、元、明無涉的名稱，到了明朝日本已然蔑視鄙視中國後，則所謂南禪這樣的名稱都嫌與中國影射太多，而要命名為「天竺樣」。如果研究日本建築史未能察覺中日文化間態度的極大改變，直接以漢字的中文意思來解讀「天竺樣」的樣本在印度的話，那就像直接以漢字的中文意思來解讀「交趾陶」或「交趾支那陶」的起源在廣州或越南一樣，是會鬧笑話的吧。

日本的近現代藝術發展可以分成繪畫、工藝這一大類與建築這另一大類來觀照，總體而言這兩大類都先出現「西化運動」後再出現「國粹運動」，只是出現的時間有所不同，推動運動的論述其力道也不同而已。

繪畫與工藝的西化運動大致出現在十八世紀後半的江戶德川政權情境裡，當時明確的只有「寫實與西化」的目標，而絲毫沒有「現代化」的意識吧，而現代化意識出現乃至日本洋畫與新日本畫分道揚鑣乃至國粹運動則起自於 1880 年代至十九世紀末明治時期日本美術界的三位領導者：芬諾洛薩、岡倉天心、黑田清輝（註六）。建築的西化運動則出現於明治維新以後，建築的國粹運動則出現於 1920 年代，早於日本建築的現代化意識，或是說最少也不晚餘日本現代建築運動的萌芽。這種差異應該只能以「建築論述與建築論述的實踐」遠比「美術工藝論述與美術工藝論述的實踐」來得複雜多樣，又更「關乎國本」才能解釋得了，最少在日本文化意識裡是如此。所以我們就從日本建築的進現代化歷程來理解這狀似繽紛多樣的藝術論述及其實踐吧。

日本傳統建築發展到江戶時期大約形成了宮殿類型、神社類型、直譯中國類型（唐式樣、大佛樣、禪宗樣、天竺樣）、寢殿造類型、書院造類型、城郭建築類型、茶室類型等等，簡單的說也可分為神社類型、宮殿類型（天皇及皇族系列）、貴族類型及佛寺類型（仿中國建築類型）四大類。然而進入江戶末期西風東漸之下，日本建築的西化或現代化就展開了（註七）。但是日本建築的西化或現代化如火如荼的展開卻是在明治政權從「御聘外國建築家」任用到「第一代日本籍建築家」任用的轉變才開始，其而中關鍵的人物與事件即為東京帝國大學家建科（也是日本帝國工部省直屬家造學科）設立及聘用英籍孔德教授為首任科主任。

東京大學家建科所培養的「日本籍建築家」幾乎就是劃分日本現代建築第一代、第二代、第三代的指標。如果連同「御聘外國建築家」的建築實物成果來看，日本近代建築運動如果以 1945 年日本帝國戰敗為止的話，大致上可以分成以下十二群，三十八派（註八），我們以三大類簡單描述如下。

第一大類：御聘外國建築家主導類型
活躍時間約在 1860 年—1920 年間。大致上依時間序包括了：洋式工廠群、殖民式樣群、擬洋風群、外國建築家興建群、明治的歷史主義群（其下分為英國派、法國派、德國派）、美國合理主義群等六群，而新世紀的歷史主義群則跨屬第一大類與第二大類。

第二大類：日本籍新建築家的傳統樣類型
活躍時間約在 1895—1940 年間。大致上依時間序包括了：歷史主義建築論群、傳統樣式群、新世紀的歷史主義群。其中傳統樣式群既有完全遵照傳統木構造建築的些微工法改良的派別，也有完全以鋼筋混泥土替代木構造工法的派別，大體而言依時間序又包括了：木造折衷派、近代和風派、亞洲主義派（所謂的興亞式建築）、進化主義派、帝冠式樣派。

第三大類：日本籍新建築家的現代樣類型
活躍時間約在 1910 年以後。大致上依時間序包括了：社會政策派群、現代設計群、表現派群、初期現代主義群。其中初期現代主義群只指風格派、包浩斯派、柯比意派這三派及其後續影響。

在這第二大類日本籍新建築家的傳統樣類型裡，出現了建築國粹論的兩位重要人物：伊東忠太與關野貞。只是我們在分析日本建築國粹論的論述時，應該提醒自己對日本文化的再認識，應該切記日本文化裡「折衷主義」的偏好性，應該理解日本文化裡折衷主義乃至於混雜主義基本上並不是一種貶義，應該理解日本建築論述裡日本內地與殖民地的差別待遇是理所當然。我們以長野宇平治的兩個作品，乃至長野宇平治與伊東忠太、關野貞在「我國將來的建築樣式該如何發展」討論會上的對談言論引述如下，並無貶低所謂日本建築論述「言不由衷」的意思，反而是在認識日本文化裡所謂西化主義、國粹主義、折衷主義之間的融洽相處與毫無衝撞火花可言。簡言之，在日本文化裡各派論述之間並無衝突，論述上的矛盾與否，在日本文化意識上並不重要，也無須追究。

伊東忠太在實地考察中國、印度及附帶考察希臘、緬甸、土耳其等地建築三年餘之後在 1905 年發表了〈從建築進化原則來看我國建築前途〉一文，「這是一篇（從建築理論轉變到）關於如何設計建築的論述。文中首先指出了當時存在的『歐化主義』和『折衷主義』這兩個傾向。伊東批評維新後的歐化主義是日本國民的自殺行為；另外和風與洋風的混合──折衷主義，也只能作為是過渡時期的手段。取而代之的提出了『進化主義』論調，提倡將日本的木造建築進化到石造建築」（註九）。而在 1910 年所舉行的「我國將來的建築樣式該如何發展」的座談會裡，各派的主張尤其可見這種「矛盾無礙」的論述爭辯。

「日本固有樣式派，伊東忠太：『我曾經……提出進化主義的理論，……現在還是堅持這個理論。』（日本固有樣式派）關野真：『以到目前為止的日本建築所表現的趣味精神作為基礎，再參考西洋式、回教式、印度式、或中國式，……經過消化，塑造出一種清新的國民樣式。』歐化派，長野宇平治：『日本是在趕往和世界接軌的道路上，沒空閒去嘗試創造什麼新樣式……現在的日本……我認為真的是應該好好運用歐洲建築的時代。』脫歷史主義派，橫河民輔：『所謂樣式這種東西，並沒有一定要如何的道理……希望撤回「我國將來的建築樣式該如何發展？」的問題』脫歷史主義派，佐野利器：『建築之美的本質，僅僅是重量和支撐的明確力學表現。……提出一個最正直、簡明重量和支撐的力學來表現樣式吧。』」（註十）。

長野宇平治真的就是所謂的歐化派嗎？長野宇平治在這個時候（1910）已經蓋出

了被歸類於「七分和式三分洋式」的「新和洋折衷派」的奈良縣廳（1895），乃至於爾後被誤解為「後期文藝復興式」或「英式維多利亞紅磚造」的臺灣總督府（1919）。此刻長野宇平治在辰野金吾所召集的會議上，不是歐化派也要說出是個歐化派的擁護者，另一方面就設計者而言臺灣總督府既不是什麼晚期文藝復興式，也不是什麼「英式維多利亞紅磚造」，應該就是殖民建築的歐化建築或想像中的英國式樣的改造新生而已吧（註十一）。

總之，十八世紀末至 1945 年日本藝術發展的脈絡，是以兩種方式在殖民地蔓延，第一種方式是先導實驗式論述先行的蔓延，第二種是風格逐漸確定後的後滯式蔓延。前者可避免改革的風險，後者可鞏固日本帝國的權威。1895 年至 1945 年的臺灣是日本帝國的戰利品與殖民地。所以官方所認定的原鄉藝術發展，正是以上述的兩種方式在臺灣蔓延。

7-2-2，日據時期民間原鄉藝術發展：徬徨的官方藝術與奈何的民間藝術。
如果我們在批判日本在藝術論述權爭奪戰裡，長野宇平治一邊蓋「和洋折衷式建築」，一邊發表歐化派的建築論述是一種「言不由衷」，而會認為日本藝術近代化論述裡都是「言行不一」的話。那麼，以同樣的批判標準來看中國藝術近代化論述乃至中國現代化論述，那麼真可說是遠不如日本文化的，甚至於是不堪聞問的醜陋的歷史。

先不說藝術論述裡所謂的西化運動與國粹運動出現得極晚，甚至所謂國粹運動的藝術類科乃至於「國粹」內容的認定上，也都還是「未經考驗的本國文化精粹」，甚至「國粹」淪為民粹主義，淪為義和團主義而不自知。更不用說整個中國語言文字的運用，民國初年的「白話文運動」，乃至遡及清末東南諸省的自強運動所高喊的「中學為體西學為用」，基本上都是搭便車式的借用日式漢字中式解讀下的自我誤會一場瞎忙而已。

歷史當然不可能從來，但是重新定位歷史事件卻能夠更清晰的解釋出歷史發展的脈絡。意識形態的解析更是如此，如果將歷史事件作了錯誤的定位，那麼將不斷重複錯誤的決策而將歷史發展的方向朝向「他國」的利益前進而不自知。設計美學應該是一種懂得自我批判的意識形態，是一種透過澄清歷史發展脈絡，透過重新定位歷史事件，透過重新認識自我文化特色而粹煉出的意識形態。這樣的設計美學探討，或許才對我們自己的設計藝術的特色有所認識，進而對我們自己的設計藝術產業發展有所助益。

思潮就是意識形態，但未必是良性的意識形態。只有經得起「現實與權力」辯證檢驗的思潮才可能是良性的意識形態。我們回顧中國近現代史的事件與思潮時，

太平天國的天父思潮之所以不是良性的意識形態，就在於這種天父思潮既乏傳統天道信仰的承傳，也無所謂對西方知識的深入認識，更經不起現實全力爭奪的誘惑，乃至於終於被現實的權力關係打敗為草寇行徑。

太平天國之後的自強運動思潮也不是良性的意識形態，因為這種思潮只是一種二手模仿，自強運動思潮裡的「中學為體西學為用」並不是一種深刻的反思所得，相反的它只是一種口號，一種對明治維新思潮中「洋體和魂」的廉價抄襲而已，當然經不起清廷權力現實的考驗，終至花大把鈔票建立北洋艦隊，卻挪用北洋艦隊軍火預算於慈禧太后暖壽建園，而成中日甲午戰爭大敗的主因。國父孫文先生所提出的三民主義思潮就是良性的意識形態了嗎？當然不是，否則怎會造成辛辛苦苦推翻滿清之後，並沒有達到孫文先生所號召的「讓四萬萬同胞都當皇帝，都是國家的主人」，反而是臨時大總統的權位尚未穩固，馬上就要向現實低頭而讓位於袁世凱呢？中國的南北分裂是藉口，推翻滿清後中國已成為四百餘個軍閥土皇帝的分裂割據是現實。五四運動所提出的救中國思潮就是良性的意識形態了嗎？顯然未必。否則，又怎麼會出現左派與右派思潮的互相指責，乃至國難當頭的對日抗戰年代還有國民黨的寧漢分裂，乃至於抗戰慘勝後還有國共內戰的救中國行徑呢？國共內戰到底是正義與邪惡的戰爭？還是資本主義帝國與共產主義帝國的代理人戰爭呢？

這種救中國的思潮竟然能衍生出中國內戰，可見得當然是惡性的意識形態不是嗎？正由於國家改革思潮的廉價抄襲乃至於革命思潮的廉價抄襲，才會造成設計藝術思潮抄襲的便宜行事，乃至造成 1840 年之後「焦心徬徨的官方設計藝術發展主張與無可奈何的民間藝術發展情境」。

焦心徬徨的官方設計藝術發展主張是透過晚清時期抄襲日本現代教育章程與體制來推動現代設計藝術教育；無可奈何的民間藝術發展則透過五四運動裡打倒封建、打倒迷信的口號下，透過市場機制自生自滅。嚴格的說，近現代中國從 1850 年的太平天國事件起至 1945 年的二次世界大戰結束為止的近百年間，只有戰亂而少有太平，各形各色的政權對國民的要求遠大於對國民的服務，乃至於官方設計藝術發展的主張都是「鄙視傳統的全盤西化」加上法西斯主義的「藝術為政治服務」，如此一來自然而然的就斬斷了中國傳統建築技藝在教育體制上的登堂入室。無可奈何的民間藝術發展則透過市場機制，要嘛原封不動的在本地市場裡打傳，要嘛在帝國列強群租群聚的上海形成一個百匯雜陳國際接軌的藝術新中心，這就是海上畫派崛起的背景，也是現代藝術運動裡藝術裝飾運動（ART DECO）化身為上海風格的真實脈絡。而北京這個原有的藝術中心就留給以然僵化的山水畫論述與過度精緻化的京劇常伴沒落滿清皇族、貴族、軍閥新貴及老太監們渡過自認為愛國救國的一生吧。日據時期臺灣民間原鄉於是乎有了兩岸三地：一個是長期不能通達偶爾鼓勵交流的彼岸，一個是長期戰亂偶爾太平的彼岸。三地，一

個是最沒影響力的北京，一個是市場影響力的上海，一個是語言相通的福建。

7-2-3，原鄉在地化

日本殖民臺灣時雖然駐在臺灣或移民臺灣的日本人總數一直未超過臺灣總人口的百分之五，但是靠著武力為後盾的殖民管理人員卻也能夠透過管制經濟的定價系統、透過司法制度的軍檢警調混成系統、透過法令制度的制訂而十分有效率的達成殖民母國的最大利益，並維持臺灣人民的衣食無虞與勞動生產力的逐日成長。如此一來，剩下的意識形態的改造就透過逐日強制的語言教學、教育系統乃至建築、工藝、繪畫藝術的發展來達成。日本殖民統治者這種官方的原鄉也就源源不絕的進出臺灣，雖然早期有些粗暴，中期有些寬鬆，到了後期這些殖民者也就很有信心的等待接受歡呼，乃至很有信心驅使臺灣同胞當軍伕來對支那作戰，有信心驅使臺灣兵到福建沿海城市以不流利的日語喝令福建人民接受大日本帝國的興亞提攜。所以，殖民時期日本官方原鄉的在地化就如以下的步調，以「文明開化領導者的身段」展現在臺灣人民眼前，以保證意識形態改造的使命必達，軍事化的使命必達。

在建築藝術上滯後引入的建築類型是在保證對日本傳統的懷古與懷舊，控制性的新潮流與改良口味的西化則在加強對日本帝國文明開化光明前途的信心。

這樣的脈絡下，第一階段先是木構造的神社建築、軍警武備訓練的武德殿、顯示文明開化的歐化樣式高層機關建築、顯示墾拓精神的產業建築與日籍官員宿舍就次第的在原有的重要城市乃至產業地（如米糖林礦的產業地）快速興建出來。

第二階段在縱貫鐵路通車前後，透過建材生產規格的改變（從所謂文明磚與文化瓦規格的制訂），透過市區改正，以法令逐漸改變了民間市街建築的表皮，乃至透過磚造建築到加強磚造的混泥土建材試用再到實驗鋼筋混凝土構造的「進步性」的強調，更深入的逐漸改變了民間市街建築，乃至於民居建築，依然無法撼動的民間廟宇建築則留待下一階段皇民化時伺機拆除與隨機拆除。第二階段官方直接興建的建築物也有了構造類型上的變化，除了神社建築仍保留日本傳統木構造外，武德殿就開啟了日式傳統木構造的石構造化或鋼筋混凝土化實驗，都市地區裡的機關建築除了糧食局、糖業公司、林務公司保持產業興殖木構造外（註十二），絕大部分的機關建築都成為歐化折衷式樣及鋼筋混凝土構造的實驗品乃至展示品，少部分的日資住宅則零零碎碎的響應著現代建築運動裡的 ART DECO 風格。

第三階段在 1937 年之後，除了透過宗教改正拆除了不少民間廟宇而影響了民間建築藝術之外，這時所蓋的機關建築，特別是交通運輸機關建築幾乎全都以「興

亞式樣」或「帝冠式樣」來定調。隨著這三階段而新興的建築裝飾工藝則循著伊東忠太的「日本的木造建築進化到石造建築」思維邏輯，開發出水泥塑與洗石子這兩種類石造建築及類混凝土表層的建築裝飾系統。

在平行於這三個階段更稀有的建築就是貌似西洋建築的教堂建築，以磚造加部分外表仿石材來表現混搭歌德式風格及混搭文藝復興式風格，由於這些教堂並非石造，所以當然不是歌德式建築或文藝復興建築，它們正是長野宇平治心目中的「好好運用歐洲建築（外表）」的類歐洲風格。在這種外表形式的模仿上，勉強可稱為西洋折衷主義建築，但因其形式上還強調歷史感而不強調地域感，所以也可稱為混搭歌德式或混搭文藝復興式，更仔細的風格辨認則似無意義也無必要。

在官方主導的繪畫及工藝的發展上原鄉則具後滯性，繪畫上透過軍僧系統引入著重筆墨趣味性的南禪畫（簡稱南畫），透過美術教育系統引入西洋畫與後滯的現代畫。透過更為普及的美術工藝教育引入半調子的工程製圖與強調寫實的素描與水彩。工藝上則選擇日本人認為具有原住民色彩的草編工藝、製陶工藝與刻意引進的日式木工藝與礦物資源頗豐的玻璃工藝，雖然臺灣的玻璃工藝源起於 1887 年前後陳兩成、陳全土、陳義水等人所創設的手工吹製玻璃器皿工廠（註十三），但是玻璃工藝的崛起乃至興盛確實是在玻璃工業崛起之後的日據時期。

在民間自發性的建築、繪畫及工藝的發展上，晚清時期臺灣本土匠師與繪師已經達到頗高的匠藝成就，但在早期軍人武官總督期這些工藝或多或少都受到冷落、打壓或迎合新市場新制度的自動改造，直到 1911 年中華民國成立之後，日本政局也逐步進入大正民主寬鬆期，進而帶動了福建工匠到臺灣「打工謀生」的維繫管道，到了 1918 年的首任文職武官總督期後，臺灣與福建乃至上海的管制性貿易引發了新一波的福建移民入臺及福建工匠繪師來臺的熱潮。如此接上的民間原鄉在建築藝術上就是廟宇建築的三川殿改造成燕尾頂歇山（或稱假四垂）的流行以及尪仔剪粘的盛行，乃至在 1930 年代引發了磁磚彩繪的創制。在工藝上似無新生項目從原鄉引進，倒是建築裝飾工藝裡的磁磚彩繪乃至前期的尪仔陶略有單品商品化的趨勢。在民間繪畫上則轟轟烈烈的展開建築彩繪的再聯繫與閩派繪畫的復甦現象，其最顯著的事件就是民國初年閩派繪畫兩位大師之一的李霞來臺一年四個月，及李霞之姪隨李霞來臺而移民定居臺灣。

雖然日據時期的臺灣，官方藝術與民間藝術心目中的原鄉不一樣。不過前者以教育制度及地點取得了臺灣設計藝術發展的發言權，乃至法令制度上的優勢，後者則以工匠系統的師徒制取得了臺灣設計藝術發展的工作權，乃至數量與市場上的優勢。日據時期臺灣設計藝術的發展上，日系臺風並非全貌，閩習臺風也共同迎接著現代化與新生事物的挑戰與調整。

7-3，日據時期的建築設計美學

日據時期的臺灣建築發展正由於有三個半原鄉：官方的傳統日本、官方的仿歐美、民間的傳統福建及半個代表摩登的上海，所以建築類型上也就十分複雜。大體而言主要就是日本人的建築與漢人的建築。這個時期原住民建築及西洋人建築其實是受到壓制而生產有限。由於這個時期建築發展的三個半原鄉影響力往往是交互出現，其中建材與建築技術的發展或「現代化意識」往往又居主導地位，再加上目前遺存日據時期的建築物數量十分龐大，所以我們在此以簡化的具代表性的建築類型，依年代序舉例簡述如下：第一類，官方機關建築；第二類官方宗教意識形態建築（包括神社與日式佛教）；第三類官方產業興殖建築（包括米糖林礦及日人宿舍）；第四類民間廟宇（包括傳統儒釋道廟宇及家廟）；第五類民間民居；第六類民間街屋。其中民間街屋的時間認定以日據時期市區改正發佈日期或執行日期為依據。

7-3-1，建築實例歷史資料選樣描述

其一，開山神社增改建（1897 增建拜殿與鳥居）
開山神社是日本人抵臺之後所改建的第一座神社。在日據時期時，因鄭成功具有日本人血統，所以延平郡王祠被保留，於明治 29 年（1896 年）7 月改名為開山神社，並增建了日式的拜殿與鳥居，但大致建築仍維持原本的福州風格。

其二，臺北龍安坡黃宅濂讓居（1897 年）
黃家為福建安溪黃氏移民來臺，於 1897 年興建濂讓居，濂讓居格局為左右雙護龍三合院之形制，代表了當時臺灣北部農家集居的生活形式。建築物大體上坐西北朝東南，為火庫起屋身，典型安溪厝形與海棠花紋石窗，屋架為硬山擱式，正廳以黑、金色為主色調，門面採凹壽設計。

其三，臺灣神社（第一階段完工於 1901，第二階段施工 1937-1942）
這是日殖民臺灣位格最高的官方宗教建築，臺灣總督府對於這座神社非常重視，因此在設計建造上也聘請專業的人士來處理。神社建築群由日本請來伊東忠太以及武田五一兩人來規劃、設計，再由日本專門負責社寺建築及皇家建築的傳統工匠「宮大工」木子清敬來負責建造。第一階段格局，神社總面積約 5 公頃（15000坪）左右，包含了日式石獅、鳥居、石燈籠、社務所、手水捨、拜殿、本殿等，由下而上分成三階梯的形式，本殿位在最高處的位置。第二階段則增建護國神社及護國神社與臺灣神社間的引道，但第二階段尚未完工即因飛機失事損及護國神社而終止興建。戰後臺灣神社拆除改建為圓山飯店及太原五百完人衣冠塚。

其四，第一階段臺灣總督官邸（落成於 1901 年，拆除於 1911）
第一階段臺灣總督府官邸由日本建築師福田東吾、野村一郎設計、監造，其建築主體為磚造與石材混合構造的二層樓建築，外形上為仿歐古典建築樣式的文藝復興式風格，主體為凹字型、左右不對稱的形式。雖為磚造與石材混合構造，但柱子上已試用鋼筋混凝土構造，只是日本人仍在試驗階段的鋼筋混凝土構造不太成功，所以到了 1911 年就拆除重建。

其五，蘆洲李宅（1903 年）
蘆洲李宅為是三進三落合院建築，全厝原有九廳、六十房，座落於「七星下地之浮水蓮花」的喝形風水寶地。為屋主蘆洲李樹華於 1903 年所建，為臺灣少見的磚造擱檁式進深發展院落民居。1985 年經內政部公告為三級古蹟「蘆洲李宅」，歷經多年的修復，於 2006 年正式開放。

其六，北港朝天宮(1905 年嘉義大地震災情慘重而重建～)
北港朝天宮源於 1694 年佛教臨濟宗第三十四代禪師樹璧自福建湄洲天后宮移駕媽祖神像到臺灣所建宮廟。幾經更址擴至咸豐年間已成四進三落東西鐘鼓樓之五門式大規模宮廟（正式的說法為三座四進三落建築群，中座為主殿前為三門三川殿，左右座分別為鐘鼓樓前各具一門，而於最前形成五門式佛寺立面）。1905年遭嘉南大地震幾乎全毀，旋即募得善款於原地依原樣重建，只是三川殿改為極其華麗的燕尾頂歇山式樣。

其七，關子嶺碧雲寺（1905 年嘉義大地震後而維修～）
關子嶺碧雲寺為嘉義山區儒生林啟邦等八位福州省試科舉中舉後於 1808 年集資興建，初具山門兩進式規模建築，並成為日據初期抗日志士的根據地之一。1905年嘉義大地震後因無力維修而被鄰近大仙寺合併廟產，而依大仙寺募款而進行簡易維修，故而能保留原有閩南建築風格及日據時期新增磚材及洗石子飾材風格。合產之爭雖於 1931 年獲得白河庄長林占春出面調解而與大仙寺各自獨立，但此後建築維修則頗為艱困，反而保留原有建築原貌。光復後則於廂房外另有擴增，1970 年改建第二進為「古宮殿式」之大雄寶殿。1997 年內政部平定為三級古蹟。

其八，臺中公園湖心亭（1908 年）
湖心亭位於臺中公園之日月湖內，是為了在臺中舉行的「臺灣縱貫鐵道全通式」而建，做為鐵路開通的紀念建築物，當時來臺灣主持的日本皇室閑院宮載仁親王曾進入此亭休憩。其構造為雙併式尖頂涼亭，亭子水面下以混凝土柱支撐，平臺以上樑柱以木架為主結構。外圍護欄以鑄鐵式欄桿。主柱上亦設鑄鐵造燈架。屋頂尖端以四脊圓弧交又為頂高設計之造型，略具有藝術革新運動之風格。湖心亭經多次修建，於 1985 年修繕時，屋瓦改為鍍鋅鐵皮瓦，表面漆以紅色油漆。後經古蹟修復委員會討論後，恢復至銅瓦時期的赤銅色屋頂。

其九,旗山老街(1908 年)
形成主因:1908 年日資「高砂製糖株式會社」成立,小軌產業火車促成旗山老街崛起。最早一批旗山老街為緊鄰產業小火車站的街屋,這批街屋多採塊石砌拱廊騎樓街屋,然後隨旗山產業崛起與人口聚集,旗山執行了第二次市區改正計畫(1920--1930),乃至後續的街屋形式乃與時具進。

其十,虎尾糖廠及糖廠宿舍招待所(1909 年-1912 年)
臺糖虎尾總廠,簡稱虎尾總廠,現名虎尾糖廠,位於臺灣雲林縣虎尾鎮中山路 2 號,隸屬於臺灣糖業公司砂糖事業部。虎尾糖廠是一座建於 1907 年的砂糖製造廠,由大日本製糖株式會社所經營,其所屬營業車站最早的名稱為五間厝驛,自 1920 年以後改稱虎尾驛,是虎尾早年最重要的交通動線,也是日據時期虎尾最繁榮熱鬧的市街中心。糖廠建築為日據時期典型工廠建築,糖廠宿舍則為典型雨淋版木構造殖民式樣(與殖民地式樣是不同的式樣歸類)。

其十一,臺北撫臺街洋樓(1910 年)
撫臺街洋樓是現今臺北城內僅存之日據初期獨棟式的洋式店鋪,為石木混合構造,規模雖不大,但彌足珍貴。由於左右並沒有相鄰連接的建築物,有別於一般常見的連棟式街屋建築。其外觀上最大的特徵,是立面上的陡斜屋頂、屋頂突出之老虎窗型式與石造拱廊柱。

其十二,臺北曹洞宗東和禪寺(1910 年)
東和禪寺原為日本曹洞宗永平寺和總持寺兩大本山臺北別院,自西元 1910 年日據時期在臺北市東門町六十八番地建院以來,迄今已近百年,1914 年增建觀音禪堂,臺灣光復後觀音禪堂易名為「東和禪寺」。

其十三,迪化街街屋(1910 年)
形成主因:1905 年完成市區改正計畫,1910 年打通了迪化街及延平北路。
街屋形式:1905 年前的清式街屋有一兩間,1910 年之後的日式排樓面街屋與時俱進大約至 1945 年為止。所以迪化街街屋幾乎成為日據時期街屋的博物館,早期的大正期街屋、昭和初期街屋、晚期仿石構造巴絡克山牆面街屋、晚期鋼筋混泥土實驗型現代建築街屋一應俱全。

其十四,內湖紫雲居黃宅(1911 年)
石崁黃氏古宅位於內湖,是一坐北朝南的閩南三合院式兩落護龍住宅,古宅建於民國元年,是較完整而具代表性的古宅建築。石崁黃氏古宅的大廳門楣上寫著『紫雲居』的字樣,祖先牌位則寫著『江夏堂』,黃氏祖籍福建省南靖縣漳州府人,據說先人遷居至今第十二代。

其十五，高砂製糖株式會社旗山火車站(1911 年)
旗山火車站建於西元 1910 年，是一棟融合仿維多利亞和哥德式風格的建築，也稱為擬洋風建築。這樣的建築形式是日本第一代建築師帶來臺灣的建築形式，主要的建築材料以石、紅磚、木材為主，牆面為真壁造、屋頂為金屬瓦。

其十六，臺北臨濟護國禪寺（1912 年）
臺灣第四任總督兒玉源太郎於 1898 年邀請大阪府龍興山南宗寺高僧、臨濟宗大學學長梅山玄秀來臺弘法。1912 年因信眾漸多而改建為「鎮南山臨濟護國禪寺」，臨濟護國禪寺的規模相當宏偉，由阿部權藏設計，包括本堂(大雄寶殿)、豐川閣、庫裡(華藏殿)、山門(鐘樓門)等大型木造建築，以及其他的附屬設施與建築。

其十七，大溪齋明寺（1912 年重建）
齋明寺又叫齋名堂，最早是屬於齋教龍華派的齋堂,而所謂齋派,又稱在家佛教,1850 年,農民李阿甲,法號性悅,自南海普陀山法雨寺出家受戒返臺後,見大溪山水靜逸適清修,乃結草庵而修,供奉南海請回之觀音菩薩,名曰福份宮。1873年,福份宮住持及當地仕紳集資改建廟宇,易名為齋明堂。1912 年擴建正殿與兩側廂房完竣，並舉行盛大的落成典禮。1937 年，日本殖民政府進行「宗教整理」，第五代住持江澄坤居士（法號普乾）為保存齋明堂之完整，乃與日本曹洞宗連絡並更名為齋明寺。

其十九，深坑永安居黃宅（1912 年）
深坑黃氏遷臺開基祖黃世賢於乾隆年間攜子自福建安溪來臺開墾，至第三代黃連山身後傳六房，第四代二房之黃守禮的四個兒子：慶諒、則水、則頭、則虎於1912 年合建永安居於深坑萬順寮。永安居為磚造擱檁式（另稱火庫起）合院建築，正身為五間另加稍間與過廊規模，東西廂房為兩段四間規模，所以形成極寬闊的前庭，另因配合坡地地形而建有兩層圍牆與門樓，更見永安居為順應地形與圍封感中見開闊的民居。

其十八，竹山社寮陳克己宅第（1912 年）
竹山社寮陳氏開臺祖陳佛照於嘉慶道光年間經商致富後與社寮另一富商張天球共同開發竹山社寮十庄，並由所屬六房共傳家產三甲耕地，日據時期陳佛照二房第五代陳克己再度經商致富，而於 1912 年現址興建陳佛照公廳，亦即陳克己宅第。陳克己宅第為五間起兩進兩落合院住宅，並以歇山頂門樓內設木屏及紅磚牆形成頗為完整封閉的前庭。陳克己宅第特殊之處在於門樓及第一進正身均為檜木建造，並於檜木建築上飾以眾多精美檜木鑿花，實為不可多得的日據時期傳統木建築精品（註十四）。

其二十，楊梅道東堂雙堂屋（1912 年）
位在楊梅市楊梅高中附近高山里的雙堂屋是楊梅望族鄭氏家族於西元 1912 年所建，規模為二進四護龍，雖然外觀上沒有太多華麗的木雕或是交趾陶的裝飾，但是四護龍的規模讓雙堂屋從正面看是一棟非常氣派的燕尾建築，正面還有可聚集風水的半圓荷花池。鄭氏家族在楊梅曾經築起多棟頗具規模的宅第，且堂號皆為道東堂，目前則以雙堂屋和玉明邸較為出名。

其二十一，大林張聯古厝（1912 年）
大林張家古厝興建於 1912 年，由日據時期任職保正與農民組合的張聯先生籌劃興建，原建規模為單進四護龍三合院，目前僅存單進雙護龍。

其二十二，臺北賓館（施工 1911-1913 年完工）
原總督官邸在興建十幾年後因空間不敷使用，且原鋼筋混泥土柱實驗並不成功，而木製的屋頂也遭到白蟻侵蝕，於是在 1911 年開始改建，預算為 15 萬日幣，總司營繕的建築師是森山松之助。改建的內容有：二、三樓擴建 296 坪、陽臺擴建 101 坪、車寄（門廊）增建 11 坪、大食堂擴 6 坪。另外建築樣式也從仿文藝復興樣式變成華麗的仿巴洛克形式，屋頂換成法國曼薩爾式屋頂，木屋架也換成鋼骨；陽臺的立柱從單柱變成羅馬雙柱等，改建後在外型上頗具法國第二帝國宮廷建築風格。

其二十三，東勢劉氏潤德堂（1913 年）
潤德堂佔地七分餘，為一馬背景四合院土埆磚砌建築，為東勢公館人劉慶業所創建。劉慶業原經營樟腦油生意，後來專賣酒，擁有數十甲地，當時號稱東勢區首富。潤德堂為一坐東向西的大伙房，宅邸為二進四護龍式的建築，入口山門在北邊，該堂以門樓取代圍牆，並與所有護龍的外側山牆連接成一整體立面。

其二十四，臺北私宅臺北故事館（1914）
臺北故事館為日據時期之名茶商陳朝駿所建。為興建此別莊，由日本建築師近藤十郎設計之木構造建築，風格屬仿英國都鐸式建築。該建物除本身圓山別莊外，興建之初尚建有英式庭園，涼亭等，面積十分寬廣。

其二十五，阿里山林場招待所，嘉義營林俱樂部（1914 年）
營林俱樂部約是興建於 1914 年，隸屬於嘉義營林所出張所，為臺灣總督府營林局的休閒娛樂場所。營林俱樂部為仿都鐸式半木構造建築，平面略呈長方形，佔地 1562 平方公尺，高 4.2 公尺，寬 20 公尺，長 10 公尺。其外牆為雨淋板，入口設有凸窗，上方的山牆為了裝飾除直線木板外還釘有曲線形木板，屬殖民建築樣式或產業興殖樣式。

其二十六，湖口老街（1914 年起—1929 年鐵路改道）
形成主因：1914 年因日式窄軌火車通車而形成新市街，1929 年因鐵路改道新湖口，而始老湖口凍結發展。老湖口的老街因完全興建於 1914 年至 1929 年間，所以風格一致，而有日據大正街屋的號稱。

其二十七，花蓮糖廠（1914 年起-1922 年）
花蓮糖廠，舊稱花蓮港製糖所，原屬於鹽水港製糖株式會社。大和工場，位於光復鄉，興建於 1922 年，每日壓榨甘蔗量為 1,000 公噸；壽工場，位於壽豐鄉，興建於 1914 年，每日壓榨甘蔗量為 1,000 公噸。花蓮糖廠之經營與日本在臺殖民政權的「日本人移民花東縱谷計畫」有一定的關連。其所屬建築也多半為雨淋版外表的產業興殖樣式。

其二十八，臺灣南洋博物館（1915 年）
總督府於 1899 年成立臺灣總督府民政部物產陳列館，1905 年臺北天后宮遭拆除後，原地雖改建公園但過於空曠。1913 年，續任之臺灣民政長官祝辰巳以紀念第四任臺灣總督兒玉源太郎與民政長官後藤新平，向民間募款得總金額 256,101 日幣籌建故兒玉總督暨後藤民政長官紀念館於原臺北天后宮址興建紀念南進政策、產業興殖政策乃至於紀念兒玉源太郎、後藤新平的「臺灣南洋博物館」。由日籍建築師野村一郎與荒木榮一設計，風格為仿後期文藝復興時期的古希臘多立克式樣式，外觀上綜合了巴洛克時期的建築風格，於 1915 年完工並遷入新址。

其二十九，臺北州廳（1915 年）
臺北州廳建築原為臺北廳建築，興建於 1915 年。屬磚木構造，式樣上為仿歐混合式。屋身類似於英式維多利亞紅磚造，屋頂則採法式曼薩爾式曲面屋頂。

其三十，白河大仙寺（1915 年大雄寶殿落成完工）
白河大仙寺雖早於 1701 年即由臨濟宗參徹禪師自福建鼓山奉觀音菩薩來臺，但早期草盧常遷移，至 1809 年水師提督王得祿元配范夫人逝世，為卜墓園於大仙巖初址，才由王得祿捐款於 1819 年興建大仙寺建築於現址。1895 年間則因抗日志士以鄰近之碧雲寺為據點遭日軍圍剿而大仙寺似乎也波及戰火，但自此役之後碧雲寺似乎成為大仙寺之託管財產，兩寺之間財產糾紛不斷，戰後修建或地震後重建修建資金分配糾紛不斷，直至 1931 年在白河庄長仲裁下才分清財產，兩寺自此而後各不相干。白河大仙寺在日據時期似乎以依靠日式佛教而取得較多資源，1905 年大仙寺管理人臺灣齋教龍華會會長廖碳，為挽回寺運，特往日本視察，回國後得沈得臨住持鼎力支持，募得基金伍萬玖仟圓，仿日本奈良東大寺，重建大雄寶殿，並創設大仙巖書房於寺前，1915 年新建之大雄寶殿落成。但不到十五年這全新「仿日本奈良東大寺」的大雄寶殿又遭嘉南大地震損傷極重。

其三十一，集集線車埕火車站（1916 年起—1922 年）
車埕位於南投縣水里鄉明潭壩頂下方，日據時代為了輸出埔里糖廠所產的蔗糖，於 1916 年修築埔里至車埕的輕便車鐵道，後來為因應日月潭第一發電所(大觀發電廠)的興建，便拓寬車埕至二水間的七分車鐵道匯入西部幹線，1922 年完工，成為今日的集集鐵路支線。車埕作為集集支線最重要的林業、糖業、電業的據點，其繁華程度不下九份金瓜石，集集線車埕火車站，乃至車埕伐木集散工廠建築與車埕民居的建築式樣多為典型的「產業興殖式樣」。

其三十一，臺南州廳（1916 年）
臺南州廳建築原為臺南廳建築，興建於 1916 年。屬磚石木混合構造並已有鋼筋混泥土的實驗試用，設計者為森山松之助，式樣上為仿歐混合式。屋身類似於義大利式晚期文藝復興式，屋頂則採法國式曼薩爾式曲面屋頂。

其三十二，臺中張廖家廟（1916 年）
臺中張廖家廟俗稱「張廖公廳」，起建於 1887 年，建成於 1916 年。張廟家廟是由三川殿、左右護龍及二個山門連接成一格局頗為壯闊，且類似於佛教五門式山門的的長形立面。其精緻佈滿鑿花的木構造、彩繪、剪粘等建築裝飾工藝均可顯示其為晚清至日據時期傳統建築的典型作品。

其三十三，屏東田寮巷邱氏河南堂忠實第（1916 年）
邱姓河南堂忠實第基地坐北朝南，目前為「屏東縣文化局鄉土藝術館」使用。平面格局由二堂二橫圍塑著中庭的伙房屋，前堂的中間門樓為三開間，其中軸部分空間由外而內依序為前庭、前堂、中庭與兩邊過廊、後堂。正身向兩旁各伸出三間。構造上，紅磚外飾洗石子牆身與木料屋架之擱檁式承重牆構造，加上些許簡化的羅馬柱式的石柱與大量運用洗石子、剪粘、泥塑等建築裝飾工藝，都可看出傳統建築接受新工法的努力。

其三十四，三峽老街街屋（1916 年起）
形成主因：1916 年三峽民權路完成市區改正，1916 年後快速形成新街屋，其後只有少數二樓半街屋或為增建於 1930 年代或為新建於 1930 年代，這一部份則採用洗石子仿石構造，形成所謂仿巴洛克山牆立面。

其三十五，花蓮吉野村慶修院（1917 年）
花東地區移民村 1909 年－1918 年，為了加快移民試驗，臺灣總督府開始積極介入移民措施，主管機關也從民政部殖產局林務課兼管改交由移民事業委員會專管，並在各移民地點設置移民指導所。吉野佈教所就是在這種背景下出現。慶修院創建於日本大正元年(1917 年)，前身是日本真言宗高野派「吉野布教所」。1945

年「吉野布教所」正式改名為「慶修院」，至 1997 年內政部公告為國家第三級古蹟。慶修院的主體建築外觀主要採用日本傳統佛寺的平面與造型設計，具有出軒式入口，木欄杆寶形造型以及四角鐵皮屋面，其中「慶修院」的寺院正面採出軒式入口「向拜」出簷，三邊帶廊附有木欄杆，格局面寬三間、進深四間，略成方形；中開間向後延伸為布教壇，進深四間。木構架上的頭貫、斗拱、木鼻等構件，散發著典型日本江戶時期的建築風。

其三十六，臺中火車站（1917 年）
臺中火車站建於西元 1917 年，是日據時期仿文藝復興式樣的火車站建築，也是日本殖民政權展現西方列強原鄉下的產物。臺中火車站的建立是一個時代的象徵一個城市的指標的、它的建立代表了臺中市的發展、臺灣鐵路史的前進。臺中火車站的建築酷似日治時期的臺灣總督府，建物本體中央屋頂飾有華麗的鐘塔，為最醒目的之特徵，大型的山牆立面，上有勳章雕飾、鐘塔、白色洗石子環帶固繞，與紅色磚面相襯，雖經歲月摧殘，至今仍顯一股想像的現代化霸氣。

其三十七，新港奉天宮（1907—1917 年重建完成）
奉天宮素有開臺媽祖之稱，其所供奉的媽祖，為明天啟 2 年（1622 年）閩人顏思齊率眾來臺，船民自湄州請來的分靈媽祖神像。1811 年，王得祿伯爵為酬謝媽祖指引他飛黃騰達的神恩，倡建本宮，并得嘉慶帝敕賜宮號為「奉天宮」。奉天宮歷經整修，目前建築物為震災毀後重建於 1917 年。建築規模為四落三開間建築。四落依序為三川殿、正殿、後殿（觀音殿）、父母殿。其中父母殿為新建之兩層樓的鋼筋混凝土仿傳統式樣建築。臺灣的媽祖廟通常興建時均為三落之三川殿、正殿、父母殿格局，但鑑於清朝的僧人管理道教宮觀廟宇慣例，許多宮廟慢慢的也將父母殿改為觀音殿，形成道佛相融拜拜有理的民俗信仰，甚至於在日據時期因拜觀音而屬佛教而免於日本殖民政權的「宗教改正」迫害。時過境遷至 1980 年代興起兩岸民俗交流與「分靈媽祖回娘家熱潮」後，才發現媽祖祖廟都有父母殿，所有官祀廟宇都有父母殿為靠山，所以就在建地許可範圍內加建一進為父母殿。新港奉天宮的規模格局就是如此演化而來。

其三十八，臺灣總督府建築（競圖設計 1907-1909 年，施工 1912-1919 年）
總督府於 1907 年懸賞 5 萬元日幣公開徵圖，並限定參賽者資格為日本籍建築師。該徵圖初選階段，主辦單位從多位參加競圖的日本建築師當中選出一至七名：分別為鈴木吉兵衛、長野宇平治、井岡安、森山松之助、松井清足、櫻井小大郎及福井房一，每位均獲得獎金壹仟元。評審團包含辰野金吾、中村遠太郎、塚本靖、金井等等知名建築技師。本來囑意採用初選首獎得主鈴木吉兵衛的作品，不過經多日審慎考量，評審團發現鈴木吉兵衛的首獎作品中的尖塔、陡屋頂、具兩層老虎窗的紅磚建築樣式，有「抄襲」海牙國際法庭嫌疑，因此於 1909 年公佈的中選名單中，採用了第二名長野宇平治的作品，而其樣式與當年正在建造中的東京

站相當接近。但是到最後定稿階段,修改成現今高塔建築模樣的,卻是當時出任臺灣總督府營繕課松山森之助局部修改後,依圖施工。

臺灣總督府構造上屬鋼筋混凝土加強磚造,外型為仿文藝復興式風格,共分為五層樓,主體平面呈現倒「日」字型。正面寬約 140 公尺、側面寬約 85 公尺,中央塔高 60 公尺,總佔地為 2100 坪,建築物的中央塔、角塔、衛塔等大片立面的級數式節奏和粗面砌築基座與柱式主出入口,混合成了震撼的視覺效果。而整棟建築物中充滿廊柱、山牆、拱廊及圓拱窗,堪稱日治時期臺灣的代表性建築。

其三十九,大溪老街(1919 年起--)
形成主因:1919 年完成市區改正計畫。
大溪老街主要範圍涵蓋和平路、中山路、中央路三條路上的歷史街屋,早期傳統的商店街並無二致,全是面寬窄縱深長的「街屋」型式,日據時期(西元 1919 年),為執行都市計劃,便將和平路、中山路上部份建築拆除,絕大部分均改成仿巴洛克式樣的山牆立面。

其四十,竹東彭宅信好第(1920 年)
彭宅信好第,位於新竹客運竹東總站附近,是彭開耀氏第五兒子的宅第。原為一土埆厝,民國初年由臺北名匠鳳梨重建。並由關西師傅施以雕刻,是竹東鎮首屈一指的壯麗四合院式住宅。

其四十一,農商局食糧部臺中事務所(1921 年)
臺灣總督府農商局食糧部臺中事務所興建於 1921 年。主體呈二層樓ㄇ字型,正門入口有車寄玄關,為臺中市目前少見之大型二層樓磚木混和構造公共建築。從外表密集的雨淋版及平實的四披頂小塔來看,也是典型的「殖民樣式」或「產業興殖樣式」。

其四十二,澎湖天后宮(1922 年脫胎換骨改建,執稿尺匠師:藍木)
澎湖天后宮雖可溯源自 1604 年澎湖的媽祖廟及 1683 年施琅奏請興建澎湖天后宮,但在中法戰爭(1883--1885)及日本佔臺先佔澎湖的乙未戰爭(1895)砲火下,澎湖天后宮早遭戰火波及而成為勉強可尋得三開間正殿的斷垣殘壁。現今之澎湖媽祖天后宮建築則為 1922 年所建。執稿尺匠師為潮州籍匠師藍木,藍木匠師也因興建澎湖天后宮而移民澎湖。澎湖天后宮面向港口,座北朝南,顯示地位極高。廟順坡而建,前水後山,有風水意義。建築佈局為三殿式二院,即三川殿、正殿以及清風閣(後殿),分別順著地形升高。廟埕與三川殿交接處設有多角形的石階,香客需循階而上進入廟中,這在臺灣廟宇中為獨一無二的設計。

其四十三,竹東蘇氏武功堂(1923 年)

竹東蘇氏武功堂為福建省汀州府移民臺灣、經營田產起家的蘇氏家族，於民國13年建成。占地約千餘坪，左右雙護龍，埕外有兩道圍牆，由裡而外出自名家之手的雕樑彩繪、裝飾工藝，展現獨特的氣勢；庭院遍植花木，雖立於馬路旁，有著鬧中取靜的雅致環境，是當地保存良好的三合院古宅之一。目前也是竹東蘇氏宗親會的會址。

其四十四，大甲德化里黃宅（1924年）
臺中縣大甲鎮德化里的黃清波（黃振金）宅，建於日據大正13年（1924年），建築形制為二進四合院，面寬五開間，位向坐西朝東。黃清波（1891-1966）為「隆源商號」創辦人黃椪之子，於日據時期從事經營米糧、鴉片買賣特許生意，且拓展大陸間海上貿易，儼然為大甲地區首屈一指之富商，且大量投資於土地，成為大地主。黃清波新宅建於黃家舊厝右側，建築基線與舊厝齊致，中軸線採左右對稱配置。第一進採當時流行的裝飾風尚，屋頂採日式四批水，正面山牆最具特色的是去結構化的「破山頭」山牆設計，破空的山牆造成視覺上動感的震撼。泥塑、洗石子、仿石柱等建築裝飾均深受當時流行的裝飾工法影響。

其四十五，艋舺龍山寺（1924年改建，執稿尺匠師：王益順）
艋舺龍山寺源自清乾隆三年（1738年）泉州三邑移民將福建泉州府晉江龍山寺觀世音菩薩分靈至臺灣，合資興建龍山寺。日據時期，龍山寺部分空間被佔用作為學校、軍營以及臨時辦公處所，毫無香火可言。1919年，龍山寺住持福智法師見局勢緩和，便與鄉紳進行募款重建，推舉辜顯榮為重建事務董事長。聘請當時頂尖的木匠師傅王順益為執稿匠師於1920年動工，1924年完工，完成今日龍山寺規模與樣貌。龍山寺總面積約1,800坪，坐北朝南，為三進四合院之中國宮殿式建築物。自中軸由外而內，依續是山門、廟埕、前殿、中庭、大殿、後庭、後殿，兩旁有左右護院，又稱左右護龍或東廂西廂，上有鐘鼓樓。前殿、大殿、後殿、與護院合成一瘦長的「回」字型；但是若考慮連結大殿與護院的走廊，則形成一類似「日」字型的形狀。

其四十六，新竹州廳（1925年）
新竹州廳為二層樓、ㄇ字形平面的加強磚造建築物，建築形視為和洋混合風格，主體為洋式風格，屋頂為東方建築所用木架瓦造斜屋頂，正面入口處設計突出的玄關門廊，採用雙柱式以增加儀典性，並搭配兩個小塔樓，使整個入口相當突出。整體而言，新竹州廳是典型的和洋混合式樣建築。

其四十七，龍潭聖蹟亭（1925年）
龍潭聖蹟亭始建於1875年，目前所見的龍潭聖蹟亭是1925年重修後之結果，也是全臺灣面積最大、規劃最完整的惜字亭，在整體環境上，全區採中軸對稱的佈局方式，配置亭身、中門、頭門等建築，整體空間井然有序，由雲牆八字門所構

成的中門，弧線優美而柔和，兩側高聳的石筆增加了整體空間的穩定與崇高的視覺感受，整體配置顯示設計者與工匠的虔誠與用心。

其四十八，建功神社（1926 年）

建功神社是 1928 年建於臺灣臺北市的神社，以紀念祭祀有功於佔領臺北的日籍軍人為主。建功神社建築形式於當時來說極為獨特，是知名建築家井手薰的作品，主體結構為日本式，但外觀則採漢、和、西洋的混合建築樣式。圓頂設計及中國牌坊式的鳥居，為日本傳統神社未有之建築式樣，也多少影響臺灣本土建築樣式的變革。

其四十九，後壁黃宅（1926 年）

後壁黃宅為青寮黃家分房而建，建於 1926 年。黃宅坐北朝南，佔地六千多坪，其延襲傳統的閩南建築風格，前有魚池、後有果園。宅第為七包三式的四合院大厝，分成前後兩落和左右伸手，第一落正身三間起，第二落正身七間起，兩落之間設有中埕花園；兩側「伸手」各有七間左右，各有「過水廊」接通前後落。在建築裝飾工程上，洗石子、山水花草的磁磚，乃至垂花、雀替、豎材、瓜筒及樑柱上的人物、花鳥走獸鑿花工藝也十分出色。

其五十，竹山社寮莊氏家廟（1926 年）

竹山社寮莊氏家族為早期開發社寮地區的莊、張、陳三大家族之一。莊氏農商並重，張氏農士並重，陳氏商醫並重，三大家族中莊氏家族田產與族人繁衍最為快速，祭祀公業創於 1805 年，至 1806 年莊氏家族祭祀公業即因會員眾多「吃公」籌辦不易而協議分為頂下兩公業，頂公命名為莊招富祭祀公業，下公命名為莊招貴祭祀公業，任族人自由選擇福祉歸公。日據時期莊招貴祭祀公業派下莊訓概在經營阿里山木業致富後，於 1926 年返鄉興建家廟。竹山社寮莊氏家廟為九開間正身左右兩廂房帶一門樓的龐大三合院，由於供料充裕興建不及一年即完工。莊氏家廟在傳統建築案例上的價值在於其門樓上極其精緻的鑿花，以及完工前後聘請彩繪匠師柯煥章所完成的建築彩繪作品。

其五十一，楊梅道東堂玉明邸（1927 年）

「鄭玉明邸」建成於 1927 年，為一堂七橫屋（護龍）格局，庭院佔地 3000 餘坪，院前原有水池一座，現已填平。左邊有四護龍，右側則有三條護龍，兩邊廂房迴廊，有半圓形拱磚與柱子，柱身洗石子帶滾邊裝飾的簷廊建築，正廳為五開間，左右牆堵貼有大面的組貼的彩瓷面磚圖案（馬約利卡磁磚），簷廊桁架木作精細，木架上精雕員光與雙獅座，均為極傑出的鑿花作品。

其五十二，青寮黃宅（1928 年）

菁寮黃宅與後壁黃宅為同一黃氏家族分房兩地興建的建築物。

青寮黃宅建於 1928 年，為後壁鄉唯一的一棟西洋式建築，一般人稱做西洋樓仔。
但構造上則為磚造擱檁式建築，西洋式建築的名稱全是因為黃宅的正立面採取了
仿歐排樓式山牆面所致。

其五十三，臺中樂成宮（1921 年翻修執稿匠師：陳應彬—1928 年擴建）
樂成宮俗稱「旱溪媽祖廟」，因位於臺中市東側大里溪支流一河面寬闊但水流稀
少的旱溪附近而得名，主祀聖母媽租，創於清乾隆 3:年(西元 1790 年)。西元 1921
年因廟貌老舊，村民遂發動勸募擴建，並聘請名匠陳應彬先生，主持翻修工程，
至西元 I928 年(民國口年)完成擴建工程。1963 年(民國 52 年)再整修一次，使樂
成宮外觀呈現不同時期不同風貌的立體組合。樂成宮座東北朝西南三開間三進式
規模建築，目前被列為古蹟的範圍包括山川殿、過水廊到拜殿及正殿間的區域。
至於後殿雖為新建，但所置石雕、木刻及彩繪仍有可觀之處。

其五十四，屏東宗聖公祠（1927—1929 年完成）
宗聖公祠就是曾氏家廟，以祭祀孔子重要弟子：曾參及曾氏祖先而興建的宗祠或
家廟。屏東宗聖公祠建於 1927 年至 1929 年間，為典型客家宗祠，集客家傳統民
居合院建築、廟宇建築及部分日據時期仿西洋建築裝飾風格建築於一身的建築
物。木結構、彩繪均出自名師之手，而泥塑部分，以三川殿對看牆的龍、虎堵最
精采，當年由新竹、臺南兩派匠司分別承造，拼場過程中各出絕活，後由新竹匠
司獲彩金，祠內金柱各體書法豐富，尤以竹葉字體甚是精湛，極具藝術價值。

其五十五，學甲慈濟宮（1929 年因傾圮而依原格局重建）
學甲慈濟宮原為簡單草寮，1701 年正式建廟，廟體建築歷經 1744 年、1806 年、
1860 年、1929 年、1965 年、1977 年、以及 2000 年至 2003 年等七次重要整建，
其中 1860 年整建涉及擴建及格局改變，1929 年整建則涉及部分建築物重建及建
築裝飾工藝從尪仔陶轉變為尪仔剪粘。學甲慈濟宮格局分別為前殿、正殿、後殿
三落建築，三間起建築，大體保持嘉慶至咸豐年間面貌。學甲慈濟宮的三川殿屋
脊為三脊形式，屋頂為硬山式單簷造型，房屋的棟架採曲三柱式，架內結構為三
通三抱斗的形式，殿前的石鼓與石枕為咸豐年間修建時所造。正殿屋脊為一條龍
並有燕尾，屋頂同為硬山單簷的形式，在構造上，前步口為二通二獅座，棟架內
則為典型的三通五瓜。後拜亭為歇山式（四垂式）屋頂。至於後殿屋頂形式則與
正殿相同，棟架內亦為三通五瓜。

其五十六，臺北曹洞宗鐘樓（1930 年）
曹洞宗鐘樓，興建於 1930 年，外貌狀似城門。主體構造上為鋼筋混凝土建築物，
屋頂形式為單簷歇山式，並使用日式黑瓦，脊頭處設有鬼瓦。一樓現有一大兩小
三門洞，拱門造型，並設有樓梯可供上樓。一樓使用粗面的大石塊，屬於日本桃
山時期至江戶時期的建築流行風格。

其五十七，臺中林宗祠（1930 年）
臺中林氏宗祠俗稱「臺灣林氏宗廟」，為臺灣中部地區舉足輕重的林姓祠堂。原建於內新莊(即今臺中縣大里市內新村)。後經數次遷移，於 1930 年於現址竣工。林氏宗廟建築構造上雖用新式紅磚（即日據時期所稱文明磚的西式紅磚），但仍為閩南傳統建築格局與樣貌。其中木構架部分，為名匠陳應彬師傅親自督造，力求造型美學與結構力學的完美組合，致成為本宗廟最具代表性者。裝飾方面，以雕刻、彩繪、文字、剪貼與泥塑為主，尤以木雕為重。

其五十八，高雄州廳（1931 年）
高雄州廳建築物由州營繕課設計，完成於 1931 年，主體呈 "山" 字型，構造為鋼筋混泥土構造。外型上為和洋混合樣式或現代日本樣式，但也可以說就是「興亞式樣」或「帝冠式樣」。那麼到底是「興亞式樣」或「帝冠式樣」或「興亞樣式」或「帝冠樣式」呢？這涉及頗為無聊的日式中文的咬文嚼字及日本文化的意識形態爭執。我們稍微為「日本殖民文化」無聊一下。興亞式者承續伊東忠太的建築進化主義，強調日本建築應該從木構造進化到石構造，所以構造上完整成熟的鋼筋混凝運用就是興亞式。帝冠式者為日本軍國主義軍閥對「西化轉變為和化」的定調，既強調鋼筋混凝土的運用，也強調部分日式裝飾圖紋或建材的陪襯，更強調主棟建築的四披屋頂的突出，以統攝建築群體，達到代表日本天皇帝制的威嚴效果。在 1930 年代的日本文化發展脈絡裡，兩者都代表了日本的超歐趕美已經完成，日本的現代化已經完成，日本文化裡要以「自己的面貌」來「統攝」全亞洲，全世界。這個日本已經完成現代化的意識形態障礙物或凝結物就是日本現代建築，只是給個日本名自稱為「帝冠式或興亞式」而已。在二十一世紀追究二十世紀初日本文化裡帝冠式與興亞式的細微差別，其實十分無聊，因為放回歷史脈絡，這種命名都只是日本文化從「蔑視中國文化」到「消滅中國文化」的侵略性格形成而已，在當時日本文化裡這種命名其實是沒什麼差別的。

其五十九，竹山曾氏家廟宗聖堂（1906—1931 年擴建）
宗聖堂就是曾氏家廟，以祭祀孔子重要弟子：曾參及曾氏祖先而興建的宗祠或家廟。竹山曾氏家廟建於 1906 年，並於 1931 年擴建拜殿，形成較完整之家廟格局。光復後則又依原格局改建為鋼筋混泥土建築。

其六十，嘉義新埤徐宅（1931 年）
嘉義新埤徐宅為日據時期日據時期明治製糖株式會社臺籍經理人徐述地於 1931 年所建。徐宅格局為七開間一條龍的建築，屋身為加強磚造構造，屋頂屋架則採傳統木構架。嘉義新埤徐宅的價值在於其傳統建築裝飾工藝的精美，不只是大木鑿花極盡雕樑畫棟之能事，建築彩繪也是聘請當時南部首屈一指的潮州彩繪匠師蘇濱廷來施作。

其六十一，臺中州廳（1913-1934 年）
臺中州廳為臺中市的市定古蹟之一，1913 年完成第一期，經歷四次擴建，於 1934 年完成現行規模。由於臺中州廳建築群歷經二十一年四期才完工，所以完整記錄了日據時期建築構造的從磚石構造到加強磚造在到鋼筋混泥土構造的轉型過程。在建築外型上則為仿洋建築樣式裡的仿文藝復興風格與仿巴洛克風格混合體，雖有法國曼薩爾式屋頂，但已將曲線改為直線。

其六十二，司法大廈（1934 年）
司法大廈現址，原是晚清時期武廟遺址。日人占領臺灣後，於 1929 年將武廟拆除，改建法院，歷時 5 年於 1934 年完工，內設臺灣總督府高等法院、檢察局、臺北地方法院，是日據時代臺灣最高司法機關。光復後改為司法大廈，為司法院廳舍。司法大廈算是「式樣過渡期的建築」，既有仿歐古典建築的影子，又受到歐洲現代建築潮流的影響，而捨棄古典式建築繁複、華麗裝飾，改採簡潔、明朗的風格，雖仍有拱門、拱窗等歐洲古典式建築常見的設計元素，但線條已逐漸簡化。

其六十三，新化街役場（1934 年）
新化街役場建於 1934 年，其建築外型為仿歐洲晚期文藝復興劇院式樣，屋身表面建材以洗石子為主搭配窯燒十三溝面磚，巧妙結合西方建築式樣與本土建築意匠，工藝精巧又不失莊嚴，為彰化以南唯一僅存之街役場建築物。

其六十四，大溪武德殿（1935 年）
大溪武德殿，位於臺灣桃園縣大溪鎮，是日據時期興建的武德殿之一，屬於郡市級武德殿。1935 年落成。戰後，改為大溪憲兵隊隊部，現為親子活動中心及圖書館。

其六十五，臺南武德殿（1936 年）
臺南武德殿最初位於臺南大正公園東側，1936 年改建於現址。臺南武德殿的建築式樣為日本傳統的社殿建築，但構造與建材均為西式則（鋼筋混凝土、洗石子）。建築格局上坐北朝南，二層樓高，左右各寬四開間，而主入口則位於二樓，須先上寬闊階梯方能登堂入殿。一樓則為各種附屬服務空間。此外在日據時期，在武德殿外還有弓道場。建築主體的屋頂為歇山頂，兩側置有博風板，屋脊呈十字型，正脊脊吻為鴟尾。而門廊的屋頂採用的是博風式屋頂。

其六十六，黃金神社（1933 年或 1937 年）
黃金神社，位於臺灣新北市瑞芳區金瓜石，臨近九份，為日據時期的興建之神社，又稱山神社。黃金神社初建於 1897 年，由當時管理金瓜石礦山的「田中組」建

於本山大金瓜岩嶂東側平地間。1933 年,日本礦業株式會社接管金瓜石礦山後,將神社移至現址並予以擴建,1937 年完工。當時的黃金神社格局包括寢殿、拜殿、洗手亭、參道,並於參道所經之處建立了鳥居三座、旗幟臺五座、入苑銅牛乙座、石燈籠數十座。

其六十七,桃園神社(1938 年)
1934 年,日本開始在臺灣推行「一街庄一社」的政策,桃園神社與臺灣大多數的街庄神社都是在這個時期建立的。

桃園神社於 1935 年擇定現址開始建造,由春田直信所設計,1938 年落成,並舉行鎮座式。社格定為縣社的桃園神社除了奉祀開拓三神(大國魂命、大己貴命、少彥名命)、北白川宮能久親王外,也加祀掌管五穀豐收的豐受大神及明治天皇。

其六十八,高雄郡役所第二代(1939 年)
日據時期 1924 年,高雄郡升格為高雄市,市役所新設於今哈瑪星鼓波街代天宮處,原郡役所則改為警察署。至 1938 年則因廳舍不敷使用而擇鹽埕埔榮町二丁目二十二番地興建新市役所,1939 年完工啟用,通稱第二代高雄市役所。

其六十九,臺北孔廟(1925—1939 年新建)
臺北市孔廟 1895 年 6 月,乙未戰爭初期,日本攻克臺北。日本除了將臺北城內各衙門移作官署使用外,也將清朝臺北孔廟廟器毀損,並更名為臺北儒學。1925 年,時局漸穩,包括辜顯榮、陳培根等日據時期臺灣新貴聯合倡議重建孔廟,並擇址於大龍峒保安宮東側。唯這些臺灣新貴倡建容易籌錢無意,所以歷經數度停工與復工,於 1939 年全部完工。但也只建造了萬仞宮牆、泮池、櫺星門、儀門、大成殿與崇聖祠。一般孔廟必有的明倫堂、朱子祠、武廟及建奎閣,均因為經費不足未能興建。

其七十,高雄車站第二代(1940 年)
日據後期隨著鐵路客運量與貨運量顯著增加,打狗車站漸不敷使用,因此配合都市計畫,於當時仍屬未開發地帶、腹地寬廣的大港埔興建新車站。高雄新車站於 1933 年動工興建,1940 年完工。通稱第二代高雄車站。

其七十一,鹿港中山路老街(1943 年)
形成主因:1943 年日本殖民當局以衛生交通理由強制執行拆除「不見天」老街而形成。由於此時鋼筋混凝土的技術已趨成熟,而仿歐式樣已被現代式樣所取代,所以鹿港中山路老街多為三層建築的加強磚造與鋼筋混凝土構造,其街屋立面則多為三直窗精簡仿石造(洗石子)細紋風格。

圖 7-2：1897 開山神社

圖 7-3：1897 濂讓居

圖 7-4：1901 臺灣神社

圖 7-5：1901 總督官邸

圖 7-6：1903 蘆洲李宅

圖 7-7：1905 北港朝天宮	圖 7-7：1905 關子嶺碧雲寺	圖 7-8：1908 臺中湖心亭

圖 7-9：1908 旗山老街街屋

圖 7-10：1909 虎尾糖廠宿舍	圖 7-11：1910 曹洞宗東和禪寺	圖 7-12：1910 迪化街街屋一

圖7-13：1910 迪化街街屋二	圖7-14：1910 臺北撫臺街洋樓	圖7-15：1911 內湖紫雲居

圖7-16：1911 旗山火車站

圖7-17：1912 臺北臨濟護國禪寺	圖7-18：1912 大溪齋明寺

圖 7-19：1912 深坑永安居

圖 7-20：1912 社寮陳克己宅一

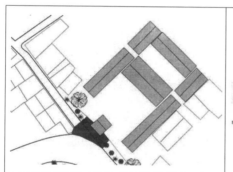
圖 7-21：1912 社寮陳克己宅配置

圖 7-22：1912 社寮陳克己宅正身立面

圖 7-23：1912 楊梅道東堂雙堂屋

圖 7-24：1912 大林張聯古厝

圖 7-25：1912 總督官邸第二代

圖 7-26：1913 東勢劉氏潤德堂	圖 7-27：1914 臺北故事館	圖 7-28：1914 嘉義林場招待所

圖 7-29：1914 老湖口老街	圖 7-30：1914 花蓮糖廠宿舍	圖 7-31：1915 臺灣南洋博物館

圖 7-32：1915 臺北州廳	圖 7-33：1915 白河大仙寺	圖 7-34：1916 車埕火車站

圖 7-35：1916 臺南州廳	圖 7-36：1916 臺中張廖家廟	圖 7-37：1916 屏東邱氏家廟

圖 7-38：1916 三峽老街

圖 7-39：1917 花蓮吉野慶修院

圖 7-40：1917 臺中火車站

圖 7-41：1917 新港奉天宮

圖 7-42：1917 臺灣總督府

| 圖 7-43：1919 大溪老街 | 圖 7-44：1920 竹東彭宅信好第 | 圖 7-45：1921 食糧部臺中事務所 |

| 圖 7-46：1922 澎湖天后宮 | 圖 7-47：1923 竹東蘇氏武功堂 |

| 圖 7-48：1924 大甲黃宅 | 圖 7-49：1924 艋舺龍山寺 | 圖 7-50：1925 新竹州廳 |

| 圖 7-51：1925 龍潭聖蹟亭 | 圖 7-52：1926 臺北建功神社 | 圖 7-53：1926 後壁黃宅 |

圖 7-54：1926 竹山社寮陳氏家廟門亭

圖 7-55：1926 竹山社寮陳氏家廟正身

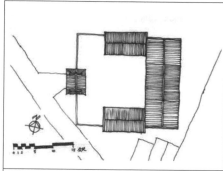
圖 7-56：1926 竹山社寮陳氏家廟平面

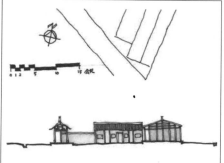
圖 7-57：1926 竹山社寮陳氏家廟剖面

圖 7-58：1927 楊梅道東堂玉明邸

圖 7-59：1928 青寮黃宅

圖 7-60：1928 臺中樂成宮

圖 7-61：1929 屏東宗聖公祠

圖 7-62：1929 學甲慈濟宮

圖 7-63：1930 臺北曹洞宗鐘樓

圖 7-64：1930 臺中林氏宗祠

圖 7-65：1931 高雄州廳

圖 7-66：1931 竹山曾氏家廟一

圖 7-67：竹山曾氏家廟改建後

圖 7-68：1931 嘉義新埤徐宅

圖 7-69：1934 臺中州廳

圖 7-70：1934 司法大廈

圖 7-71：1934 新化街役場

圖 7-72：1935 大溪武德殿

圖 7-73：1936 臺南武德殿

圖 7-74：1937 黃金神社

圖 7-75：1938 桃園神社

圖 7-76：1939 高雄郡役所第二代

圖 7-77：1939 臺北孔廟

圖 7-78：1940 高雄車站第二代

圖 7-79：1943 鹿港中山路街屋

7-3-2，營建技術描述與分析

在分析日據時期建築美學之前，我們先瞭解一下這個時期建築材料、建築構造、建築技術的改變。雖然在日據時期比較明顯的可以看出官方與民間的互動十分生澀，除了極少數民間「人物」以被殖民者的身份進入官方，甚至獲得封爵，成為日本殖民政府極力籠絡的「新士紳」，整體而言官方與民間的互動卻是在極度權力不平等之下的猜忌、恐懼與「改造」的氛圍裡渡過了五十年。然而建築材料、建築構造、建築技術的改變似乎並無國籍之分，只有知識取得與否之分，所以在這五十年裡，既可看到官方建築在快速改變，民間建築也在快速改變，只是改變的方向與力道不太一致而已，我們簡述如下：

其一：建築材料改變的影響。

由於日據時期日本殖民政府明確的以超歐趕美為目的，所以在磚瓦生產上即制訂了以西洋磚瓦尺寸為主的所謂「文明磚」、「文化瓦」規格。這一方面當然涉及日據初期官方建築的西洋紅磚造構造所需，乃至隨後鋼筋混泥土技術初步引進時的「加強磚造」構造所需，但是隨著文明磚規格的推動，乃至需求量與生產量的增加，原有的尺二磚的生產就逐漸沒落，乃至價格上逐漸不經濟起來。所以日據之後街屋興建很快的就改用西式紅磚，民居興建隨後趕上大半也改用西式紅磚。可見得建築材料，特別是這種裝中間材的制度性改變，影響建築構造與形式最巨。

其二：殖民政權在鋼筋混泥土技術掌握的時程推斷。

日據時期最重要的建築技術改變就在於水泥品質的掌握及鋼筋混凝土品質的掌握。雖然早在 1824 年波特蘭水泥出現顯示現代水泥的誕生，但是水泥的實驗研發各國的技術專利進度並不盡相同，然而日本在東京大學建築系前身的工部家建科時期就十分注重構造技術與建材知識的取得與實驗研發，所以混泥土品質的掌握也是與時俱進。鋼筋混泥土的構造形式出現於十九世紀末，而鋼筋混泥土品質的控制則大約在 1930 年前後才完成，自此之後臺灣官方建築物即盡可能的採用鋼筋混泥土構造，雖然此時鋼筋混泥土樓版品質的控制還不甚理想，而有木造樓版的替代，但在日本發動中日戰爭之前鋼筋混泥土樓版品質的控制已經不是問題。上述的鋼筋混泥土技術掌握的時程推斷主要從日本總督官邸的兩次興建，乃至部分機關廳舍有所謂「（改建後的）第二代廳舍」，乃至武德殿分成兩代等事實而判斷得來。日本殖民政權的鋼筋混泥土技術掌握並沒有快速的在民間建築興建上擴散開來，這可能一方面殖民政策上「農業臺灣、工業日本」所影響，但更重要的是鋼筋、水泥乃至於鋼筋混泥土的技術基本上還是視為「重要資源」而控制在「日本官方」或「日本人」手裡。我們以日據時期 1930 年以後所興建的街屋來看，水泥是有了，但是鋼筋混泥土的技術卻還是在「試驗與試用階段」，甚至

於在斗六與虎尾的新街屋裡還看得到所謂「竹筋混泥土」的構造作品等。簡單的說，日據時期日本官方水泥生產品質的控制自日據初期，甚至 1895 年之前就已經完成，而鋼筋混凝土生產品質的控制則在 1930 年代才完成。而日據時期民間建築技術的引用上大致上混泥土及水泥的多樣運用在 1910 年代已經出現，諸如洗石子的仿石材建築技術，乃至爾後逐漸發展出的斬石子、磨石子、水泥泥塑等等。但是鋼筋混泥土技術的引用，則百不及一，而這唯一通常還是日本建築師或日本營造組合所興造。

其三，官方引進西式木構造

由於在「建築史」上較少紀錄倉庫、臨時工廠等建築，所以在本節所舉案例裡似乎看不到所謂「西式木構造」的引進與影響。但是我們只要看看日據時期所興建的鐵路倉庫、一般糧倉，乃至於鐵路月臺，都可以看到日據時引進西式木構造的決心。這西式木構造的引進有點像文化磚的制度性規定一般，對臺灣民間木工業的影響其實是十分巨大的，換句話說，在日據時期其實是有部分的木工是接受西式木構造知識乃至西式家具知識而養成的。這在木工行業裡會引起「競爭」效尤的效果。

其四，民間商家與民家調適性的改變

日本官方制度性的改變不止於建築技術與材料的改變及所謂「市區改正」，還包括了語言文字的改變及法令規章的訂定或改變。所以民間建築也就不得不進行調適性改變。由於「市區改正」絕大部分影響到商家，所以這種調適性改變在商家與一般民家的反應上是頗為不同的。簡言之，商家接受改變的調適性頗高，而民家接受改變的調適性極低，這從街屋率先選用西洋紅磚構造，乃至於亦步亦趨的轉變為加強磚造、實驗性鋼筋混泥土構造等現象就可以察覺出來。另外在表面建材的使用上就不止於街屋，還包括了「經商致富」的民居，這些建築物的裝飾建材的使用上，諸如洗石子、小口磁磚、彩繪磁磚、水泥泥塑等也都有「亦步亦趨」的現象。一般民居的調適性改變則多為西洋紅磚替代了尺二磚。至於涉及公共建築的宮廟，除了刻意依附日本佛教的寺廟，如白河大仙寺及彰化南瑤宮觀音殿以外，這種調適性的改變最少。

其五，工匠調適性的改變

在日據時期工匠行業的木工匠已經很清楚的分為西式工匠與傳統木工匠兩類，另外，如果我們將「繪師」也視為工匠的話，繪師也分為兩類，傳統繪師仍稱為繪師，接受日式教育的繪師則稱為畫家，這其實是「教育制度」所造城的「社會歧視」，然而日本殖民當局卻極善於利用這種「廣義的教育制度」，以所謂鼓勵參加官辦的畫展徵選來或大這種「社會效應」。簡單的說，木工及繪師在日據時期都被劃分為「進步的」與「守舊的」兩大類，而如果是學習日本之舊則被歸類於「進步的」。然而，原先臺灣傳統社會的行業分類與性質上卻並非如此。原先臺灣傳

統社會的行業分類上，工匠成師就是「繪師」，就建築工匠而言執稿尺匠師之所以稱為「執稿尺」就是因為他繪畫出稿尺圖（具尺寸標示的圖），所以當然是「繪師」，而除了執稿尺師傅以外，所有被邀請來的建築裝飾工匠在受邀後也都要繪出圖稿經業主與執稿尺師傅「過目」後，才接得到業務。這種建築裝飾工匠所繪的「圖稿」就是「縮尺線稿」，建築裝飾工匠之所以能稱為「師」者，就是其徒弟能依縮尺線稿直接足尺放樣分毫不差，或是自己當場揮毫形成縮稿，所以成為繪師或稱為畫家都是當之無愧。當然，在建築工匠裡有沒有不會繪畫，不稱繪師的工匠呢？有的，這些工匠要嘛偷偷到廟裡謄抄練習，要嘛向繪師「買稿」，否則若在其分工裡完全用不到「成像繪圖尺寸」者，那麼他就只是個「工」而不成「匠」，拿工的酬勞罷了。

除了建築裝飾工匠以外的其他百藝工匠也是如此，能飾花巧者首在繪圖，不能繪圖成像者趕快向「供稿師傅」買圖，只差其他百藝工匠所需圖稿往往較為簡易，而 1895 年至 1945 年繪圖書籍乃至於附圖稿的演義小說十分流通，這些「簡易圖稿」的學習難度不高，不必創作也可以行業技術混口飯吃，但是要做出「準藝術品」賣得高價，那就要自練繪圖或向「供稿繪師」求求情了。正是這些「供稿繪師」才是日據時期最具創造力的藝術家，有名者如何金龍、呂璧松、李霞、潘春源等人，未被研究挖掘之無名氏則比比皆是，正是這些無名氏供稿繪師率先開創出彩繪磁磚、水泥泥塑、半浮雕泥塑彩繪、尪仔剪粘（何金龍）等等新工藝，豐富了這個時期的廟宇、民居、街屋的外貌，乃至豐富了百藝工匠的藝術表現。

7-3-3，建築構造類型風格遞變分析

在既有的臺灣建築史寫作裡，日據時期這一段的描寫在選例上總是百分之九十的官方建築，百分之十的民間建築，甚至於在長段歷史分配到日據時期建築時幾乎是百分之百的官方建築，完全沒有民間建築。這種歷史描述顯然與民間的認知不同，也與史實不符。如果風格式樣是指經典藝術品出現而致群起效尤的話，那麼這種日據時期只有殖民官方建築才能代表這一時期建築藝術成就的說法、論法其實都只能說既不忠於史實，更偏離建築史學的知識規範。因為在日據時期日本殖民當局所興建的建築物，大約至多只佔同時期建築物興建量的百分之二、三十而已，另外約百分之十的街屋絕大部分都還是只改建了騎樓與「牌樓山牆面」，騎樓之內開始時也都還是臺灣傳統建築，到日據後期也多半只是「實驗性鋼筋混凝土構造」，而最後佔百分之六、七十的廟宇與民居絕大多數除了慢慢採用「文明磚」之外，在式樣上仍是循自己傳統遙遙前進，只是在臺灣光復後，現代化的意識形態盤據了所有的權力論述，而致這些百分之六、七十的廟宇與民居的傳統式樣建築遭到冷落，逐漸凋零而致現今難以尋覓，這原先「循自己傳統遙遙前進」或許成為「遙遙無期」也不可知。

在 7-3-1 的選例裡，我們既依現存建築物為主來選例，更依興建量多寡來選例，雖然腳踏車棚、堆貨倉庫不在選例之內，但是這一類型代表的選例結果，確實也證實了現今一般臺灣建築史寫作上對「1895 年至 1945 年」這一段描述的偏差。當然建築史也是一種進行式，至種偏差既非日本殖民政權所刻意造成，臺灣光復後「現代化的意識形態盤據了所有的權力論述」也促成這種偏差的快速成型，只記得日本殖民政權現代化的驕傲，而忘記了這種驕傲根本與自己無關，更忘記了沈葆楨與劉銘傳在臺灣現代化上的貢獻，這種「驕傲忘本」的舉動在建築案例上最明顯的例子就是延平郡王祠的改建風波。

延平郡王祠為沈葆楨署理臺灣防務時奏請清廷所興建的官祠，是標準的福州建築。日本人來了，認為鄭成功有一半的日本血統，所以認為既是日本人的驕傲也是臺灣人的驕傲，大可好好運用一番，所以就將延平郡王祠改名為「開山神社」掛上日本神社旗號幡幡，並於 1897 年保留主殿附加日式拜殿於前，並加建鳥居等日式神社附屬小設施，如此一來既可尊重原有建築脈絡，又可改頭換面，達到收攬民心與推行日本化的雙重效果。可是到了光復後，由於「現代化意識形態作崇」，將石造與鋼筋混凝土造的堅固物品留下，將難以維修的木構造拆除，改建新的鋼筋混凝土的建築，於是乎 1964 的改建過程中，只將極不重要的鋼筋混泥土物品留下，其餘的均拆除改建，反而將仍可維修保存的福州式正殿建築拆除。至於「民間傳說」所謂保留了日據時期日人修建時的鳥居，並在其上加上國民黨黨徽成為改建後的牌坊以示回歸正統云云，這種說法如果拿日據時期的照片與改建後的照片比對，就能發現鳥居與現今牌坊的大小粗細形式完全不同，而現今牌坊上的標誌並非以中國國民黨黨徽之名義安上，而是以青天白日「勳章」的意涵，代表中華民國紀念鄭成功而設立。之所以民間傳說會有：「祠廟的山門前有一座牌坊，原是日本時期的鳥居，但在戰後重修時拿掉了最上方的橫樑，並放上中國國民黨黨徽」（註十五），應該純粹只是一種戲謔之詞與以訛傳訛的結果，是經不起事實驗證的說詞而已。這 1964 新建的延平郡王祠也因這種風波的蔓延，而會有指定為臺灣史蹟在前卻遲遲無法指定為臺灣古蹟或歷史建築，直到 2010 年才被指定為市定歷史建築。

相對於延平郡王祠的改建風波而言，延平郡王祠的歷史寫作乃至「1895 年至 1945 年」間臺灣建築史的寫作似乎比起「延平郡王祠」的歷史寫作更受到諸多非理性的不白之冤，延平郡王祠只不過受到高度肯定而各個年代與時期的建築論述實踐上都想加以運用，甚至在歷史寫作上遭到不同意識形態陣營之間的攻堅與嘲弄而已，嘲弄的應該不是延平郡王祠或是開山神社，嘲弄的只是意識形態陣營上的「對方」，進而波及延平郡王祠的歷史價值或古蹟價值，但是這種意識形態陣營的概念難道不正也蔓延到整個建築歷史寫作上來嗎？否則怎麼會寫出與史實不符的建築歷史呢？否則怎麼會挑出百分之九十，乃至百分之百的日本殖民政權所興建

的建築物來「代表」來敘述這一段建築史呢？難道在日據時期建築發展真是風吹草掩，官方式樣一出，臺灣百姓群起效尤嗎？難道在建築史寫作上還需要細究英式維多利亞紅磚造與法式曼薩爾屋頂微妙尊貴曲面的特殊性如何形成嗎？在建築史的寫作上，這些細微的區分完全沒有意義，也得不到什麼正確的西洋建築史知識，因為這些細微的區分在日本建築史裡只有一種定位，那就是「仿歐風」與「擬洋風」，而這些建築風格如果寫在日本建築史裡也只有一種稱呼，那就是帝國時期的「殖民地實驗式樣（樣式）」或「殖民地建築」。更不用說「歐風」與「仿歐風」之間的千差萬別，乃至於同樣的仿歐風早期與晚期間建築構造的截然不同了。所以，筆者認為日據時期日本殖民當局所興建的建築物應該以「建築構造類型」的觀點（註十六），重新解讀，重新挑選「有意義的」案例，才足以較精確的代表日本殖民當局的「建築成就」，才對得起日本殖民當局的「用心良苦」，才對得上真真實實的建築發展，更何況建築的差別並非只有外貌而已，如果就建築的現代化而言，建築發展裡技術與工法更佔有決定性的位置。

以建築構造類型的觀點，日據時期所興建的官方建築物有以下幾種類型。
其一，行政機關建築類型一：第一代，擬洋仿洋建築。
其二，行政機關建築類型二：第二代，帝冠式或興亞式。
其三，日本傳統建築：神社。（神道教）木構造和風。
其四，日本軍國主義傳統建築：武德殿。（第一代和風與第二代鋼筋混凝土和風）
其五，產業興殖建築。（糧食局、林務局、臺糖公司、礦場公司）
其六，日本佛教建築。（日本禪宗、日本佛教）。

以建築構造類型的觀點，日據時期所興建的民間建築有以下及種類型。
其一，民居類型。
其二，街屋類型。
其三，廟宇類型。又可分為廟宇與家廟兩支類。

或許歷史寫作與建築史寫作會有不同的觀點，這不同的觀點下或許會認為在日據時期戲院（如：臺北榮座、淡水戲館、新世界映象館）與教堂（如：臺南巴克禮教堂、臺北濟南教會教堂、臺北大稻埕教堂），乃至許多百貨公司（如：1932 菊元百貨）、孔廟書院（如：1939 臺北孔廟）也是重要的建築類型。不過筆者認為這個時期的戲院建築類型與教堂建築類型在興建數量上確實稀少，而日據時期所興建的西洋教堂與戲院就建築風格而言其實是「依附日本殖民勢力下的百變風格」，只需以日本殖民政權的準官方建築風格遞變來解讀即可，本身是沒什麼建築史學上的研究價值可言，攏來講歸類於官方建築的次分類下，數量也不足以成為一個次類。百貨公司則很明確的可以歸類於街屋的次類型，數量也不多，只值得建築構造發展史上列為重要的案例而已。日據時期孔廟書院類型基本上是絕跡了，書院建築只能化身為私塾，孔廟只有新建臺北孔廟一個案例，但也與書

院無涉,當作民俗宗教罷了,所以歸類於民間興建的廟宇類型即可。

圖 7-80:日據初期,臺北劇場榮座。

圖 7-81:1907,淡水戲館。1921,新舞臺戲院。

圖 7-82:日據中期(1930前),新世界映象館(電影院)。

圖 7-83:1916 基督教長老教會,濟南教會。井手薰設計

圖 7-84:1915 基督教長老會李春生捐資建大稻埕教堂

圖 7-85:1903,基督教長老會巴克禮教堂

建築史如果不歸類於藝術史,那麼就不足以當作設計美學的材料與基礎,且建築物的形式與建築式樣就完全沒有分析與論述的必要。建築史如果歸類於藝術史,那麼建築案例的代表性、普遍性、歷史事件的重要性三項則應等量視之,當然不會也不應該只從特定的意識形態出發,強調歷史事件的重要性來選擇特定角度下的建築物來撰寫建築史,這是日據時期戲院建築、教堂建築不成為類型的主要原因。

官方建築的行政機關類型只分成第一代擬洋風與仿洋風類型及第二代帝冠式或興亞式,而不是細分成:英國維多利亞紅磚造帶文藝復興風格(總督府)、石磚混合造文藝復興風格戴曼薩爾式屋頂(臺北州廳)、法國曼薩爾式樣(臺南州廳)、埃及混南洋風(臺北土銀)、後期文藝復興時期的古希臘多立克式樣式外觀上綜合了巴洛克時期的建築風格(臺灣南洋博物館,今臺灣博物館)等等式樣類型或

稱呼，主要是因為這些稱呼與命名其實是不淪不類的命名與稱呼，更因為這種稱呼會混淆了西洋建築史的認識，而就是樣的命名上，日本建築史裡通稱這些為「擬洋風格與仿洋風格」，是一種過渡型樣式。擬洋風格是構造上完全不同但做出想像中西洋建築的外表，仿洋風格則是開始採用西式紅磚（明治時期命名為文明磚），西式建材構造（歐式木構架、鋼骨構造、混凝土構造、鋼筋混凝土構造）做出混合幾種西方列強建築風格的外表。

所以，擬洋風是仿洋風的墊腳石，仿洋風是擬洋風的進階版，而成熟版則是無須模仿西方建築式樣的帝冠式樣或興亞式樣。這樣的演變不只是當今的日本建築史界這麼認為，連二十世紀初的日本建築學界就是這麼認為。以伊東忠太的話來說，這就是：「維新後的歐化主義是日本國民的自殺行為；另外和風與洋風的混合——折衷主義，也只能作為是過渡時期的手段。取而代之的提出了『進化主義』論調，提倡將日本的木造建築進化到石造建築」（註十七）。而回推到整個明治維新的文化史而言，這就是明治維新時期日本知識份子的「洋體和魂到和體和魂」的再轉化期待，而這種期待大約到了 1930 年代，大部分的日本人也都認為日本帝國已然成為「列強之一」，期待實現了，伊東忠太的建築進化論論述也順勢推出，所以寫就了日本近代建築史的最後一頁，接下去則是日本現代建築史了。

在有了上述建築史論述脈絡的瞭解及建築構造類型的選例原則後，我們就可以更清楚的分析出日據時期臺灣建築風格的遞變如下：

其一，徹底拔除儒家道統到書院建築類型的消失。
日本殖民政權在建立統治權威之前最重要的工作就是拔除意識形態障礙物：建築物。我們或許對臺北城的大天后宮乃至劉銘傳所興建的臺北孔廟毫無印象，甚至於連「相片」都很難尋得，最主要原因就在於日本殖民政權深諳此道，而在入城之初就選擇這些地方當作軍營、軍醫院、乃至軍用倉庫。然後在隔離民眾與原「道統建築」一段日子後，才以破舊無用的理由，堂而皇之的予以拆除。或許當時臺灣的天后宮與孔廟、書院太多了，拆不完則轉化使用，太偏遠的則任其凋零。總之整個日據時期天后宮只有災後緩慢的改建，並無新建，書院則改建與新建都無一例，孔廟則只有拖拖拉拉的新建一例：臺北孔廟。所以書院類型的消失，正代表徹底拔除儒家道統的急迫性，而孔廟以廟宇的格局興建則代表日本人默認下「視孔子為怪力亂神」的開始，可以說歷史往往是荒謬的，改寫歷史的年代對歷史的詮釋卻又是何其的諷刺。

其二，民居建築類型的建材調適轉變。
民居建築類型上並無太大的構造與式樣上的遞變，只有在少數的民居裡以趕時髦的心態，出現了南洋式或西洋式山牆排樓面，遞變較多的則是西洋紅磚建材使用與建築裝飾。建築裝飾工程裡出現了許多新工法與實驗工法，諸如：洗石子、水

泥泥塑、磁磚拼貼。傳統的建築裝飾也有許多新的遞變，諸如尪仔剪粘，一種有別於花盆紋草的剪花是剪粘以新的形態出現在建築裝飾工程項目中，不過這些新花樣在民居裡的運用較少，而在廟宇裡的運用則頗多。

其三，廟宇建築類型的風格遞變。

在廟宇整體風格上少見變化，但在三川殿與主殿上新出現的「燕尾頂歇山（假四垂）」則幾乎搶佔了一半的廟宇新建或改建的屋頂。道觀則更進一步的山門化、佛教化，所謂五進山門或五門式三川殿成為廟宇寺院的「壯觀」保證。廟宇建築類型風格遞變裡，最大的變革則在於建築裝飾工程上尪仔剪粘工程項目的出現，潮汕名匠何金龍所帶來的尪仔剪粘，幾乎搶佔了原先尪仔陶一半的市場。另外建築彩繪上也出現了擂金畫，這種被認為源自於潮州的擂金畫在臺灣有了更新的發展，擂金畫以不限於「彩畫」，更融於福建傳統的「彩繪」中，另外泥塑龍柱、石雕擂金、彩繪磁磚、半浮雕彩繪等，在這一階段也是新興的建築裝飾工程項目，只是案例不多，純屬實驗。

其四，街屋建築類型的風格遞變，其實只有三變。

在街屋建築類型上格局變化不多，但構造上的變化卻很大。從 1910 年代街區改正初期的兩披式長條形街屋加上騎樓與南洋式或西洋式山牆排樓面，到 1940 年代準鋼筋混凝土二三樓長條形街屋的前騎樓簡化西式排樓面或現代式排樓面。這兩個極端中間在構造上經歷了尺二磚擱檁式構造、紅磚擱檁仰覆瓦構造、紅磚擱檁文明瓦（西式灰黑瓦）構造、石砌構造（如旗山）、加強磚造、竹筋混凝土造、鋼筋混凝土構造，雖然是一種一去不復返的遞變，但也夾雜著許多實驗性構造。

日據時期的街屋立面則更為多采多姿，大體上臺灣在日據時期的街屋立面分成山居處與鐵路通達處兩大類，而風格上即為擬洋風的雨林版式木構造山牆立面到仿洋風的磚石構造山牆立面。由於鐵路通達處的市區改正起於 1910 年代，所以這些地方的街屋就直接從「仿洋風的磚石構造山牆立面」開始，而止於西洋現代式立面，而山居處的街屋立面則一直停留在雨林版式木構造山牆立面。有些建築史寫作注意到一種有趣的現象，好像日據時期的街屋立面可以以明治、大正、昭和為畫分，而有大正街屋、昭和初期街屋、二戰時期街屋分法，其實這種分法並未注意到「仿洋風的磚石構造山牆立面」的另一仿洋試驗過程，那就是從簡單的兩肩小塔柱、仿文藝復興式、仿巴洛克式、仿古典主義建築、簡化西方古典式、藝術革新式、現代建築式一路隨著時序接著實驗過來，開展在鐵路通達處的街屋臉上。其實這種分類都只是一種趣味性的分類而已，如果我們在稱呼上省略了「仿」這個字，那麼真是錯讀建築也錯讀歷史，只是目前我們通常在稱呼上都省略了「仿」這個字。就其源頭來看，臺灣騎樓街屋的立面應是源自新加坡的商業建築殖民式樣，正是仿南洋街屋山牆排樓面的另一種演出模式，這種街屋立面大概也是只有「擬洋風」到「仿洋風」再到「現代風」三段而已，過細的區分，除了年

代辨識上略微方便以外，其餘的都只是有趣而不正確的建築史知識吧。

其五，官方建築與準官方建築的三段式遞變過程

分析討論日據時期臺灣官方建築的風格其實是很尷尬的一件事，如果放在日本建築史裡來看，這些東西只有一種稱呼，那就是殖民地建築，這些建築物的歷史價值與地位就是「被支配的地位」與彰顯日本帝國光輝的歷史價值而已。然而如果放在臺灣建築史裡能夠解讀出更多的歷史價值與更高的地位的話，其實絲毫增加不了任何建築史知識的趣味，反而只是留下「灰黑色的諷刺笑話」而已。我們還是循著原本歷史演出的脈絡，這一段的日本官方建築就留給日本建築史脈絡來解讀，或許才是比較「客觀」的歷史解讀途徑，不必自作聰明與自作高明的衍生出那麼複雜多變的建築英雄史吧。

如果同意前述的論點，那麼日據時期官方建築風格的遞變就變得非常清晰，且接回日本的建築史也才有一定的知識貢獻吧。

不管是行政機關建築、神社建築、軍國主義傳統建築、產業興殖建築到日本佛教建築，只要放在「擬洋風」到「仿洋風」再到「現代風」這三段裡，一切遞變都清晰、合理也合目的性起來。這不是筆者有什麼特殊的研究方法，而是「建築構造類型觀點」與「放回歷史脈絡」的能耐吧。

行政機關建築只走了「仿洋風」到「現代風」這兩種，因為行政機關的擬洋風在日本的明治維新之前就曾經走過了。

神社建築則只有「傳統建材傳統式樣」與「局部仿洋風（建功神社）」這兩種。

軍國主義傳統建築的武德殿只有「傳統建材傳統式樣」與「現代建材傳統式樣」這兩種。

產業興殖建築只有「擬洋風裡的雨淋版建築」與「準現代建材雨淋版建築」這兩種。

日本佛教建築則與武德殿一般，只有「傳統建材傳統式樣」與「現代建材傳統式樣」這兩種。

而所有只有兩種者，前一種稱為第一代，後一種稱為第二代。第一代與第二代的稱呼也只有在同一建築構造類型上才有意義。在案例上這第一代與第二代的稱呼大概只有總督官邸一案不適用，因為就三段分來看，總督官邸的第一代與第二代看來都是「仿洋建築」，不是「鋼筋混凝土實驗成功後的近代建築或現代建築」。

其六,「仿洋建築樣式」重點在學習及轉化,而不在抄襲。
殖民政權的機關建築之所以採用「仿洋建築式樣」,其重點在宣示明治維新所高舉的「文明開化」,宣示日本民族是高於被殖民的種族,宣示日本民族的學習能力是可以達到青出於藍而勝於藍。所以,「仿洋建築樣式」重點在學習及轉化,而不在抄襲。

臺灣總督府的競圖案最後之所以由第二名的長野宇平治的作品勝出,就是因為第一名的鈴木吉兵衛的作品,經過評審團仔細辨識後認為鈴木吉兵衛的首獎作品中的尖塔、陡屋頂、具兩層老虎窗的紅磚建築樣式,有抄襲海牙國際法庭嫌疑,最後予以剔除設計權,而由第二名長野宇平治的作品勝出。可見得,所謂「仿洋建築式樣」最好是「抄襲到難以發現抄襲」、「學習後能轉化」,學習到建築工程技術的運用自如,也學習到設計美感原則的運用自如,如此一來才算傑出的「仿洋建築作品」。換句話說,仿洋建築在設計上不能「只仿一種」,最好是「混合兩種以上的既有西方建築樣式」,如此一來就可以洗脫「抄襲」的惡名,這也是為什麼日據時期仿洋建築的樣式,很難依西洋建築裡的年代或國別來辨識與辨認的原因。文藝復興式加個曼薩爾式屋頂,你能說這是抄自義大利還是抄自法國呢?更何況這些都不是石構造建築,它只是「仿石造」而已。

其七,「仿洋建築樣式」只是為帝冠式或興亞式做準備
帝冠式或興亞式之所以出現在 1930 年代,最主要的原因在於日本建築界在 1930 年代的技術已經能夠克服「鋼筋混凝土構造」的行塑與強度。伊東宗太的主張:「日本建築的進化,從木構造進化到石構造的技術掌握」已經成熟了。所以帝冠式或興亞式出現,就是要取代「仿洋建築樣式」。如果就明治維新的思潮來看,這就是從「洋體和魂」到「和體和魂」的轉化成功。換句話說,日本建築的發展是朝著明治維新的思潮而達到最後的任務,雖然別種文化不一定這麼看待日本文化的這個階段的發展,特別是所謂的帝冠式或興亞式從未被其他文化體所樂意主動吸收,不過就當時的日本文化情境而言,這一點也沒有關係,日本的軍事工業力量足以讓日本國民也認為他們是可以透過「聖戰」來強迫所有鄰國屈服,日本的軍國主義就在這種「充滿自信」的迷境之下,逐步走向自我毀滅的道路。

在日本近代建築發展史裡「仿洋建築樣式」只是為帝冠式或興亞式做準備,或是說「仿洋建築樣式」只是個過渡性的「樣式」,其過渡性的角色在於培養出所謂「和體和魂的新國粹」,在培養出自本人對日本文化的自信及狂熱,而不在於什麼西洋建築史的正確知識,它在為「和體和魂新國粹」添加熱情做準備而已。所以,如果我們放在後殖民論述裡重新讚美「仿洋建築樣式」的建築之美,其實只能陷臺灣建築主體性於舊困境,絲毫無助於臺灣建築工程技術的發展,也無助於臺灣建築式樣的成長或成熟,更無助於建築式樣知識的增長。反過來說,我們應

該以「脫殖民論述」，將日據時期的官方建築放回日本建築史的脈絡，重新正確解讀其特定的時代任務，予以檢討而不是予以擁抱吧。

7-3-4，建築美學分析

在一個動盪與價值顛覆改造的年代，設計美學論述的形成是帶有粗暴性的。建築美學論述更是如此。雖然美學論述與美感都是混雜著意識形態與感官心境，但美學論述卻與權力靠得更緊，美感形成卻往往與權力若即若離。所以，美學論述形成與美感形成是有些落差的，我們不容易從計有的文獻資料或該時期的美學論述直接來進行分析，反而要藉助藝術史上形式分析的「眼見為憑」以及不同角色下原鄉的「想像為憑」，共同推敲出這個年代的建築美學。

在第二節裡曾歸納出日據時期臺灣社會的三個半原鄉，我們再明確化些這三個半原鄉，並以階級意識形態來歸位哪些人與哪些因素會對應到哪些原鄉。

第一種原鄉是西化與現代化，以歐洲為樣版，但目的不在西化而在「富國強兵」，西化是手段就像西化在於彰顯「文明開化、產業興殖」，而富國強兵的「國」是日本國，是殖民母國，而不是殖民地，這是帝國主義的邏輯，違反這個邏輯則帝國主義就不成立了。這第一種原鄉深深的烙印在具有「明治維新意識形態」的日本人心裡，更烙印在殖民地的管理者心裡。而這些人的「殖民者與被殖民者」的區辨是非常嚴格，且逾越不得，有點像清朝初期「滿人永遠是主子，漢人永遠是奴才」的觀點，逾越不得。這樣的原鄉放在日本建築發展史裡，就形成了伊東忠太所提出：「日本建築從木構躁進化到石構造」的進化論，所以在這些人的心目中，這個原鄉裡歐洲建築的形式只是個「工具」，歐洲建築技術也是個「工具」，透過工具長出「富國強兵」的面貌才是目的。所以「仿洋建築樣式」是個工具，以他們所認識的西洋建築美學形式法則而推論出或規定出的面貌：「興亞式」或「帝冠式」才是目的。這就是明治維新意識形態裡，「和體（木構造）和魂」到「洋體（石構造）和魂」再到「新和體（鋼筋混凝土構造）和魂」的三段式進化論。

第二種原鄉是日本化及日本神聖化，以粹練虛構的天皇神性為手段，以日本民俗生活為目的。這第二種原鄉深深的烙印在具有日本國國民身份的人心裡，簡單的說烙印在「真日本人」心裡，烙印在日據時期的「日本移民」心裡，但很奇妙的也離奇的烙印在殖民地上「假日本人」的心裡。在建築論述與實踐上木構造的神社乃至於木構造的日本佛教寺院、精舍，乃至日本庭園就是樣版，這樣版直接搬來就可以抒解鄉愁，當然在配合上日語、日本料理、日本戲劇那就更完美了。就這一種人的意識形態裡，不見得接受「明治維新的意識形態」，所以「和體（木

構造）和魂」是原味，但是第三階段的「新和體（鋼筋混凝土構造）和魂」雖然略微走味，但還是可以欣然接受，其「新和體（鋼筋混凝土構造）和魂」的代表案例就是第二代武德殿，武德殿是可以採用鋼筋混泥土構造，但是主場的地板一定要用木地板，最好入口有個「氣宇軒昂」的博風，帶有木構造質感的博風則更為完美。

第三種原鄉是福建原鄉，既指福建省，也指廣義閩語文化的原鄉（潮汕語及客家話是屬於閩語系而不屬於粵語系），在 1895 年之前，近三百年間臺灣的漢人移民主要的原鄉就是廣義閩語文化的原鄉，而在清朝至臺灣建省前，臺灣所用的「國語」就是「福州官話」。而 1895 年至 1945 年間，在臺灣生活的人們，以人口數論，日本人佔總人口數不及百分之四，西元前三四千年從福建移民而來的臺灣原住民佔總人口數也不及百分之四，而十七世紀末開始陸陸續續移民來臺的「廣義操閩語的移民」卻佔了總人口數的百分之九十二以上。這也是臺灣文化在人口數上所形成的主體性與原鄉。就建築論述及其實踐而言，雖然在日據初期與 1937 年之後，殖民當局控制了臺灣人與福建原鄉的聯繫，但事實上這民間版原鄉的影響力卻是源源不絕且另有新意的在臺灣演出，最明顯的新案例就是廟宇三川殿採用「燕尾頂歇山（假四垂）」式樣以及廟宇建築裡採用「五門式山門」的建築形式，其他則是創新的建築裝飾工藝的與原鄉間的互相影響，當然這種直接互動的影響是在日本殖民當局所允許乃至鼓勵的情境下發生的。

第四種原鄉是上海原鄉，這只能算半個原鄉。雖然此時上海租借的公園裡還掛著「狗與華人不得入內」的牌子，但上海商業的崛起，上海糜爛奢華的生活意象卻也夾雜著全中國最進步的工業技術與當時現代化科技，形成以法國 ART DECO 為主的摩登風潮：上海風格竟也象徵著「祖國現代化」的成就，而吸引著殖民地裡的華人、漢人、閩人、臺人吧，甚至於也吸引著殖民地裡的日本人，因為 1930 年代日本也吹起以法國 ART DECO 為主的摩登風潮。在建築發展上之所以算是半個原鄉，是因為上海風格的魅力主要在視覺傳達領域，但是海上畫派的崛起乃至重要的畫報，新式印刷畫本在上海的發行，也都對臺灣傳統建築裝飾工藝的發展有頗高的啟示乃至運用上的影響力。所以，這一小節的結論如下：

其一，官方建築上仿洋建築式樣與帝冠式樣都是採納了西方建築形式美法則，細說之下就是組合式柱式（order）、比例（proportion）、精密幾何構圖術（如正三角，圓的內接正方形）。

其二，官方建築的神社建築則從日本請神社營造人員原樣照般來臺灣，其形式審美法則與中國唐朝建築的形式審美法則頗具一致性，雖然原先日本發展出來的神社並不強調拜殿的博風造形，但是日本殖民政權在臺灣興建神社時，拜殿採博風造形者竟成為一種特殊的「默契」。甚至於在武德殿的審美法則上亦是如此。

其三，官方建築裡的產業建築與宿舍其形式上多採用殖民墾拓雨林版式樣，但這種殖民墾拓雨林版式樣的設計原則除了西式木構造原理之外，其立面組合也是採用西方建築形式美法則，這與仿洋建築式樣或帝冠式樣的差別只在於構圖不再那麼複雜與精益求精，往往只在入口處以出挑懸廊，然後其上設開窗三角尖塔來強調而已。

其四，民間建築在式樣上已發展成熟，最多只有增加視覺趣味的歇山頂更為風行，而出現「燕尾扛歇山頂（假四垂）」新式樣而已。這以發展成熟的建築式樣其形式美的法則則為「合圖、合字、合意」。

其四，民間建築裝飾工藝的發展也趨於成熟，其形式美法則也是「合圖、合字、合意」，細項留待工藝項再作細論。在審美涵向度則又有新意出現，那就是「演義戲文」成為建築裝飾工藝的重要題材，所以傳統設計美學形式法則裡的佈局法則在此階段也更行受到匠師的重視與運用，其細項則留待繪畫項設計美學再行細論。

7-4，日據時期的工藝美學

不論回顧日據時期的工藝美學或繪畫美學，都宜先回顧一下日據時期的臺灣社會乃至臺灣社會的文化結構一般狀況為何。否則回顧半天，只見日本殖民當局致力於現代化國家形塑，還誤以為日本殖民當局為殖民地上的「被殖民者」作了多大犧牲奉獻，教育出成熟的整一個世代的社會菁英，持續堅持為臺灣賣命，將臺灣的前途透過什麼「臺灣維新」而一舉步入強國之林，可與日本並駕齊驅云云。很可惜的近年來所謂後殖民論述，竟支持了以「歡迎您來回味舊日殖民地的溫馨」這種國家預算支付下在日本報章刊登的「廣告」，來招來臺灣觀光事業的日本遊客，真是不知所云到了頂點。我們或許應該終止後殖民論述的史觀，重新以「脫殖民論述」的史觀或世界體系中心邊陲的史觀，重新檢視日據時期的殖民政策，乃至於殖民政策下的美術教育意圖與美術工藝的發展吧。

我們無須對某些諸如：「日治時期臺灣女性是自願當慰安婦，因為當慰安婦是日治時期臺灣女性出頭天的機會」這種失誤言論感到任何憤怒。我們只需要拋棄「後殖民論述」迷思，改以「脫殖民論述」的史觀，以「祝福失言者他媽媽，曾經當日本軍人的慰安婦」來顛覆這種失言的正當性即可。

日據時期臺灣工藝產業難道也分成官方與民間兩個世界嗎？如果我們以殖民地的雙元經濟（註十八）來解讀的話，確實如此。我們以大甲帽蓆及尪仔陶轉化為

尪仔剪粘來解析這兩個世界。

大甲帽蓆產業在現有的日據時期資料彙編裡，往往會讀出日本官方促進了編織產業，更開拓了這個產業的外銷而對臺灣經濟頗有貢獻，都是日本殖民政府的功勞云云。諸如：「日治時期各種臺灣帽蓆中以『大甲帽蓆』、『林投帽』和『紙帽』最為知名，大甲帽、蓆以藺草編成，其中大甲帽為婦人洪鴦於 1897 年創編，主要產地雖在苗栗苑裡，但因原料為大甲藺、成品以臺中大甲為集散地，故習稱為『大甲帽』。林投帽則以林投樹葉編製而成，於 1899 年開始生產。紙帽則於 1917 年創製，以馬尼拉麻製成的日本紙作為原料，因外型能投消費者所好、改良後稍可耐雨等優點，產量一度居臺灣帽業之冠。臺灣帽蓆因價格低廉、強韌耐用、攜帶方便等優點，深獲好評而外銷日本、美國等地」（註十九）。如果再配合臺灣帽外銷廣告圖片（如附）一起解讀，那可還真有「對臺灣經濟頗有貢獻，都是日本殖民政府的功勞」的感受。

圖 7-86：臺灣帽蓆產業的廣告設計，約 1940 年前後

但是，我們只要稍微深入瞭解當時外貿體系的情境，乃至日據時期對可能獲利的「外銷產業」，是如何「指導」時，大概「對臺灣經濟頗有貢獻」的感受就會完全改觀。

「大甲藺草編織在產業發展上，主要是大甲蓆與大甲帽為主。光緒二十七年〔1901〕大甲保甲局長朱麗與地方仕紳杜清、李城、李聰和等人商議合資創設「元泰商行」，成立大甲第一家帽行，並於當年由李聰和將二千頂帽胚銷售日本大阪桶口商店，首創臺灣草帽外銷最早紀錄。光緒二十九年〔1903〕，大甲帽界人士成立「大甲帽蓆合資會社」，於日本大阪博覽會中促銷大甲帽，大甲帽開始外銷

歐美。至民國元年〔1912〕「元泰商行」於日本神戶設立「元泰商行」日本支店，是為產業發展外銷的再跨步。民國二年〔1913〕，日本廢除臺灣帽蓆外銷需經大阪商人之規定，改由臺灣帽子業者直接外銷。民國三年〔1914〕「大甲帽蓆合資會社」依規定被解散，而「元泰商行」在日本神戶市先田區下山收通二重幕十二番地設立分行，為臺灣草帽業者最早在日本設分行。民國四年〔1915〕「大甲帽同業組合」、「大甲信用組合〔農會前身〕」核准成立，經營外銷年年好，至民國十八年〔1929〕，銷售量達六餘萬頂以上。民國二十二年〔1933〕，美國經濟不景氣外銷呈現停止狀態。民國二十八年〔1939〕，因無法和外國直接通匯不能外銷，因此輸出中心移至神戶。大甲帽業仍在日本神戶創立「臺灣帽子商業組合」。民國二十九年至三十一年〔1940 至 1942〕，臺灣帽子同業組合聯合會在全省各地舉辦編織帽子講習會，將編帽工藝推廣到全省各地」（註二十）。

或許有人會將「1913 年日本廢除臺灣帽蓆外銷需經大阪商人之規定，改由臺灣帽子業者直接外銷」視為爭取臺灣利益。其實在雙元經濟理論上此舉應解讀為「從雙重定價系統回復為臺灣總督府單一定價系統」，殖民地的經濟「從從雙重定價系統回復為單一定價系統」才能為殖民母國創造更高的貢獻，而不是為殖民地創造更高的貢獻。

殖民當局在面對殖民地的資源評估裡最重要要的考量因素就在於自然資源與廉價勞工而已，因為雙元經濟存在的理由就在於以軍事暴力支持了殖民當局的「定價系統」，這個「軍事暴力」或許可以化身為法律、制度甚或「文明開化」、「正當性」的任何掩飾，但是也只是殖民者自覺可以完全控制時，才會有這些「化身」出現，然而殖民者與被殖民者的身份區別卻是自始自終改變不得的，雖然有所謂極少數的「三隻腳」還自認為也是日本人，但是就像英國在香港歸還中國時，「救濟式的發放」英國國民身份予當時的香港華人，大概也不及萬分之一吧。這些假日本人，雖然極盡對日本文化的諂媚像，豔羨像，日本戰敗後，「三隻腳」基本上絕大部分也都無法以「日本天皇皇民」的資格來換取「日本國民的資格」。因為殖民者與被殖民者的身份嚴格區別正是帝國主義殖民地存在的價值所在。也唯有能以「國家定價系統」來形成自由市場的假象，才足以「自吹自播」日本的文明開化與超歐趕美。

在日據時期，不管是尪仔陶或是尪仔剪粘，其產業值基本上都無法記入所謂「國勢調查」或經濟統計資料裡。所以就經濟上，尪仔陶或是尪仔剪粘也都是「地下經濟」。不過就算是地下經濟或是民間工藝，當然不會因為進不了經濟體系而擺脫了「國家定價系統」的干預。

「民國十九年在臺南舉行『臺灣文化三百年紀念會』，日人尾崎秀真在『清朝時代之臺灣文化』一題演說中曾說：『臺灣以往三百年間，祇產生製陶名匠一人』，

此名匠乃指葉王,加上日據時代日籍教師川上喜一郎發現葉王交趾陶的藝術價值,乃向日本內地推薦宣揚,引起一陣收藏、研究熱,使交趾陶作品頓時身價百倍。日本藝品愛好收藏者將葉王遺作送往巴黎世界博覽會參展(1938年),由於製品形神畢肖、色彩豔麗、光澤奪目,恍如琥珀翡翠精巧絕倫,當時歐美各國藝術界人士驚為絕技,視為東洋國寶,標名為『嘉義燒』,可見其作品之魄力」(註二十一)。

從上述的歷史淵源裡,或許有人會解讀出日人尾崎秀真、日籍教師川上喜一郎,乃至不具名的日本藝品愛好收藏者,真是眼光獨具,不但將「交趾燒、交趾陶」或「嘉義燒」推到「東洋國寶」的境界,也為這項工藝產業的推廣與產值做出了極大的貢獻,這些日本人對臺灣文化的保存真是盡心盡力,貢獻良多,少了他們的努力,交趾燒、交趾陶或嘉義燒早就絕跡早就失傳了吧。其實不然。這種日據時期資料為唯一憑證的論述,其實不但脫離了臺灣藝術文化發展脈絡,也企圖重新定位臺灣藝術文化發展方向。我們在前一章即論證了葉麟趾匠師獨創嘉義尪仔陶匠藝的艱辛與成就,而不是什麼葉王向廣東匠師習得交趾陶匠藝予以發揚光大(註二十二)。事實上,所謂葉王交趾陶由日本藝品愛好收藏者推薦以「東洋國寶」名義而參展巴黎世界博覽會一事,很可能只是「古董收藏者」所虛構的事件,進而以訛傳訛的歷史描述呢(註二十三)。

所以,我們只要從「後殖民觀點」轉向「脫殖民觀點」,就能輕易發現「日人尾崎秀真、日籍教師川上喜一郎,乃至不具名的日本藝品愛好收藏者」正是一群無形的「國家定價系統」。這無形的國家定價系統的前提是日本人,結論是殖民地上的「東洋國寶」。至於到底是低溫陶燒還是一般陶燒?到底是葉麟趾還是葉王?到底匠藝是源自葉麟趾的父親葉清嶽還是潮州匠師、石灣匠師?到底這種匠藝在1910年代乃至1930年代是否獲得承傳,乃至發揚光大或是早已失傳?他們其實一點都不在意。先是在1910年代給個輕蔑的、隨意的稱呼「交趾支那燒」或「交趾燒」吧,然後在1930年代給個在地的稱呼「嘉義燒」。重點是應該能保證這無形的國家定價系統是由日本帝國所驅使,我們無意說尾崎秀真是不是所謂「御用學者」或到底是不是個「真漢學家」,但是這種交趾陶與葉王的命名或稱呼其實正顯示出他們對臺灣文化、福建文化乃至中華文化的輕率與輕蔑的態度罷了。

殖民論述旨在為帝國主義的戰爭背書,及殖民地的奪取擺上正當性的抹粉牌位。後殖民論述旨在為殖民論述所衍生的知識背書,為日本在1895年至1945年間的學術傳統鞏固出一個「新權威」的牌位。脫殖民論述旨在透過權力行使的蛛絲馬跡,戳破惡質神話的謊言,艱辛的找出較為接近真實的歷史真相。

相對的,帝國主義的國家定價系統直接涉入官方主導的工藝發展,而無形的國家定價系統則間接的涉入民間工藝的發展,甚至弄擰了發展脈絡也在所不惜,因為

帝國主義在殖民地的唯一政策就只有將殖民地的利益接上殖民母國的回傳輸送帶而已，對待殖民地的文化脈絡則是切斷既有舊脈絡，改接殖民母國的新脈絡。若非如此，那麼，它也不稱為帝國主義，也不稱為殖民地吧。

如果，我們透過看清這種「弄擰發展脈絡的力量」，而釋放這不該加諸其上的「暴力」的話，我們在民間工藝上會看到哪些較為接近真實的歷史真相呢？以下本節就分為尪仔剪粘的崛起、民間工藝與官方工藝三部分來分析。

7-4-1，尪仔剪粘的崛起：美學王道的表現，崛起而不替代

日據時期民間工藝發展的最真實的現象就是尪仔剪粘的崛起，而其背後支撐的驅力正是原有傳統價值觀所孕育出來的王道美學，一種讓市場機制和平演出的工藝美學。或許王道美學說得過為「誇口」，但是相對於一種天天喊民主進步口號的改革意識形態來說，相對於日據時代明治維新的變種法西斯意識形態來說，相對於並不理解中華文化的日本人來說，相對於一天到晚謾罵自己傳統是封建、迷信、退步、僵化的意識形態來說，王道美學並不是誇口，卻是一種際運的無奈吧。我們如果弄清楚這種王道美學，或許更能找出整個工藝美學更健康的思維，進而找出更明朗的工藝發展道路。我們先從尪仔剪粘的崛起事實開始瞭解，從汕頭匠師何金龍及其作品開始分析。

其一，何金龍及尪仔剪粘在臺灣的再度復甦

何金龍字翔雲，1880年生於廣東埔寧縣田心村，1953年卒於柬埔寨金邊。自小家庭貧苦，在母親支持下跟隨師傅陳武升習藝，三年四個月的徒弟生涯，先學畫筆技巧，再學作剪粘泥塑。何金龍在1927年來臺，1933年離臺。在臺期間作品包括剪粘、浮雕、尪仔陶、建築彩繪及水墨畫等類型作品，其中以尪仔剪粘最多，並以佳里金唐與殿學甲慈濟宮的尪仔剪粘作品保存狀況最好。何金龍是臺灣藝術史上最傑出的剪粘師傅，在臺期間收王石發為徒，盡傳尪仔剪粘絕技，使得尪仔剪粘在臺灣再度復甦（註二十四）。

在本節裡筆者用「尪仔剪粘」這個名稱其實有兩個用意，第一個用意是建築剪粘在盛清時期即有，在晚清時期的臺灣也很盛行，此時的建築剪粘也稱為「剪花」，主要就是以碎瓷碎碗剪之粘之成為「花草」，但是尪仔剪粘則是從「花草」表現到「戲文尪仔」表現的極大轉變。第二個用意則在於企圖「考證」尪仔剪粘是何金龍來臺第一個重要建築裝飾工程：「修復佳里金唐殿的葉王尪仔陶」時所獨創的工藝項目，換句話說，本文也企圖考證「尪仔剪粘」源自臺灣臺南，經何金龍首創後，回傳閩南與潮汕，乃至整個華南。

我們先從何金龍在佳里金唐殿的尪仔剪粘作品舉例欣賞,來展開這個頗難論證的過程。

圖 7-87:何金龍尪仔剪粘作品之狄青西征全幅

圖 7-88:狄青西征局部之一

圖 7-89:狄青西征局部之二

圖 7-90:狄青西征局部之三

圖 7-91:狄青西征局部之四

以上所舉的何金龍作品實例為佳里金唐殿保存最精彩的戲劇尪仔剪粘全幅與局部，其戲碼為<<五虎平西（狄青西征）>>裡由右至左的第十七回「狄公子乘醉尋奸，包大人夜巡衡事」、第十八回「狄皇親索馬比武，龐國丈妒賢生心」、第十九回「御教場俊傑揚威，彩山殿奸徒就戮」等三齣戲。如果從整戲的演出效果而言，應該說是文武場均備的連戲。如果從一齣齣個別看，應該說是佈局熱鬧場面戲劇張力足夠。如果從一仙仙尪仔個別看，應該說表情動作維妙維肖。所以，這是何金龍尪仔剪粘作品匠藝精湛，倍受肯定的主因。

何金龍受聘來臺初期承接了佳里金唐殿、佳里興震興宮、學甲慈濟宮等宮廟的震災後建築裝飾工程業務。而此三間宮廟原先的建築裝飾工程主導者都是葉麟趾，留有部分葉麟趾尪仔陶作品，在佳里興震興宮、學甲慈濟宮的案例裡何金龍所保留的葉麟趾尪仔陶作品與他自己新作的尪仔剪粘看起來配合得很順，所以我們大概可以推斷，除非廟方另有主意或另行增添，否則何金龍在這三間宮廟的尪仔剪粘作品就是按照原先葉麟趾尪仔陶作品的戲碼及佈局來創作。換句話說，在何金龍的創作歷程裡，乃至於爾後尪仔剪粘崛起的過程裡，都出現了「崛起而不替代」的決決風度。當然到了 1920 年代尪仔陶也不只是葉麟趾一支獨傳，而早期部分尪仔陶因工地燒製溫度過低而容易褪色的作品，新興的尪仔剪粘替代也就替代得理所當然，所以，佳里金唐殿裡葉麟趾的尪仔陶之所以全被替代，其主要原因應該是震災災情波及所致吧。

「剪粘，是閩南古建築上的一種裝飾工藝，主要的技法為 "剪" 與 "粘"。閩南還稱之為 "堆剪"、"剪花"、"堆花"、"剪瓷雕" 或 "貼瓷花"；剪粘技法也流行於廣東的潮汕地區，當地俗稱 "嵌瓷"、"聚饒"、"貼饒"、"扣饒" 等，"饒" 即塑造的意思。臺灣傳統建築中的剪粘工藝，則由閩、粵兩地傳入。閩、粵及臺灣盛行的 "剪粘" 工藝，有人認為可能是明朝之後，受到南洋諸邦之影響，才逐漸流行起來。從東南亞古代建築文化交流與傳播的總體情況看，剪粘流行的中心區域就在閩粵臺三地，剪粘工藝起源於南洋的說法，尚沒有太多的根據」（註二十五）。

筆者認為剪粘工藝源於泉州，進而流行於潮汕、閩南、臺灣應該是確定的事實。如果我們進一步解析案例的話，福建宮廟的屋脊起翹大約起於明朝中葉，宮廟屋脊起翹呈現越往南起翹幅度越大的趨勢，而屋脊剪粘裝飾也是越往南裝飾越華麗。其中最明顯的案例就是福建東山的關帝廟。而不論稱為剪粘或堆剪、剪花、堆花、剪瓷雕、貼瓷花，其最大的變化就是採用了泥塑胎體，外貼瓷花了，屋脊中間慣用的福祿壽三星基本上還是瓦飾整塊陶燒或是整塊瓷器。然而到了 1850 年代嘉義葉麟趾改變了這種狀態，一種被誤稱為「交趾陶」的低溫施工現場窯燒的「尪仔陶」以創新的工藝類科受到業主的喜愛而逐漸從臺灣回流行於閩南與潮

汕。而到了 1920 年代,這種屋脊「尪仔陶」工藝又有另一種新的替代品「尪仔剪粘」出現,而這種替代品的發展越來越具有優勢,終於成為流行於臺灣、潮汕與閩南的重要建築裝飾工藝項目,並順利的流傳於今。其緣起時間及工藝的首創人物正是 1920 年代的何金龍。我們從佳里金唐殿的屋頂脊飾上的尪仔剪粘作品,還可以看到這種發展的「痕跡與轉變」。

圖 7-92:佳里金唐殿屋頂尪仔剪粘,雖為何金龍作品,但可能經過何金龍嫡傳弟子的維修。

佳里金唐殿的這個案例讓我們可以更清楚的看到尪仔剪粘的胎體已經採用了水泥的成分,而臉部連帶髮型或帽冠是一體捏塑成形,然後再貼瓷片。這種工法可能遇到「掉瓷片」的問題,所以很快的爾後的「尪仔剪粘」不論大小,臉與髮帽就採用「尪仔陶」一體成形,然後在接上胎體的制式工法了。

一項新的工藝項目的形成其實需要「天時、地利、人和」的配合乃至師徒接力承傳才有可能。尪仔剪粘之所以有別於剪花,有別於一般剪粘,有別於屋頂雙龍剪粘就在於「戲文人物的出場」,而其「天時」則為 1920 年代水泥的強度與粘著性的掌握及 1920 年代印刷形式的畫譜畫冊在臺灣已經頗為流通;其「地利」則為何金龍受聘來臺所承接的大型業務裡,主要都是葉麟趾的建築裝飾工程的維修、重作或補作;其「人和」則為何金龍此時的匠藝已游刃有餘於剪粘、尪仔陶、泥塑、建築彩繪乃至紙褙畫等多樣才藝,乃至於何金龍也收了已是彩繪匠師的王石發為徒,並帶著王石發回大陸與南洋作過建築裝飾工程(註二十六)。

我們很清晰的論證了尪仔剪粘成為重要的建築裝飾工藝是何金龍的開創及其徒弟的鞏固承傳與發揚，但是 1920 年代何金龍的這種開創是否為唯一呢？如果我們指「尪仔剪粘」的話，成功結合尪仔陶與剪粘且匠藝純熟，何金龍就是唯一。如果我們是指「一般剪粘」，那早在元明之際就崛起於泉州，傑出匠師又何其多，只是後人並無追蹤研究而已，何金龍也不必搶這種唯一。更何況何金龍所獨創的「尪仔剪粘」也是透過業主的選擇，透過「市場競爭」而逐漸部分取代了尪仔陶。我們稱這種崛起而不替代的工藝精神為「王道美學或美學王道的表現」，其實是一種對日據時期官方藝術教育裡「蔑視中國傳統與去中國化的霸道表現」的無奈、對比或「脫殖民史觀下的控訴」吧。不過這種無奈不是重點，市場的自然形成與流傳才是重點，我們接下來更精簡的描述分析日據時期剪粘與尪仔陶的市場競逐乃至於匠藝承傳的內容與重點。

其二，尪仔陶及尪仔剪粘的匠師承傳內容。
其實不管是一般剪粘或低溫陶版作為建築裝飾工程，其起源時間在什麼時段？其起源地是泉州還是福州？還是景德鎮或是廣州石灣？目前的研究資料都尚不足以確定的推斷。況且一般剪粘或低溫陶版隨著時間受到不同的因素影響，乃至逐步蛻變，其起源與承傳就更難論斷。但是如果我們將一般剪粘與低溫陶版裡較小範圍的項目：尪仔陶及尪仔剪粘這兩項工藝單獨拿出來探討時，不但可以襯托出一般剪粘與低溫版陶這兩個建築裝飾工藝上，更細且豐富的變化分類，也可釐清出尪仔陶與尪仔剪粘確實是分別獨創於葉麟趾與何金龍，更可釐清整個建築裝飾工藝技藝裡，基本技術的必要性乃至其美學發展上這個時段的必然性。

簡單的說，如果只論尪仔陶這項工藝，在 1850 年代之前，在葉麟趾獨創這項工藝之前，尚未見到類似的作品；如果只論尪仔剪粘這項工藝，在 1920 年代之前，在何金龍來臺承接建築裝飾工程案之前，尚未見到類似的作品。而在 1850 年到 1950 年的百年間，傳統建築裝飾工藝不但接受了最劇烈的挑戰，而建築裝飾工藝的各項裡尪仔陶及尪仔剪粘卻是面對挑戰，持續保持應變而能延續匠藝生命力的最重要匠藝項目。江南乃至於福建的建築裝飾工藝在 1850 年前上雖然細分為：建築彩繪（不只是建築彩畫）、大小木鑿花、石雕、剪粘、泥塑、磚雕、陶塑等七項，兼通兩項裝飾工藝的匠師在 1850 年之後往往比比皆是，而作為有創造力的建築裝飾工藝匠師其最核心的技能，卻是傳統紙褙畫的「足尺線稿」，乃至於「縮尺線稿」的繪圖能力，這種「足尺線稿」或「縮尺線稿」的能力其實就是「畫面經營的能力」，是傳統設計美學形式向度上非常重要的能力之一。「畫面經營的能力」更準確的說法就是藝術創作上的「佈局法則」，這些法則受到西式美術教育的人們卻只能由「構圖法則」或「比例法則」來理解，然而所謂「構圖法則、比例法則」在形式法則上卻是與「佈局法則」分屬於不同的概念，乃至不同的美學系統，分析起來雖然無妨，但總也難以搔及癢處與妙處。或許在對不同

時期的傳統工藝美學分析上,放回當時文脈的分析,揣測出當時當事人可能運用的美學原則,應該也是設計美學史研究上重要的態度與方法吧。

在目前對葉麟趾作品乃至葉麟趾的學藝過程研究裡,或許因年代久遠,或許因日本人的任意命名,所以研究成果往往重視燒陶溫度、釉料成分、甚至於作品底下是否刻有「王」字印記,其實葉麟趾首創尪仔陶匠藝的藝術成就,重點完全不在於此,所謂低溫陶燒更非什麼「交趾陶」辨識的重點,尪仔陶之所以呈現低溫陶燒現象也不是釉料的關係,而是尪仔陶這種工藝作為建築裝飾工藝的一項時,頗不利於長途搬運,所以需要在建築工地附近進行簡易式「控窯」,而簡易式控窯其實不容易精準控制於高溫而已。作為建築裝飾工藝的尪仔陶其工藝的精華當然是則麼精準而快速的捏出維妙維肖的待燒胚體,乃至於如何準確上彩與準確控溫以及最重要的「畫面經營的能力」吧。怎麼會是釉料配方或是否刻有「王」字印記,成為葉麟趾匠藝成就的重點?又不是古董商人在進行古董的炒作。相反的,目前對葉金龍以及嫡傳弟子王石發,乃至王石發之子王保原的匠藝研究上,卻頗能把握匠藝的重點,收集了不少尪仔剪粘匠師匠藝的內容,乃至學藝的時代環境背景。我們舉些圖例來說明何金龍到王石發乃至王保原的匠藝承傳的內容與此項匠藝的重要能力。

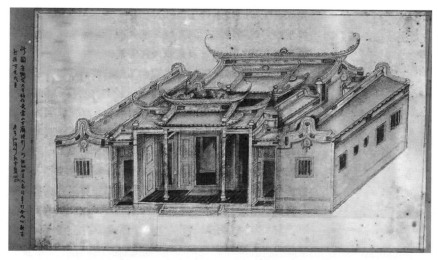

圖 7-93:1941 何金龍贈送予王石發之「建築裝飾工程圖」手稿(來源)

圖 7-94：1930 何金龍贈王石發之八仙　圖 7-95：王石發之紙禙畫
紙禙畫

王石發成為何金龍的在臺唯一徒弟其實頗為「傳奇」。在 1922 年王石發 17 歲時
即跟隨過黃矮的徒弟黃銅水一起切磋畫藝及如何煮桐油、調配顏色、油漆等彩繪
匠師的技藝，也「為了做好一名彩繪師傅，搭車往府城購買畫冊作為彩繪工作參
考。其中一套特別的石版印刷圖面，內容是京劇舞臺上表演的故事題材與人物角
色，每一張圖面都標示演出劇碼、人物名字，其服飾與手勢與真實演員粉墨登場
如出一轍」（註二十七）。在 1928 年佳里金唐殿進行第二次整修時，王石發早已
是「自學成功」且意氣風發的彩繪師傅了。然而王石發抱著前往居家附近金唐殿
瞧瞧負責金唐殿整修匠師手藝如何的心態，然而遇到年長王石發 25 歲的何金龍
時，卻完全折服於何金龍的手藝精湛，數度想向何金龍拜師學藝，卻碰著軟釘子。
當時何金龍認為臺灣是日本的殖民地，王石發也算是日本人，不願意傳授技藝予
他，王石發也只能閒暇時經常前往金唐殿，跟在何金龍身旁「看東看西」。直到
1930 年何金龍花了一個上午的時間作畫，贈送一套八仙水墨畫給王石發，才算
默認了這位亦徒亦友的彩繪匠師可以跟著他學習尪仔剪粘的匠藝。從此王石發等
於待磨練的剪粘匠師，跟隨在何金龍身邊承接工程，盡得剪粘匠藝的奧妙，甚至

在 1933 年何金龍返回大陸後，王石發也拿著日本護照至大陸，以日本留學生的身份待在何金龍身旁學藝。1942 年王石發決定回臺定居時，何金龍親自繪製廟宇建築圖稿一幅送予王石發，算是匠師傳藝的最後叮嚀，圖稿上題著：「此圖無側定尺寸頻仿武當山古廟形式此○○由主人與司阜打合兩心歡喜然後可定矣。廣東汕頭何祥雲製」（註二十八）。

從王石發的學藝過程裡我們大致可以瞭解以下幾個傳統匠藝承傳的內容與要求。第一點，王石發在成為意氣風發的彩繪匠師過程裡，已然理解「戲文畫」的線稿練習是彩繪匠藝的基礎。而當時較好的石版印刷畫冊或戲文畫集冊在較大城市（如臺南市）裡是容易買到的。在成為彩繪匠師的必要技能如調桐油、調色、調油漆等技能，就有心想學的人而言技術並不難，建築彩繪較難的部分還是繪畫能力。第二點，何金龍默認王石發可以跟從學習時贈與王石發的四屏幅八仙紙褙畫，其用意上也是提示紙褙畫的熟練才是建築裝飾工匠的最核心技藝，由於王石發當時已經是彩繪匠師了，所以何金龍不必從線稿圖課業來要求王石發，而是以紙褙畫的作品送給王石發來作匠藝精鍊的重點提示。第三點，何金龍在 1942 年親自繪製廟宇建築圖贈予王石發，表示何金龍認為此刻的王石發已經可以以執稿師傅出師，而不只是剪粘匠師而已，更重要的題字叮嚀則在於：「此○○由主人與司阜打合兩心歡喜然後可定矣」。這表示所有的建築裝飾工程其審美法則的最後依據在於「主人與司阜打合兩心歡喜」，換句話說，所有的建築構件都要「主人歡喜」也要「司阜（匠師）歡喜」。放在審美法則上稱為合意法則與主題展開法則（註二十九）。如果以日據時期臺灣民間工藝創作情境而言，這合意法則的「共同意」或「流行主題」在廟宇建築上就是能夠講述忠孝節義的「戲文畫」，在一般民居建築則為士人畫、吉祥畫間以出名的戲文畫。

其三，尪仔陶及尪仔剪粘崛起：敘事設計的崛起或戲劇美學的工匠演出
尪仔陶是低溫建築裝飾陶藝的特殊類型，尪仔剪粘則是剪粘工藝的特殊類型，這些建築裝飾工藝的特殊類型出現當然是晚於正常類型又與正常類型保存有部分雷同的匠藝、材料及工序，但又有創新的匠藝、材料及工序。如果只就其創新部分來看，也可算是新興建築裝飾工藝項目。我們想分析的是這兩項建築裝飾工藝為什麼是臺灣首創，又為什麼傳到其他地方後會有不同的名稱，而臺灣首創時的首先命名：尪仔陶與尪仔剪粘又有什麼用意？

這兩項工藝是臺灣首創，尪仔陶是嘉義匠師葉麟趾所首創，尪仔剪粘是汕頭匠師在修護佳里金唐殿、佳里興震興宮等建築裝飾工程時所首創，而在葉麟趾首創尪仔陶之前或何金龍在臺南地區首創尪仔剪粘之前，這兩類的建築裝飾工藝基本上是不存在的，就算存在也都不是令人讚嘆的工藝品。因為捏塑尪仔而能活靈活現其實是難度很高，擁有這般手藝又擁有好的窯與好的市場時，早就從事陶瓷精品

生產去了，又何必停留在建築裝飾工藝上呢？

在背景因素上，1850 年至 1945 年間，臺灣的陶瓷精品在陶土、市場這兩個因素上都不成熟，但是建築裝飾工藝的市場需求量卻很大，正是這特定的背景因素加上葉麟趾高超的技藝與審美境界，乃至於建廟業主的審美境界，共同促成尪仔陶工藝的出現。葉麟趾首創了這門匠藝後，就現有的歷史考證好像並無傳人，唯一被葉麟趾認同手藝功夫的是家境頗好「漢學老師」，而這位漢學老師也不以此為業，也無須以此謀生，所以好像沒有「傳人」。但是如果就控窯場燒技術、釉料配方而言，當然這些技術早就承傳下來了，只是尪仔陶捏得生動不生動，尪仔及配件能否「佈局成勢」，直到何金龍來臺為止，能悟出葉麟趾匠藝精髓的陶匠應該說是還沒出現，所以就這個角度上來看，葉麟趾的匠藝是沒有直接的傳人。

何金龍在 1927 年來臺時已是潮汕地區頗為出名的剪粘師傅，當時潮汕地區的剪粘匠藝已從花草進階到靈獸乃至廟頂的雙龍搶珠等複雜的造形，然而何金龍來臺初期主要的工作都是修護或重作葉麟趾的尪仔陶作品。何金龍也因此機緣而創出尪仔剪粘這獨特的建築裝飾工藝項目出來。事實上，何金龍也熟悉正常高溫窯製高彩人物陶（也就是一般瓷器），只是過度精緻的瓷器不但生產成本高，也未必適合當作建築裝飾工藝，所以，何金龍在創出尪仔剪粘的過程裡，也歷經了部分泥塑的替代，最後則以頭臉採用窯燒陶，身形採用鐵絲洋灰（水泥）塑胚，外表剪粘的形式來成為尪仔剪粘的常規工序。

尪仔陶與尪仔剪粘這兩項建築裝飾工藝分別以葉麟趾作品及何金龍作品為中心往外傳時，所傳之地往往又會以當地熟悉的脈絡重新命名，所以傳出去後就有種種不同的稱呼，當然其中最荒唐且扭曲脈絡的稱呼就是「交趾燒」。

最後，這自然而然所形成的尪仔陶與尪仔剪粘的稱呼，到底有什麼用意呢？到底蘊含著什麼「大道理」呢？

尪仔在臺灣話裡是「戲尪仔」的略稱，而尪仔陶指的就是「如戲文畫一般的戲文造景」，這戲文畫與戲文造景在十九世紀的臺灣廟宇建築裝飾藝術裡逐漸定型為建築裝飾藝術的主流類型，其目的不但在於強調廟宇是個「講義」的場所，更有演酬神戲給神明看的意思。十九世紀末尪仔陶除了在妙內牆賭上演出，也逐漸上了屋頂演出，更增添了廟宇喜慶熱鬧的形象，二十世紀初廟宇屋頂的剪粘除了花草吉獸剪粘外，尪仔剪粘也逐漸佔據舞臺，直到現在。這也是廟宇裡的尪仔陶與尪仔剪粘創作主題上首重「歷史演義」，次重「成語故事」，再重「文人雅事」的主因，而屋脊尪仔剪粘通常又特別挑選歷史演義中的「武場戲」，因為武場戲容易辨識，也更顯熱鬧。

我們如果回到何金龍對王石發的師徒臨別贈言:「此圖無側定尺寸頻仿武當山古廟形式此○○由主人與司阜打合兩心歡喜然後可定矣」,再加上尪仔陶與尪仔剪粘這兩項建築裝飾工藝一直流傳至今的事實來看,那麼可以我們可以說「想看人間有情有義,借道廟埕四處演義,廟埕且有曲終人散,尪仔剪粘依舊作姿擺勢,看盡人間冷暖,守住最後一炷香守住最後一口氣」應該是到目前為止我們文化裡最深沈也最快樂的審美取向與審美主調。建築裝飾工程或有技藝創新,或有新項出現,但老牙新枝崛起而不替代,審美主調則歷久彌新才是藝術創作的王道。

廟宇的建築裝飾工藝主調在「歷史演義」,一般的建築裝飾工藝的主調則是吉祥畫、士人畫(文人雅趣),只有大場面才挑二十四孝四則來訓勉。下一小節民間工藝美學的主調就是依此展開。

如果我們以設計藝術創作過程來看工藝作品,所謂「主調的展開」大致上可分成美感意識的選擇、主題的選擇、線稿、實作,而這實作又包括了材料、工序、效率的掌握與抉擇,這過程之間是有先後順序,也有工法之熟巧,更有定型化的縮減。通常越在構思階段(美感意識的選擇、主題的選擇)就越偏向創作的藝術性,越在形式與實作階段(線稿、放樣、材料、工序、效率)就越偏向創作的重複性或市場售價的收益性。傳統工匠在師徒承傳的過程與資料「教材上」,通常以師傅的線稿為練習的重點,往實作方向熟練之後即可成良匠,往構思方向熟練方可成名匠,換句話說,要能從師傅的規定線稿成長到變巧,成長到自繪創新線稿,才有匠藝承傳精益求精的坦途。

臺灣民間工藝在 1895 年至 1945 年間,雖然在 1937 年後完全斷絕了與「舊原鄉」的聯繫,但匠藝師傅對徒弟的期待,大致上還是「美感意識的選擇、主題的選擇、線稿、實作」這全程匠藝純熟而能變巧的期待。然而臺灣的官方工藝或官方所倡導的工藝似乎從一開始就企圖接上「新原鄉」,企圖接上西化、日本化或現代化的「新原鄉」,這種「主調的展開」乃至「學習熟練」的重點乃至過程也就完全不同了。在新原鄉的壓力下固然有「進步 V.S.退化」的進步期待,但是無可諱言的此時日本文化對西方文化的消化還處於「船堅炮利」的草莽階段,連日本帝國本身的民主化或君主立憲都搞得不倫不類,作為日本帝國殖民地的臺灣又哪有什麼「民主進步」與「自由心靈」可言呢?官方工藝只有規定的主調,所以也就沒什麼美感意識的選擇、主題的選擇可言,工藝的學習與創新也就只能落在頗為抽象但卻實利的實作上,也就是以所謂的寫實素描、精準製圖為技藝訓練的重點,而以材料、工序、效率的掌握為工藝產業存廢評估的依據。這不同的原鄉,有力或無力地打造出這一階段的民間工藝與官方工藝。前者是師徒制的匠藝邏輯,後者是現代教育制的生產邏輯,我們循著各原有的邏輯,各懷有的原鄉來描寫這一階段的臺灣工藝發展,來分析這一階段的臺灣工藝美學。

7-4-2，民間工藝美學：建築裝飾工程的發展

這一小節以建築裝飾工藝匠師的傳承，1895 年至 1945 年間建材的變化，來分析說明為什麼「戲文造像」會成為建築裝飾工藝的主流，乃至於個別建築裝飾工藝是否還適宜以泉州派、潮州派、粵派、福州派、惠安派來稱呼，或是這些建築裝飾工藝就如晚清時期的建築一般，早就該稱為臺灣風格或臺灣派了。本文延續前一小節而挑選了尪仔陶、尪仔剪粘、鑿花、石雕這四項建築裝飾工藝為例，並同時以實際案例約略比較不同工藝項目間匠藝的異同。

其一，尪仔陶與尪仔剪粘的匠派與風格與影響

由於尪仔剪粘是由尪仔陶所蛻變而成，而幾乎所有從事尪仔剪粘這項工藝時，對「尪仔頭」的製作幾乎都運用了「類尪仔陶」的技術，所以我們就以日據時期剪粘上的「南何北洪」之說，或剪粘的泉州派（鷺江派）與廣東派（潮州派，汕頭派）的說法進行解構。

在簡聰榮的<臺灣交趾陶研究初探>一文裡，已將臺灣交趾陶（尪仔陶）匠師承傳的十二個系統整理出來，依陶藝與剪粘的比重關係陶藝優先原則下分別為：葉王系統師承流派、柯雲（柯訓）系統師承流派、洪坤福系統師承流派、洪華系統師承流派、蘇陽水系統師承流派、何金龍系統師承流派、陳豆生系統師承流派、陳昧系統師承流派（據聞學藝於柯仁來、柯雲）、郭天來系統師承流派、吳交山林火旺系統師承流派、陳榮元系統師承流派、楊慶系統師承流派、廖我系統師承流派等。其中柯雲為洪坤福的師父，所以柯雲（柯訓）系統師承流派、洪坤福系統師承流派可視為柯雲洪坤福一脈相傳的流派，所以尪仔剪粘工藝的「南何北洪」之說，從這兩支「臺灣交趾陶」匠師的師承流派的辨識，大體上也就是諸多建築裝飾工藝上的泉州派 V.S.潮州派說法或閩南派 V.S.廣東派的「立論基礎」。然而，我們在簡聰榮的<臺灣交趾陶研究初探>一文對「南何北洪」匠派系統的考證裡，確有頗為「驚人」的發現，引述如下。

在柯雲洪坤福一脈相傳的流派裡，第一代匠師為柯雲、柯仁來；第二代匠師為洪坤福、柯成；第三代則主要都是洪坤福的系統，包括了：梅清雲、石連發、陳天乞、張天發、將清露、陳專友、姚自來、莊進發，以及尚待姓名考證的阿健師與阿琳師。第四代之後則多為光復後的匠師。在何金龍的匠師系統裡，第一代為何金龍；第二代為王石發與何信嚴；第三代為王保原，而何金龍匠師系統要到了第三代王保原廣收學徒後才枝開葉散形成匠派。其中頗為「驚人」的發現就是日據時期新竹宗教彩繪名家何信嚴為何金龍之孫，而何信嚴並未「家傳」尪仔剪粘工藝，而是以尪仔剪粘工藝的核心能力：「線稿」，轉化成宗教彩繪匠藝的成就（註

三十）。

上述的引述並不是要論證所謂第一代匠師是否都是外來匠師，或閩粵匠師能不能視為本土匠師，或出生於臺灣的匠師，來臺之後就決定定居臺灣的閩粵匠師才能稱為本土匠師等「意識形態」的提問。而是要說明我們在閩粵匠師匠派的稱呼上的任意性與相當然爾，乃至於進一步論證從葉麟趾開始尪仔陶就是臺灣匠藝、臺灣匠派、臺灣風格，從何金龍到臺灣南部工作開始尪仔剪粘就是臺灣匠藝、臺灣匠派、臺灣風格。

我們在前一章已經論證過葉麟趾的尪仔陶匠藝早於廣州石灣陶的尪仔陶發展，所以只有石灣陶的尪仔陶向臺灣尪仔陶模仿學習的道理，萬萬沒有前人向後人學習的謬論。在本小節我們再「考證」一下潮汕嵌瓷發展的歷史與發展趨勢，來說明1920年代何金龍首創的尪仔剪粘沒有向1960年代乃至2000年代潮汕嵌瓷學習的道理。

現今論及臺灣剪粘的源頭論著，絕大多數都認定是傳自閩、粵或更細一點的說法則是傳自閩南與粵東（註三十一），這裡所稱的粵東主要就是指潮汕一代，而不是指廣州附近的石灣窯。然而潮汕也有剪粘嗎？潮汕剪粘與臺灣剪粘又有什麼淵源呢？

一般的論法大致上幾乎都是引據<<臺海使槎錄>>記述1715年之：「臺南泉漳郊商倡建水仙宮、廟中亭脊、雕鏤人物花草備極精巧，皆潮州工匠為之」，而「從清初到清中葉時期，臺灣的廟宇豪宅，都聘請廣東潮州、（福建）泉州匠師來臺燒製交趾陶裝飾，其社會背景為：……（2）當時唐山巧匠輩出，且彩陶盛行；臺灣尚在草創與拓展時代，學此交趾陶技藝而獨當一面之在臺先民，文獻無徵，一直要到葉王出現才有名家」（註三十二）。而再加上何金龍經過陳姿吟、張淑卿兩位撰稿者在「臺灣大百科」上的撰文，陳姿吟指出：「何金龍，字翔雲，廣東汕頭人，公元一八七八年生於廣東普寧縣田心村（今普寧市占隴鎮），公元一九四五年卒於柬埔寨金邊，享年六十七歲。師承潮州名師，為清末民初汕頭地區的剪粘司傅，人稱『金龍師』。」；張淑卿指出：「何金龍，字翔雲，廣東汕頭人，1880（光緒6）年生於廣東普寧縣田心村（今普寧市占隴鎮），1953年卒於柬埔寨金邊，為清末民初汕頭地區的剪黏司傅，人稱金龍司。」（註三十三），好像早已名確定論：臺灣剪粘，最少所謂「臺灣粵派剪粘」就是自古以來傳自潮汕剪粘匠藝。這看似定論的學術研究乃至推論，其實確實有「以訛傳訛」之嫌，就算加深了現今二十一世紀的「田野調查」來當作論證的證據，也都還是有明顯的「以訛傳訛」乃至「穿鑿附會」之疑惑，而這種以訛傳訛的源頭或動力就在於日本人對尪仔陶的輕蔑隨意式命名為「交趾燒」這件權威命名事件上。

在潮州地區剪粘不稱為剪粘，而稱為「嵌瓷」或「貼饒」、「扣饒」。其意思就是磁磚敲碎後嵌鑲拼貼以增加泥塑亮麗的外表的一種特殊建築裝飾工藝，而「潮州嵌瓷」的歷史發展又是如何呢？筆者只查到百度百科的撰文最符合中國近代史乃至中國近代工藝史的脈絡，特別引述如下。

「嵌瓷的歷史與現狀：古代潮州的陶瓷產品「白如玉，薄如紙，明如鏡，聲如磬」，遠銷海外，令世人矚目，宋代筆架山「百窯村」可證其昔日風采。明代萬曆年間（1573-1620 年），一些精明的民間藝人，面對陶瓷生產過程中廢棄的許多碎瓷片，特別是那些有釉彩與花卉圖案的彩瓷片，慧眼獨具，變廢為寶，開始創造性地利用它們在屋脊上嵌貼成簡單的花卉、龍鳳之類圖案來裝飾美化建築。清代中後期，瓷器作坊專門為嵌瓷藝人燒制各色低溫瓷碗，這些瓷碗被彩以各種色釉，色彩濃豔，經風曆雨而不褪色。嵌瓷藝人將瓷碗進行剪裁之後，把陶瓷片鑲嵌、粘接、堆砌而成人物、花鳥、蟲魚、博古等各種造型，皆寓吉祥如意、長壽富貴之意，主要用來裝飾祠堂廟宇、亭臺樓閣和富貴人家的屋脊、垂帶、屋簷、門額、照壁等。這時的嵌瓷技藝已經日臻成熟，形成了平貼、浮雕和立體圓雕（俗稱「圓身」）等多種不同的藝術手法。如裝飾廟宇或祠堂屋脊的正面，一般採用雙龍戲珠、雙鳳朝牡丹等題材；裝飾脊頭、屋角頭，多以人物為主，如《封神演義》人物或鄭成功等民族英雄；裝飾于簷下牆壁的，多是花卉、鳥獸、魚蝦、昆蟲等；照壁上常見的有麒麟、獅、象、仙鶴、鹿、梅花等。……上世紀五六十年代（指1960 年代），開始有人嘗試製作供陳設觀賞的「嵌瓷屏畫」，有掛屏、立體件等。……普甯工藝廠的藝人們還吸取了瓷塑技巧和浮雕特點，把原來由石膏鑄成的人頭像，精心改成瓷塑頭像，使畫面更加協調；在調色技藝上，他們大膽革新，創新了火焰紅、大銅綠、玉青、丁香紫、正黃、天藍、結晶等多種色釉，使畫屏中青的青翠欲滴，紅的噴焰吐火，白的潔白如玉而顯得清雅豔麗，晶瑩透明，生動多姿，玲瓏可愛。………當前，現代樓房的興起代替了舊式建築，使得嵌瓷在民居裝飾方面逐漸退出歷史的舞臺，但在祠堂廟宇、亭臺樓閣的建設以及一些舊文物的修復中，仍然廣受青睞，被普遍採用。汕頭市的天后宮和關帝廟、饒平的隆福寺、潮陽的雙忠廟和靈山寺、揭陽的「蓮花精舍」、南澳後宅的前江關帝廟、潮州的開元寺和鳳凰洲公園天后宮等等文物景觀，在著名的民間藝人許志堅（潮陽人）、蘇寶樓（潮州人）、盧芝高（潮安人）等的妙手修復下，重現了嵌瓷特有的藝術魅力。2007 年 1 月，大寮嵌瓷被列為汕頭市第一批非物質文化遺產，2007年 11 月被列為廣東省第二批非物質文化遺產。2008 年 5 月被列為國家級非物質文化遺產。大寮村被命名為汕頭市民族民間藝術——嵌瓷之鄉」（註三十四）。

這段引文的重要性在於符合歷史情境地描述了「潮州嵌瓷」的發展過程與發展趨勢。簡單的說，潮州嵌瓷成為建築裝飾工程上重要工藝項約在清朝中末期，而不在明末或清初，潮州嵌瓷作為建築裝飾工藝傳至東南亞大約在何金龍在臺成名前後，潮州嵌瓷作為建築裝飾工程最主要的主題一直是「雙龍戲珠」、「雙鳳朝牡丹」

乃至「百鳥朝鳳、靈獸獻瑞」等吉祥畫題材，戲文畫題材搶上屋脊有理由判定是
在何金龍從臺灣返回家鄉廣東普寧縣田心村之後，再從普寧縣往整個潮汕地區散
播開來。潮州嵌瓷發展出「嵌瓷屏畫」乃至類似於臺灣尪仔剪粘工藝則明確的是
1960 年代的新發展與新工藝項目，而所謂「大吳翁仔屏」（註三十五），乃至於
「汕頭大寮村」有「嵌瓷之鄉」的美譽，基本上都是 1960 年代潮州嵌瓷新發展
的走向之一，而潮汕嵌瓷的新走向其源頭正是何金龍的故鄉：廣東普寧縣。我們
佐以潮汕嵌瓷實物為例，簡單印證如後。

圖 7-96：常見脊飾潮州嵌瓷：雙龍戲珠　圖 7-97：常見脊飾潮州嵌瓷：百鳥朝鳳

圖 7-98：廣東寧普之潮州嵌　圖 7-99：廣東寧普之潮州嵌　圖 7-100：嵌瓷屏畫
瓷一　　　　　　　　　　　瓷二

圖 7-96 與圖 7-97 顯示潮州嵌瓷最常見的表達主題：吉祥靈獸。圖 7-98 與圖 7-77
顯示何金龍的故鄉現今所見的嵌瓷藝術作品。圖 7-100 顯示潮州嵌瓷個件商品化
的新發展：嵌瓷屏畫。從嵌瓷作品色澤鮮豔的程度來判斷，這些作品幾乎都是大
陸開放改革之後的作品。事實上潮州嵌瓷創作的主題採取如圖 7-98 之「戲文」
者十分稀少，以一齣戲的重要場景為創作主題者更是罕見，就算屋脊上有所謂人

物主題的嵌瓷，基本上也只是「英雄人物」的單一主題創作，而不是一齣戲的故事演出。如圖 7-100 一般，一齣戲演出為主題者或「名畫」為嵌瓷創作主題者則為 1960 年代以後的的新發展，稱之為嵌瓷屏畫或「翁仔屏」。

臺灣的尪仔陶與尪仔剪粘的發展背景則與潮州嵌瓷頗為不同。

在興建於 1790 年的臺南大內鄉楊長利古厝上就出現了尪仔陶的前身：「版陶」。在 1850 年至 1895 年的晚清時期則「名畫主題」的版陶則為大戶人家興宅必備的建築裝飾工程，這些名畫主題的版陶更可分為三大類：第一類：近似山水畫的閒居生活主題，如：「樵、漁、耕、讀」；第二類顯示吉祥守護的靈獸主題，如：龍虎堵或歲供；第三類顯示忠孝節義文人雅緻的戲文主題或歷史演義主題。而在 1850 年代，正是這第三類版陶在巧匠葉麟趾的手中創出了新形態的尪仔陶，從此組裝式戲文陶或二次燒戲文陶逐漸成為「版陶」的新發展趨勢。

在興建於 1822 年重修於 1858 年的淡水鄞山寺(汀州會館)案例上就出現了剪粘，此時的剪粘多以花草飾帶的形式出現於屋脊上，所以又稱為「剪花」，而臺灣廟宇屋脊的建築裝飾在晚清時期基本上還是剪粘、瓷器、磚雕、陶燒單色壓脊瓦、泥塑五分天下，葉麟趾所首創的現場製作彩色尪仔陶則開始逐漸瓜分屋脊建築裝飾工程的市場。1920 年代何金龍受聘主持了臺灣南部諸多廟宇的整修建築裝飾工程，其中有三間廟宇的原建築裝飾工程就是葉麟趾在六、七十年前所主持作品。原先熟悉剪粘工藝的何金龍在業主的要求下，面對如此精湛但頗有受損的尪仔陶作品維修，終於巧而生智的一種技能快速生產，又能常保色澤的新工藝形態：尪仔剪粘出來。這裡所謂的業主要求只的就是臺灣廟宇的維修重建習慣：除非主祭祀神改變了或主祭祀神有托夢於爐主，否則建築裝飾工程的主題乃至於「演出的每一齣戲」基本上是不能改變的。何金龍就是在不改變建築裝飾工程的主題與「演出的每一齣戲」這種前提下，首創尪仔剪粘這項新工藝類科。1933年，日本已逐漸完成「醜化中國工程」進而進入「去中國化工程」，日本與中國的對峙關係益發明顯，何金龍也在這一年攜同亦友亦徒的王石發返回老家廣東寧普縣，展開新一階段的職場生涯，中間數度受聘東南亞進行剪粘工程對場作，也在廣東承接些許業務，1942 年王石發決定返臺，何金龍親繪建築裝飾工程圖稿贈與王石發，臺灣光復後凡有何金龍主持過建築裝飾工程的維修案出現時，只要時間允許，王石發必然攜子王保原一起承接何金龍作品的維修工程，何金龍的最後作品則為遠赴金邊承接的廟宇裝飾工程。何金龍來臺時為四十八歲，早已是聲名卓著的剪粘師傅，來臺工作時是否隻身來臺，亦或攜子來臺未則見記載，何金龍在臺首創尪仔剪粘工藝類科，到了返回廣東寧普後就回復了何金龍家族匠師團的工作能力，雖然潮汕一地的剪粘工藝仍以屋脊靈獸為主，但這新創的尪仔剪粘當然也會隨著新業務的承接而在潮汕地區傳播開來。

以上以歷史發展脈絡為所本，以作品實物為證，論證出潮州嵌瓷或許在十九世紀曾經影響過臺灣剪粘工藝，但臺灣剪粘工藝主要承傳的還是泉州剪粘匠藝。被莫名其妙的稱為交趾陶的潮州版陶與泉州版陶則共同影響了臺灣版陶的形成。在1850年代則因葉麟趾匠師的匠藝將版陶裡的戲文陶首先突破為場製（在建築工地製作）組合式版陶，這種場製組合式版陶被當時的業主與民眾稱為「尪仔陶」，從此尪仔陶以嶄新的建築裝飾工藝逐漸崛起而不取代版陶。1920年代何金龍剪粘匠師因承接葉麟趾尪仔陶作品的整漸維修工程而發展出另一嶄新的尪仔剪粘工藝，更豐富了臺灣剪粘的創作內容與場域，尪仔剪粘的在臺發展更是崛起而不取代尪仔陶。1930年代何金龍返回廣東寧普老家，尪仔剪粘的匠藝也就在廣東與東南亞逐漸散播開來，只是尪仔剪粘不像在臺灣一般的廣受歡迎，潮州嵌瓷在建築裝飾工程上還是以「雙龍戲珠」、「雙鳳朝牡丹」、「百鳥朝鳳」乃至花草飾帶、歲供吉祥畫為最常見的創作主題。1960年代以仿名畫為主的「嵌瓷屏畫」新工藝項目在潮汕地區首創出現，「嵌瓷屏畫」因主題擴展於戲文畫，所以明顯的受到何金龍首創尪仔剪粘的影響。大陸開放改革後廣東普寧市廣太鎮大寮村的老匠人，重拾嵌瓷老匠藝，開創出「大寮尪仔屏」的新工藝項目出來，相較於1960年代的「嵌瓷屏畫」或「嵌瓷插屏」而言，「大寮尪仔屏」更為立體化，也更明顯的看出與何金龍所創尪仔剪粘的淵源，畢竟普寧市占隴鎮與普寧市廣太鎮大寮村有更近的地緣關係吧。

結論：盛清時期泉州剪粘與潮州嵌瓷乃至於版陶，對臺灣剪粘與臺灣版陶都有明顯的影響，但臺灣建築裝飾工程創作主題「戲文化」之後，陶藝匠師葉麟趾在1950年代首創尪仔陶，廣東普寧嵌瓷匠師何金龍在1928年至1933年間，因整修葉麟趾尪仔陶作品而首創尪仔剪粘新工藝項目，並在返回大陸後將此匠藝在家鄉與東南亞散播開來，這個尪仔剪粘新匠藝也促成1960年代「嵌瓷屏畫」的新發展，而更為直系的匠藝承傳則出現於何金龍老家附近的「汕頭大寮村」「揭陽市大吳村翁仔屏」匠藝上。簡單的說，何金龍在臺灣首創了臺灣尪仔剪粘，而臺灣尪仔剪粘直接影響了潮州嵌瓷在1960年代「嵌瓷屏畫」及開放改革後「翁仔屏」的新發展。

其二，鑿花、石雕的匠派與風格

福建的建築發展在五代王審知建閩國之後，其實以與中原的技藝有些區別，特別是在匠師在分類上顯然對建築的藝術性及裝飾性有更高的要求，所以除了大木匠師、小木匠師之外還有鑿花匠師或鑿花匠藝類科出現，而鑿花之命名與剪粘的別名剪花一樣，都是以增添建築之美為目的，也是典型的建築裝飾工程。

這種對建築求美的需求與心態發展到明清時期也使得大木匠師除了屋與的整體木構架尺寸的掌握外，也逐漸興起建築木構架上較小構建的藝術化與精緻化的掌握，於是乎所謂「雞舌」、「垂花」、「飛天」、「仙翁」乃至雀替的雕鏤、藻井的堆

疊也都成為大木匠師勾心鬥角的必備實作工夫，簡單的說，好的匠班匠團其執稿尺師傅雖是大木出身，但是基本的鑿花匠藝也是要能精通，如此才能帶動整個木作建築工程。另一方面這種對建築求美的需求與心態在建築石作工程上也從閩南沿海地區的廟宇建築的石雕龍柱與抱鼓石轉為鎮宅石獅開始了藝術化的過程，建築裝飾石雕也就不止於龍柱與石獅，進入所有可能石作又兼裝飾求美的建築構件上，而單純的石作工程費當然遠低於具有裝飾性功能石作的工程費。

簡單的說，鑿花與石作乃至於大木作，在明清之際的閩南地區已同是建築裝飾工程的主要項目。臺灣建築的鑿花、石作與大木作亦是如此，差別只在於業主所出的價錢高低而能決定建築裝飾工藝的精美與否，而在晚清時期，業主往往希望透過「對場作」的獎金，來激勵建築裝飾工藝的精品出現，日據時期的臺灣在 1937 年之前也是盛行「對場作」，所以也邀請了不少福建語系的傳統建築裝飾工匠來臺承接業務。這是臺灣建築裝飾工藝在日據時期的背景，我們循著這個背景將日據時期重要的鑿花匠師、石雕（石雕）匠師系統略作整理的話，也有另一個「驚人」的發現，那就是福建惠安竟是清末民初雕匠的故鄉，也是影響臺灣日據時期鑿花與石雕發展的重要匠派。當然，日據時期除了廣義的泉州匠師（惠安匠師）之外也有土生土長的鑿花匠師石雕匠師，也有潮州鑿花匠師參與臺灣建築裝飾工程，但是比起業務的多寡及人數的多寡，還是泉州惠安的匠師佔了絕大多數。以下依出生日期為序，簡列日據時期的鑿花匠師與石作匠師（註三十六）。

陳炳�（推測 1760--1820），泉州惠安石匠，作品為淡水福佑宮石作，為目前臺灣所發現最早署名的石匠師（註三十七）。

王益順（1861--1931），大木匠師但也精通鑿花匠藝，泉州惠安溪底人，1919 年至 1931 年間經常在臺工作，主要有臺北龍山寺改建作品。王益順匠師對臺灣建築的影響，應視為應王氏匠團對臺灣建築的影響。

陳應彬（1864--1944），大木匠師但也精通鑿花匠藝，臺北中和人，成名作為北港朝天宮及臺北保安宮的改擴建工程。曾收徒弟黃龜理傳授鑿花匠藝。

蔣馨（1873--1933），石作雕花匠師，泉州惠安人，1927 年至 1933 年間經常在臺工作，主要石雕作品有：彰化南瑤宮、鹿港天后宮、南鯤鯓代天府等。蔣馨來臺工作時即率子女與族人來臺工作，其族人包括：蔣銀牆、蔣金輝、蔣細來、蔣連德、蔣文浦、蔣豐源、蔣玉坤等人皆為石雕好手，隨蔣氏匠團來臺除上述主要工程外，也在臺留下其他極多石雕作品，所以蔣馨匠師對臺灣建築石作雕刻的影響，應視為應蔣氏匠團對臺灣建築石作的影響。

張廣火（1874--1937），石作雕花匠師，泉州惠安黃坑鋪人，1915 年至 1937 年間

長期在臺工作,作品有:板橋接雲寺、木柵指南宮、八德三元宮等眾多石雕工程。

蔣文山(推測 1878--1938),石作雕花匠師,泉州惠安移民臺北艋舺,參與北港朝天宮石雕工程。

李闊嘴(推測 1880--1940),石作雕花匠師,泉州惠安人,日據初期曾來臺工作,作品有:臺中林氏祖厝、木柵指南宮石垛等。

張提福(推測 1885--1945)石作雕花匠師,泉州惠安人,1915 年後曾在臺工作,作品有:板橋接雲寺、臺北錫口慈佑宮等石雕工程。

蔣欣(推測 1885--1945)石作雕花匠師,泉州惠安五峰人,1912-3 年曾承接臺灣總督府的石作工程。(註三十八)。

蔣樹林(推測 1885--1945)石作雕花匠師,泉州惠安人,1915 年後曾在臺工作,作品有:板橋接雲寺。

辛阿救(1886—卒年不詳)石作雕花匠師,新竹人移居臺北,作品署名臺北辛阿救。1919 年以臺北龍山寺正殿龍柱作品而聲名大噪。石雕龍柱作品甚多,有:八里天后宮、豐原慈濟宮、新竹城隍廟、北埔姜世家廟等等。

楊秀興(推測 1890--1950),鑿花匠師,應屬王益順匠團,泉州惠安崇武人。作品有:臺北龍山寺改建的鑿花工程、南鯤鯓代天府、萬丹萬惠宮等鑿花工程。

黃良(推測 1890--1950),鑿花匠師,推測為福建東山島人或泉州人,作品有:澎湖天后宮鑿花。

蔣棟材(推測 1896--1956),石作雕花匠師,臺北艋舺人,蔣文山之子。參與北港朝天宮石雕工程。

蘇水欽(1898--1978),鑿花匠師,福建東山島人,作品有:南鯤鯓代天府,於光復後仍有作品,在臺灣南部收徒甚多。

蔣九仔(1900--),石雕匠師,福建惠安峰前村移民斗六定居,作品有:麥寮拱範宮、土庫順天宮等。第二代蔣文鳳亦為石雕工匠,移居西螺鎮開設「惠安石店」。

蔣泉和(推測 1900--1960),石作雕花匠師,臺中豐原人,作品有雲林土庫順天宮石雕。

張木成（1905--1990），石作雕花匠師，泉州惠安移民定居臺北大稻埕，石匠張廣火之子。作品甚多，日據時期的作品有：馬公城隍廟（1933）、淡水清水祖師廟、屏東媽祖廟等石雕工程。

李松林（1907--1998），鑿花匠師，鹿港人，先祖從泉州移民來鹿港至李松林為第四代，均為木作匠師，作品有：鹿港天后宮、鹿港龍山寺、臺北龍山寺之鑿花。

上述匠師的匠派屬性判斷上或許可以說石作匠師幾乎全部都是泉州惠安人，所以我們可以推論在日據時期臺灣的石作裝飾工藝就是惠安匠派或泉州匠派嗎？或是說王益順是泉州惠安溪底人，而日據時期王益順匠團在臺承接許多重要業務，也有匠團成員定居臺灣繼續發揚王益順匠團的技藝，特色，風格，所以我們就可以推論在日據時期臺灣的大木或鑿花匠藝就是泉州派、惠安派乃至溪底派所主導，乃至爾後臺灣傳統建築風格就遵循溪底派而發揚光大嗎？筆者認為這種推論都只是想當然爾而已，就與嘉義交趾陶繼承粵派陶藝發揚光大或臺南剪粘繼承潮州剪粘發揚光大這樣的說法一般，都屬於以訛傳訛的無稽之談或「無稽之論」。先別說在晚清時期的建築藝術上臺灣風格已經成形，在日據時期官方強力推動「日本原鄉」，民間匠藝怎麼又會在這種「壓力下」還斤斤計較於自己大原鄉裡的小原鄉的差異呢？再說，主導匠藝風格的通常是「出錢的業主」而不是拿工錢的匠師，晚清至日據時期福建與臺灣甚至東南亞華人地區的傳統建築興建上，盛行所謂的「對場作」就是明顯的業主主導建築風格的例證，所謂「對場作」的圖稿業主一定看過同意後才進行「對場作」，所以「對場作」在於激勵「工之精細」而不在於激勵新風格的形成，對場作勝方業主給獎金，而不會調高業務底價。如果對場作的業主少了「核對圖稿」的同意權，或業主不精於對場作的核稿，通常是會出麻煩的。對場作出麻煩最明顯的案例就是屏東萬丹萬惠宮鑿花對場作事件，以和為貴的廟宇興建竟會以漳泉匠派的競爭（對場作），而演變出媽祖托夢廟方預言防止漳泉械鬥的逸事（註三十九）。這種強調匠派差異乃至衝突的事件，或許當作媽祖顯靈的鄉土逸事談談即可，當作匠派成形，乃至藝術風格成形那就無憑無據、失之嚴謹、萬萬不可，連媽祖都要說不了。

匠藝到匠派在到藝術形成流派大概有更多的審美涵養需要澆灌，而不是「技術純熟」而已。在藝術史研究上，想當然爾的以「籍貫‧祖籍地」來封匠派，乃至以匠派的承傳來封當地的藝術風格成形，基本上都是「以訛傳訛想當然爾」的推論。

我們就以福建石雕裡的惠安匠派發展的史實來驗證一下「以訛傳訛、想當然爾」。

在福建工藝發展的脈絡裡，具有「雕塑之鄉」美譽者所在多處，如果只就石雕這一工藝類科而言的話最早出現的石雕之鄉就是宋朝出現的福州近郊的壽山。宋朝

初年積極推動興化、邵武兩地的軍屯與開發，所以明朝時莆田建築石雕工藝崛起，壽山石雕也從建築石雕這種大量用石材的工藝上退位，進入到以小件精緻的人像雕及印雕為壽山石雕的主業。明朝時實施崇武軍屯及惠安開發，崇武軍屯的過程中除了一般農民的移民與軍戶移民外還有「匠戶」移民，正是這種「匠戶」移民配合了惠安北郊五峰山的青斗石材質優良，所以在明清之際惠安建築青石雕也逐漸崛起與莆田建築石雕並駕齊驅。明朝之後中國的發展的形式已有許多改變，宋朝的軍屯是在開發實邊，然而明朝的崇武軍屯除了補實元末大亂的人口銳減以之外，從成祖開始的鄭和下西洋開始，福建已然開始人口過剩而對外移民了。更重要的改變還在於明朝的資本主義化越來越明顯，明朝的官員俸祿檢討起來還是隋唐至清為止歷代王朝裡最為苛刻的王朝。所謂市場機制在明清之後並沒有好好的與經濟發展協調一致地成為發展政策過。換句話說，明朝至晚清人民的生活情境，絕非宋朝理學所期待的從宋開始「為萬世開太平」吧。

如果拉到福建，拉到近現代福建工藝發展來看，更現實的困境或許是「不論盛世或亂世，貧者愈貧富者愈富」，更現實的意識形態或許是「富者愈趨保守以家大業大為終極目標，貧者急思逃離家鄉以移民致富為終極目標」也說不定。然而握有實權的「國家機器」則以憲政改革與教育改革當作「救國圖強」的維一偏方，這種短視的「唯一偏方」不管是改朝換代還是溫和改良都逐日逐日的吹遍士農工商百行百業。

「作為中國近代最早的工藝美術教育機構———福州工藝傳習所，在具有實業救國思想的洋務官員、遠洋經銷商人和教會洋人的通力合作之下，于光緒三十三年（1907 年）在福州建立起來。傳習所的專業技能課程包括圖案、玻璃、漆器、印染、製革等內容，長年聘請日本、荷蘭等國教師任教」（註四十）。

我們放在更為真實的歷史文脈下的話，惠安石雕是在以青斗石料供應並於全國重要城市廣設商號後，才從匠派逐漸成為一種藝術流派。1926 年南京中山陵石作工程及隨後的廣州黃花崗 72 烈士石作工程促成惠安石雕作品，「幾乎遍及中國各大城市：上海、武漢、天津、北京等地。在福州、廈門等地設店承接青石雕刻業務的惠安專營商號中，較有名氣的是福州的 "蔣源成"，廈門的 "蔣泉記"、"蔣泉益" 等」（註四十一）。簡單的說，福建的建築石雕匠藝最早是以壽山石材質取得石雕工藝的頭籌，明朝之後壽山石也因材質質地「亮透似玉」轉而成為雕像與印章小件作品創作（圖 101），不在充當建築裝飾石雕，明清之際建築石雕的匠藝以莆田最為出名（圖 102），而惠安建築石雕則以青斗石材質優良逐漸在建築裝飾石雕上「嶄露頭角」，同時在材質優良與匠藝優良而出名的還有泉州的「米黃石」及清末崛起的廈門「花崗石」，民國之後惠安清斗石以供料充裕及家族匠班眾多逐漸後來居上，終於在 1926 年因林森先生推薦取得中山陵石雕工程（圖 103、圖 104）而博得南方建築石雕之首的美名。

圖 7-101：1860 後，福州壽山石雕　　圖 7-102：1860 後，莆田石雕

圖 7-103：1926 中山陵石獅（前右足修過）　圖 7-104：1926 黃花崗華表龍柱

圖 7-105：1920 年代蔣馨石雕堯聘舜

圖 7-106：1920 年代蔣馨石雕喜上眉梢

圖 7-107：1930 年代，鹿港天后宮，蔣馨匠團，三國演義周瑜打黃蓋

圖 7-108：1930 年代，鹿港天后宮，蔣馨匠團，三國演義張松獻蜀圖

圖 7-109：1930 年代蔣九，麥寮拱範宮，三國演義劉備回荊州

圖 7-110：1930 年代蔣九，麥寮拱範宮，封神榜廣成子破陣

這樣對「原鄉」建築石雕發展脈絡的細究，除了說明從匠班到匠派的形成的艱辛歷程以外，更指出從匠派到藝術風格形成的因緣與艱辛，然而不論如何因緣與艱辛，由於建築工藝「就地生產」的特殊性，而建築裝飾風格的主導者往往是業主而不是工匠本身或匠班匠派，我們從中山陵石獅與黃花崗華表龍柱的技術雷同而風格迥異就可理解「業主主導風格」的必然性，就像目前在廟宇裡的諸多建築裝飾工程裡留名者通常是捐獻資金的「善男信女施主」而不是工匠或匠派一般。建築石雕是如此，建築鑿花亦是如此，工匠留名往往只能暗藏作品角落，除非眾多作品中匠班捐工捐料才能在較醒目處以敬獻而留名，然而除非「對場作」的獎金極高，匠班、匠團的收入大概也只略高於「自耕農」而已，又何必為了「出名」而捐獻留名呢？

我們再細嚼一下何金龍、王石發「師徒」傳藝的贈物贈言。

何金龍在決意傳藝於王石發時贈送王石發八仙四聯屏紙褙畫，而在王石發跟隨何金龍八年後臨別贈予親繪建築圖樣，並題：「此圖無側定尺寸頻仿武當山古廟形式此○○由主人與司阜打合兩心歡喜然後可定矣」。

何金龍「收徒時」最主要的提示在於：剪粘匠藝的底子在於「傳統紙褙畫」，而福建臺灣所共同享有的特色創作主題為「八仙出處講義：東遊記」（註四十二）。

何金龍「師徒臨別」贈物最主要的提示在於：期勉王石發成為修廟的「執稿司阜」（師傅），因為剪粘工程的創作題材是由業主與司阜打合兩心歡喜，然後可定矣。

從匠派源流的角度來看日據時期甚至早從晚清時期臺灣的建築石作裝飾工程最主要的匠師就是惠安石匠，日據時期則更明顯的看到惠安石匠的跨海接業，乃至於惠安石匠的第二代成為臺灣石匠的事實，但是為什麼在藝術史上卻很少有所謂：「臺灣建築石作雕刻風格承傳了惠安石作雕刻風格」的命題呢？

原因很簡單，傳統建築裝飾工程品味的主要決定者在業主，次要決定者在總建築師：執稿尺師傅，通常建築裝飾工程的主題與圖稿都要經過業主與執稿尺師傅的「打合兩心歡喜」，換句話說經過業主與執稿尺師傅的「同意」才可能施作，所以日據時期臺灣建築石作裝飾雕刻所能形成的風格就是業主的品味，也就是臺灣風格，而不是惠安風格。

我們在經過上述的論證後，主要的結論為：日據時期的鑿花建築裝飾工藝及石作建築裝飾工藝兩項，雖然源於惠安匠師、潮州匠師、東山匠師的跨海接業或移居接業與本土匠師的共同努力，但匠派與風格上只有臺灣匠派與臺灣風格而已。同

樣的 1950 年代嘉義陶匠葉麟趾首創尪仔陶建築裝飾工藝，1920 年代至 1930 年代潮州彩繪、剪粘匠師何金龍因維修葉麟趾尪仔陶建築裝飾工藝而於臺南首創尪仔剪粘建築裝飾工藝，這些首創工藝地點都在臺灣，也都由臺灣回傳至「原鄉」乃至南洋，所以尪仔陶與尪仔剪粘所呈現的藝術風格理所當然的是臺灣風格，就連一般剪粘雖可能是傳自泉州匠師與潮州匠師，但在泉州匠師或潮州匠師移民定居臺灣之後，這些泉州匠師或潮州匠師的家族第二代既是土生土長的臺灣人，又有什麼理由稱他們的匠派為泉州匠派、潮州匠派呢？

以更長遠的眼光來看晚清時期臺灣經濟已十分發達，若不發達也無法在人口密度頗高的情境下繼續大量吸引福建語系的新移民。這種經濟發達的現象在日據時期的臺灣亦復如此。所以，晚清之後臺灣匠師已然成熟，臺灣風格逐漸定型，我們又何必在匠師承傳的分析裡，一再強調這個時期臺灣匠師的漳州派、泉州派、莆田派、潮州派、福州派，乃至細分到惠安崇武派、惠安溪底村派、惠安五峰村派呢？甚至虛構出根本不存在的廣東大埔畫派或起名廣東大埔畫師（註四十三）。下一小題就在以上論證的基礎上進行日據時期臺灣建築裝飾工藝美學形成的過程，並以實物風格分析辨認來支持臺灣建築裝飾工藝美學的定位。

其三，戲文造像與寓意造像的美學形成過程。

藝術之所以存在，藝術之所以能永續發展乃至老樹新枝屢創新猶，最重要的理由在於藝術品感動人心與撫慰人性，而不在於藝術品警告一代人「民主了沒，科學了沒」或「進步了沒，倫理了沒」，然而我們看看中國近現代藝術教育發展的途徑，難道都未能體會所謂西方藝術的接枝與替代，其實其創作品一直在警告一代代的中國人、臺灣人或假日本人：「你作為現代化的國民，民主了沒，科學了沒，進步了沒，倫理了沒」，而通常還問不到前三項，藝術教育就已令人倒盡胃口，而忍受了倒盡胃口的藝術教育後，大概只能培養出西方文化下的鸚鵡藝術家，而絕無國際出名的藝術家能由這般荒謬的失心瘋的藝術教育體制產生吧。日據時期的臺灣官方藝術生態不就是如此嗎？康梁政變之後的中國官方藝術生態不也是如此嗎？

還好孫文革命不夠徹底，所以福建還能緩慢進步中留有些許民間匠藝，還好日據時期殖民地的「皇民化」也不夠徹底，最少在 1937 年之前日本軍閥的身手還無暇「改造」民間藝術生態。所以現今我們還可以找到不少「作品實物」來佐證日據時期民間建築裝飾工藝美學形成的過程。

傳統造形藝術長久以來就有與說唱藝術結合的經驗，最早也最傑出的這種結合經驗就是：「民間無名工匠在西域至中原至四川途中所留下的『經變』」。什麼是「經變」呢？經變怎麼起名呢？經變就是佛經變文、佛經變歌、佛經變唱、佛經變方便之門引人入門。經變就是以他種藝術形式詮釋佛經佛傳，演義佛經佛傳，簡

稱經變。我們可以說敦煌藝術的偉大正是在於由民間匠師所累積出來的，也在於
在於造形藝術與說唱藝術的結合，而六朝至唐正是造形藝術與說唱藝術結合的第
一個高峰，它生於西域入中原的途中，長於中原，盛於中國北方。

但是如果我們問問有沒有所謂傳統造形藝術與說唱藝術結合的第二個高峰，其原
因、背景與途徑又是什麼呢？

傳統造形藝術與說唱藝術結合的第二個高峰原因在於江南經濟的崛起、明朝歷史
演義式小說崛起乃至福建劇種的多樣綜合，高峰則在於明清之際許多畫工投入演
義小說刻板行業與許多畫家投入畫稿的出版，而地區上則以福建最為興盛。其交
互的影響因素就在於南宋時朱熹理學興起，宋明清三朝福建的公私書院群聚最
密，帶動了建陽版刻的崛起；而宋明之後福建的劇種高居全國之冠，每個劇種都
需要「鄉音戲文」，延續了福建版刻的榮景。最重要的還是明清之際福建一地養
成了龐大有序的畫工、畫師、畫家系統與福建一地劇曲的不斷推陳出新而造成宮
廟演戲酬神乃至宮廟建築裝飾工藝「戲文化」的風氣。簡單的說，傳統造形藝術
與說唱藝術結合的第二個高峰生於江南，長於江南，而極盛於福建的宮廟，這種
極盛也因宮廟的分靈、分廟而順利的帶入臺灣。

如果就建築裝飾工藝分科而言，最早崛起的是建築彩繪上的「聖跡圖」與「戲文
圖」，時間約在盛清時期，其次則為鑿花上的戲文圖，時間約在晚清時期，再次
也是建築石作上的戲文圖，時間應在鑿花戲文圖之後，而尪仔陶則很明確的出現
於 1850 年代的臺灣，其創始人就是嘉義建築陶藝匠師葉麟趾，葉麟趾的匠藝傳
自其父葉清嶽而不是傳自廣東匠師。尪仔剪粘則很明確的出現於 1930 年代，其
創始人就是汕頭彩繪及剪粘匠師何金龍。臺灣建築裝飾工藝回傳原鄉的也只有尪
仔陶與尪仔剪粘這兩項。

由於建築裝飾工藝分科技術特性所現，戲文「化」畢竟過於複雜費工，所以常出
現於「對場作」的競賽上與明確可表達「酬神戲」的位置上。而隨著紙褙畫的發
展，作為建築裝飾工藝創作主題的還有書法、吉祥畫、文人畫與晚清時期福建畫
派最喜好的「文人逸事詮釋畫」、「仕女畫」與「四聯句詮釋畫」（註四十四），諸
如：四愛（四痴）、四聘、四快（人生最愉快的四件事）、四美（中國四大美人）
等，這些可通稱為「寓意造像」。戲文畫或以戲文主題的創作也因畫師授徒的課
程需要而類型化為「武場」與「文場」，在建築彩繪上，武場熱鬧而容易入手，
文場耐看而功夫深厚，但在鑿花與石雕上則相反，文場清晰而容易入手，武場細
緻而功夫深厚，因為鑿花與石雕的武場若非功夫深厚，刻鑿不細整個場景都糊掉
了又那能辨識進而感人。以下以鑿花及建築裝飾石雕的實際案例舉證分析如後。

圖 7-111：1920S 南鯤鯓代天府石雕一　圖 7-112：1920S 南鯤鯓代天府石雕二

圖 7-113：1920S 南　圖 7-114：1920S 南　圖 7-115：1920S 澎　圖 7-116：1920S 澎
鯤鯓代天府三　　　鯤鯓代天府四　　　湖天后宮一　　　　湖天后宮二

圖 7-117：1930 年代　圖 7-118：1930 年代臺北孔廟御道龍雕
臺北孔廟石柱

圖 7-119：1910 年代陳應彬對場鑿花作品，大龍峒保安宮

圖 7-120：1910 年代郭塔對場鑿花作品，大龍峒保安宮

圖 7-121：1910 年代陳應彬對場大木　　圖 7-122：1910 年代郭塔對場大木

圖 7-123：1910S 臺北保安宮泥塑作品　　圖 7-124：1920S 澎湖天后宮鑿花作品

圖 7-125：1920 年代澎湖大天后宮大木鑿花，可能是藍木匠師

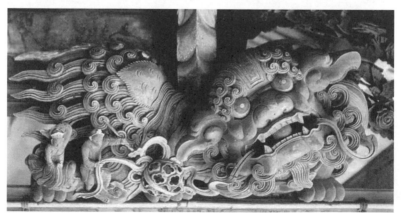

圖 7-126：1920 年代澎湖大天后宮大木鑿花座斗獅，藍木匠師。

圖 7-127：重建於 1920 年代的屏東萬丹萬惠宮，大木及鑿花均採「對場作」

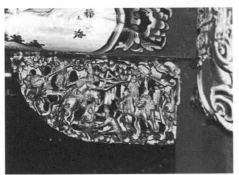 

圖 7-128：1920S 鑿花對場楊秀興，萬興宮　　圖 7-129：1920S 鑿花對場黃龜理

圖 7-130：楊秀興鑿花一　　圖 7-131：楊秀興鑿花二　　圖 7-132：楊秀興鑿花三

上述舉例作品除了楊秀興在臺北龍山寺與萬丹萬惠宮之外，主要集中在臺北保安宮、臺北孔廟及澎湖天后宮，其中臺北保安宮在1910年代幾乎大幅整修，臺北孔廟則為1930年代所興建，而澎湖大天后宮在1920年代藍木匠師執稿尺維修時除了位置外應該算是全面新建（註四十五）。而圖例的選用也儘量採用1980年代古蹟維修風潮之前的作品照片，如此更可凸顯日據時期建築裝飾工程作品的原物原貌。

圖111與圖112為常用的「吉祥畫」：以旗、球、戟、磬四種物品來同音比喻為「祈求吉慶」，是鑿花與石雕裡喜用的題材之一。圖113與圖114臺南南鯤鯓代天府為典型的戲文石雕。圖115為澎湖天后宮三川殿前的雕紋石鼓，見證了建築裝飾工程從「特定圖案的紋飾」而起。圖116為澎湖天后宮左廂房的山牆石窗，也是常見吉祥寓意的螭龍團瓶圖案。圖117與圖118分別為建築裝飾石雕裡最常見的龍柱與「御路」，通常在宮廟的傳統裡，受過歷代皇帝封王封后者才可採用「龍盤御路」規格，而孔子在宋朝就被封為「素王」，所以可以採用「龍盤御路」。圖119與圖120就是傳說紛紜的陳應彬與郭塔的大木鑿花對場作，圖121與圖121則為執稿尺的對場作，圖121為陳應彬執稿尺的鐘樓「鯨發」，圖122為郭塔執稿尺的鼓樓「鼉逢」，那麼鐘樓的所有建築裝飾工程圖稿都由陳應彬決定，而鼓樓所有建築裝飾工程圖稿都由郭塔決定。傳說紛紜裡的鑿花對場作由陳應彬獲勝獨得獎金，郭塔不服氣而在鑿花作品裡分別刻上「好工手不補接，真手藝無更改。銀同郭塔敬獻」的字眼，這應該解讀為「對場作分為好幾場，或對場作事先比圖稿定勝負，否則哪有作對場的施工同時還預言自己不服氣的事呢」。

圖123為臺北保安宮彩繪泥塑案例，在1917年之後的泥塑可能已不只是採用泥土、麻絲、色粉等材料，特別是作於白牆上的泥塑可能已經另加石灰、水泥或其他防裂纖維質，在此舉例只表示日據時期鑿花、泥塑、剪粘、尪仔陶，甚至建築裝飾石雕與建築彩繪之間是互相影響也共享著新建材。圖124為澎湖天后宮鑿花案例，主要在表明鑿花之所以稱為鑿花或刺花，其緣起即在於大木構件的形狀修飾，乃至以鑿刻添花紋來凸顯這種修飾效果，最早就出現在「束隨、插拱」乃至瓜筒這些大木構件上，久而久之童柱成為瓜筒在「對場作」上還不夠精彩，瓜筒也就進一步的成為座斗獅與疊斗。座斗獅出現後在蓋廟過程裡就成為山川殿上不可或缺的「增美增飾」元素，甚至這種吉獸慶吉祥還衍生出「獅、象、虎、豹」系列吉獸，不過至今還是以獅造形最受人們所喜好。

圖125與圖126為澎湖天后宮入口山川殿上所呈現的鑿花，幾乎所有的大木構建全部都施以鑿花，圖125的鑿花題材多為吉慶題材或鎮煞轉化而成的吉慶題材，諸如姜太公或呂洞賓，乃至八仙或福祿壽三吉星等等擬人化星座的圖像與神話故事。圖127、圖128、圖129分別為屏東萬丹萬惠宮及萬惠宮在鑿花對場作時黃

龜理的作品（圖 128）與楊秀興作品（圖 129），萬惠宮的神話傳說特別多，日據末期臺灣遭受美軍轟炸時，「媽祖抱炸彈護廟護百姓」之說就是萬惠宮的新神話傳說之一，另一個傳說則是在當初萬惠宮興建時木作與鑿花也都採用「對場作」，而當初鑿花的對場作分別找了潮州派的楊秀興與漳州派的黃龜理（陳應彬的徒弟出師之作），又是潮州派對場作比輸了不服氣，進而引起兩派工人即將發生「破壞對方作品式的械鬥」，而媽祖娘娘馬上托夢廟方業主，結果業主得知後即時阻止了這場不正當的互毆互鬥。傳說還說雖然阻止了漳、潮匠派的互鬥，但從此也氣走了潮州將派，楊秀興自此之後就回大陸，不再在臺灣接鑿花業務了。顯然這種「本土匠師氣走潮州匠師」的傳說並不實在，因為在南部許多宮廟還看得到楊秀興題款 1930 年代的作品。圖 127、圖 129、圖 130 則為 1920 年代初楊秀興在艋舺龍山寺的鑿花作品，是八卦藻井底座上六位仙人中的三件鑿花作品，這六位仙人有男有女，男仙牽狗，女仙配雞，可能在潮州話裡雞狗都有吉祥諧音吧，不過仙人身份應該是佛教裡的「飛天」所轉化而來，而就木構架的構成組件裡這種飛天所轉化出的「仙人座」頗類似於山川殿上常見的「獅子座（也稱座斗獅）」，所以也就不必，也無法解讀出是哪一位仙人或仙女了（註四十八）。

以上對案例的分析說明，目的不在於考證哪一則神話傳說的真實與否，也不在於論證建築裝飾工程的施工技術使否精細，是否進步（所謂跟得上時代），是否科學等議題，這一小節案例分析說明只在於透過更真實的歷史脈絡的呈現，進而提出「該時段可能的創作審美決策過程」，乃至於「模擬推測設計的審美心態與美感原則」等小結論。

7-4-3，日據時期民間傳統工匠的審美意識與審美法則

上一小節的小結論就是：「日據時期的傳統工匠作品主要反映了業主的審美品味，而業主的審美品味則隨同社會的發展過程而不斷調整，但是由於民間懷抱『原鄉』的與官方主導『原鄉』的重大差異，所以，此時的民間社會的發展過程基本上還是福建取向與上海取向，而不是東京取向或西方取向。傳統工匠如果是建築裝飾工程，那麼這種反映業主的審美品味的事實更為明顯，在建築工程業乃至建築裝飾工程業裡，交易形態只有『承攬』而沒有『物品市場流通買賣』，建築工程基本上都需要透過業主『圖稿合意』過程，才可能施作，建築裝飾工程若非單獨發包，那更需要透過業主、執稿尺師傅兩者的『圖稿合意』過程，才可能施作，斷斷沒有匠師突發奇想自行合稿而能施作者。所以，過度凸顯匠師、匠班、匠團、匠派的特色來當作匠藝風格的形成，基本上只是誇大其詞的藝術發展分析，而不是事實」。

上述的小結論好像「不近人情」，其實不然。因為如果在藝術史的認識與分析裡，

老是採用「近乎人情」的分析模式，其實只會將藝術發展的途徑弄擰了，將含有意識形態偏跛之見的觀點，來形成毫無分析能力的藝術理論乃至藝術教育理論，都只能達到「自我麻醉」的效果而已。我們想想看從清末自強運動以來，從五四運動以來，從蔡元培「以美育替代宗教」以來，或從日據時期官方努力的引進新式藝術教育以來，近百餘年來，「天天喊，月月喊，年年喊，代代喊」藝術教育進步了，絕大多數的報章雜誌沒事高度讚揚「本土藝術家」或留洋的藝術學生，個個都是傑出的藝術家，藝術作品都是「揚名海外」眾人皆知。

事實上真是如此嗎？所謂參加世界博覽會，洋人大為驚豔，考證下來「葉王交趾陶參加世界博覽會」恐怕只是「古董商人」的炒作之詞，根本就是子虛烏有。福州的漆器乃至仙遊畫派當時畫家李耕、李霞或許真有作品參展世界博覽會，但是似無「洋人大為驚豔」的事件發生，就算有「洋人大為驚豔」那又如何？他們的作品就進入「高價值或高價格的時代」了嗎？沒有，一點兒也沒有。因為中國或臺灣到現在也都還沒有所謂「作品世界級價格的藝術家」，不是嗎？最少在所謂藝術鑑賞者、古董炒作者、藝廊經營者，在藝術教育者掏自己的鈔票買「本土藝術家」的藝術作品時，沒有，一點兒也沒有。在二十一世紀的中國或臺灣都沒有，在 1895 年至 1945 年的殖民地臺灣或晚清、中華民國的福建又哪會有什麼「世界級的藝術家」或藝術作品呢？藝術史的分析當然要有藝術理論作支撐，但是藝術史的分析更要有市場事實做支撐。1895 年至 1945 年臺灣的市場事實是好的傳統工匠大概比一般工匠多一倍的酬勞而已，執稿尺師傅多了許多額外工作，最多也只有一般工匠的三至五倍酬勞而已，而且還是靠承攬工程的總體利潤來支撐，更本不如開家商號貨暢四海來得富裕，也不如「當官」的薪水來得優渥，若非如此，怎不見人人爭相學藝，個個發財呢？

臺灣或中國社會發展過程中並沒有近代西方「藝術家」的概念，也無藝術精品乃世上無價至寶的概念，至今沒有，當然以前也沒有，藝術品具有極高的價值並不等同於具有極高的市場價格，更遑論建築裝飾工藝作品並非可移動的藝術品。所以回到現實的歷史，回到社會發展的真實脈絡，我們大可回顧一下匠藝精巧、才藝縱橫的葉麟趾與何金龍，他們在開拓創意時對匠藝是如何評價，又是如何決策？

葉麟趾這位匠藝精巧、才藝縱橫的陶藝匠師在 1850 年代開創了尪仔陶的獨門匠藝，不但生平未傳藝於子，還要培育其子葉牛成為教漢學的先生（註四十七）。葉麟趾一生傳藝三個徒弟，「第一個學徒姓簡，但名字不詳。第二個徒弟已不可考，第三個是許子瀾，是清朝的秀才……是我祖父（葉牛）執教漢學的老師，子瀾家境富裕，閒在家裡趣味捏土消遣而聘請葉王先生教導做交趾陶，聽說在旁有人幫他搭井水洗手等」（註四十八），顯然葉麟趾先生認為以「漢學先生」為職遠勝於以「陶匠師傅」為職來得好。在葉麟趾的個性及對後人的期待上，葉麟趾子

孫訪查的資料裡葉金樹、蘇俊夫先生都提到了一段鮮為人知的故事：葉麟趾先生「做一紅龜交趾陶置於櫃中，以告誡其後人『要吃，自己賺』，意即做人要各憑本事，不依賴前人」（註四十九）。顯然葉麟趾先生認為以趣味捏土消遣而學此匠藝是學不出個什麼明堂，任何工藝的學成都是辛苦的，更不用說陶藝，沒有「要吃，自己賺的態度」是根本無法出師為業，更遑論在這個行業博得好名聲與好酬勞。

何金龍這位匠藝精巧、才藝縱橫的彩繪、剪粘匠師，因主持維修葉麟趾的尪仔陶建築裝飾工程而於 1930 年代開創了尪仔剪粘的獨匠藝。顯然 1930 年代建築裝飾工藝的匠師社會地位比起 1850 年代來得高，而當時臺灣建築裝飾工程的單價及「對場作」獎金都比福建、潮汕地區來得高。所以日據時期才能吸引許多福建、潮汕地區的各類工匠跨海接業，甚至直接移民來臺成立匠班匠團。何金龍可能攜子來臺接業，可能隻身來臺接業，不過當時何金龍即已傳藝其子，將「潮州嵌瓷」當作家族事業經營。然而何金龍在收在臺唯一弟子王石發時，就明確提示「傳統紙禍畫」是尪仔剪粘匠藝之根本，何金龍在 1942 年前後送別王石發時，親繪宮廟建築圖稿，乃至於在圖稿上的贈言：「此圖無側定尺寸頻仿武當山古廟形式此○○由主人與司阜打合兩心歡喜然後可定矣」，更是當時社會情境下，匠藝出頭天的至理名言。簡言之，除了技術純熟之外，如何憑本事取得「承攬」權，如何「由主人與司阜打合兩心歡喜」才是發揮匠藝取得較高酬勞的真正訣竅。何金龍首創尪仔剪粘之後，尪仔剪粘的匠藝就在臺灣逐漸傳開，何金龍返回家鄉後尪仔剪粘匠藝在潮汕、廣東傳播的速度與程度遠不如臺灣，潮州嵌瓷的重要主題還是雙龍戲珠或百鳥朝鳳等「大型吉獸剪粘」而不是「戲文化」的「尪仔剪粘」。可見得尪仔剪粘乃至於所有的建築裝飾工藝最主要的是呈現「業主的審美品味」，而不是「工匠的審美品味」。所以，何金龍在臺灣因修葉麟趾的尪仔陶而首創尪仔剪粘匠藝，這種獨門匠藝所呈現的當然是臺灣風格而不是潮州風格。

現今臺灣建築裝飾工藝創作主題分類上常見動物、植物、圖紋、文字、器物、人物的六分類（註五十），或以葉麟趾尪仔陶作品主題分類為：戲文人物類（其下又分仙佛神話、歷史文學典故、侍童馬夫、憨番四小類）、蟲鳥漁獸類、花果器物類（註五十一）。這些分類當然各有其道理，但是，如果我們從何金龍強調尪仔剪粘匠藝根本在於傳統紙禍畫的看法，如果我們從建築裝飾工藝的目的，如果我們從「裝飾即增美」（註五十二），如果我們從匠師創作過程乃至傳統匠藝的學藝過程來看，毋寧說花鳥唐草、吉祥寓意、戲劇典故這三大類的分法才符合循序漸進乃至匠藝發展與審美品味發展的共同原則。而 1850 年至 1930 年的八十年間，正是臺灣建築裝飾工藝從吉祥寓意主題走向戲劇典故主題的年代，所謂裝飾主題「戲文化」在 1930 年代走到純熟的年代，既是匠藝的純熟，也是審美心態的純熟，並且這種匠藝的純熟與審美心態的純熟只有福建與臺灣同步，只有福建的仙遊畫派居於全國領先，早在盛清時期福建的傑出畫家黃慎作品裡已經精彩的

「預演一遍」。這裡所稱「這種匠藝的純熟與審美心態的純熟只有福建與臺灣同步」指的是福建劇種多樣且發達的事實,這個事實發生在盛清時期福建的富庶地區,遍及城鄉而未及潮汕,所以潮州嵌瓷的「翁仔化」要延遲至 1960 年代,以可單品出售的「新興工藝」面貌出現,而不是在何金龍返鄉的 1930 年代盛行。

有了這一層匠藝與審美心態的發展脈絡的理解後,本研究提出以下的小結論與看法。

第一項小結論:就學習而言花草、吉祥寓意、武場戲文、文場戲文是循序。
我們如果從匠藝承傳與學習的角度來看,建築裝飾工藝的難易程度就是花草題材、吉祥寓意題材、戲文題材這般的循序漸進學習過程。而就匠師訪談的經驗裡也得知戲文題材還分成武場戲與文場戲,學徒出師都喜歡武場戲的創作,而從出師到出名的匠師則又通常是透過文場戲的創作考驗而獲得聲名。

所謂花草題材就是花鳥題材與唐草紋樣,通常是已經制式化的花草圖案與老幹新支花開葉散鳥禽鳴樂的簡易圖像。

所謂吉祥寓意就是從吉獸、供品到吉祥話的轉化為吉祥畫,通常也是制式化的吉獸與歲供圖案與各種吉祥話的「巧意轉化」為吉祥畫。所謂制式化的吉獸通常不是寫實取向而是寫意取向,所以龍、鳳、麒麟乃至「龍生九子各司其職」都沒有也不必有「寫實的對照物」,但是每一個組成項卻都有其特定的意涵,少了就不像了。就連「有寫實對照物」的獅子造形也都不是寫實取向而是寫意取向,有一定的組成項就是「制式化與程式化」的明證,而獅子造形的「擬人化」則為獅子造形討人喜愛的主因。從歲供習俗到歲供圖案也是一種制式化過程,從「吉祥話」如何「巧意轉化」為吉祥畫則為制式畫的起點。總的來說,制式化的吉獸造形當然比起制式化的花鳥造形來得複雜,所以吉祥寓意造形的創作就比起花鳥題材造形創作來得困難,通常也就是「進階」的匠藝了。

所謂戲文題材,就是將戲劇場景圖像搬上建築物的適當部位,當作經常性的酬神戲演出,這也是尪仔陶與尪仔剪粘或「潮州翁仔屏」命名的緣由。閩南話裡尪仔就是「戲尪仔」或「布袋戲尪仔」的意思或簡稱,當然不只是「戲偶」的意思,而是戲棚演出的意思,是演義的意思。什麼稱為「演義」?歷史發展裡有諸多史實,依附史實而將史實從「人情義理」來推衍就是演義。所以尪仔陶或尪仔剪粘的「戲文化」,表面上看是演出酬神戲,實際上更是藉由「經年累月的不斷演出」企圖將「人情義理」說得明白,說得精彩,說得感天動地,天下皆知。這種歷史典故是透過文學創作戲劇創作而達成「經典化」,它「依附於史實而無須有史實」。在史實裡孫權沒有孫小妹這個妹妹,但在三國演義裡就有孫小妹這個角色,才能將剛烈殘酷的混戰戰爭史增添幾許「人情義理」、「權謀情長」與「忠孝節義」吧。

廣義的戲文題材則是指歷史演義、劇曲劇本、人情義理的典範與文人雅趣的典範等等。總的來說，在造像上人物造像的難度最高，寓意詮釋的文場戲更著重於姿態表情的表達，當然比定型化配件明顯的武場戲的姿態表達來得難度更高，也更有創作上的挑戰性了。

如果從傳統匠藝的「設計化比擬」來看，也可以很清楚的看出這種花鳥題材、吉祥寓意題材、武場戲文題材、文場戲文題材的循序漸進過程，然而應用的廣泛性則是以花鳥題材最為廣泛也最為基本。我們從花鳥題材的程式化（即固定圖案化）與許才多寡的彈性來看，就可以瞭解花鳥題材在建築裝飾工藝裡的重要性，這也是建築彩繪有「花草」專指束頭圖案的特定稱呼，或鑿花之所以稱為鑿花，剪粘又稱為「刺花」、「剪花」的緣由。這更是為什麼所有鑿花都以大木構件形狀的「如意化、柔順化、添紋花草化」開始，進而才有吉祥寓意題材乃至戲文題材的創作。或是說在所有類型的建築裝飾工藝裡，花鳥題材的佈局是最容易的，吉祥寓意的佈局則要有較高的巧思，而戲文題材的佈局則是最難。所幸，由於明末清初傳統工藝裡的刻書業發達，繪本、戲本、附插畫的演義小說頗為流通，而清末民國初年故事繪本、學習畫本、新聞繪本雜誌頗多，戲文題材的佈局也就更容易「有所本」而顯得較為容易些吧。

第二項小結論：工藝的美學本質在於美善同道。

中國美學走到明清，走到民國會有什麼樣貌，當然可以有各種不同的論述，但是從民間工藝創作的觀點來看，在明清時期的走向顯然高度受到傳統戲劇美學影響，甚至於我們提出「傳統戲劇美學支配了傳統工藝美學」這樣的命題也不為過。

我們推敲看看傳統戲劇美學到底在闡揚哪一種美學本質呢？

或許有人會以希臘悲劇的寧知不可為而為之的「抗爭精神」當作戲劇美學的本質，但是這種觀點基本上是「文不對題」。或許有人會以明朝臨川派劇作家的劇本創作提出「主情」乃傳統戲劇的本質，或許有人會以傳統京劇裡粹煉的象徵式場景與角色分類的多樣性精彩，甚至唱腔的韻味無窮來詮釋傳統戲劇的本質為「人生百態」，但是這些看法在筆者看來都是戲迷的一相情願，也都是枝節細微之論。筆者認為從傳統說唱藝術的演變過程來看，只有「逗趣講義」可以表達傳統戲劇美學的本質，這樣的美學本質的定位不但有所依據，更有「跨戲劇」的適用性。

傳統戲劇的緣由起於春秋戰國的宮廷優伶，優伶者王之佞臣也，以逗趣闡明道義。這種「以逗趣闡明道義」的本質在明朝的演義小說裡獲得更大的發展，進而明朝所wür成就的小說幾乎都成為明後各地劇曲的劇本來源，其中又以歷史演義被改寫為劇本的最多。而明代崛起的演義式歷史小說寫作風格也影響了各式小說的

寫作風格,不用說神怪小說的西遊記、東遊記都有章節評論,就連怪誕小說情色小說的拍案驚奇、金瓶梅也都有講義警語。其戲劇本質到底是什麼?歷史演義明明不見得是史實,但是卻不斷的以史實為本摻入忠孝節義的「有情道德感」。荒誕情色小說明明戲劇化了人性的貪婪與醜陋,卻要以「勸世文詩句」作為講義警語的結尾。這都說明傳統戲劇經過明朝的眾小說家們的努力後,「逗趣講義」以成為戲劇美學的本質,逗趣過份成為濫情色情也要標榜勸世警語的講義精神。恰如其份的逗趣遠比離奇的情節更吸引人,更引人入勝,換句話說傳統戲劇化的手法不在於「誇張」而在於「逗趣」,逗趣才有機會講義,而先秦之時逗趣講義的對象是帝王,演員是佞臣。明朝之後逗趣講義的對象是百姓,演員是戲子而已。如果我們提出「以逗趣闡明道義」為傳統戲劇的美學本質,那麼這種觀點與論法能夠更清楚的解釋傳統戲劇的劇本寫作技巧,能夠更清楚的解釋傳統匠藝的創作原則與技巧,那麼不這不是提出精闢的美學理論的話,還能是什麼?

或許「以逗趣闡明道義」字數太多,太繞口了,我們也可以簡化為「美善同道」四字箴言為明清時期傳統工藝的美學本質。美善同道則可附會於先秦時期的美學命題「比德說」:凡美者必有德,同樣的凡有德者必美。傳統道德感裡是不容許蛇蠍美人存在的,雖然這與事實不盡相符,但傳統道德感裡「情願」相信人世間不存在蛇蠍美人吧。

第三項小結論:工藝的美學意涵在於增美、祈福、演義

日據時期臺灣民間工藝美學主要的原鄉大部分在福建小部分在上海,所以也就隨著中國設計美學的步伐走到「美善同道」的位置。

那麼這美善同道的工藝美學本質向度,如何探究其工藝美學的意涵向度呢?筆者認為「增美、祈福、演義」足以詮釋這個階段美學意涵的所有內容,換句話說,美學意涵的向度其實是在探討「美感演出」的內容、表意及美感目的達成的先後順序。或是說美感意涵向度是探討「意思之美」,而「意思之美」的表達是有一種先後順序,是有一種漸進層次的章法或啟承轉合的章法,亂了章法美感呈現的輕重也就亂了。這種章法或許也有不同的論點,但是在案例與類比設計程序的分析上,筆者認為就是「先就材增美」,然後「祈福增意」,最後才能以創作作品的整體美感引人入勝而達到「詮釋義」的境界。換言之,工藝美學意涵向度最終都在於「演義」,只不過有些限於材質,部位,乃至工匠技藝只能達到「增美」的表達,有些限於種種因素只能達到「祈福」的表達,只有爭取到較大的創作空間而且匠師的匠心獨具,才能達到「演義」的表達。

我們以石作雕刻工藝或鑿花工藝為例來說明所謂「增美、祈福、演義」的三部曲或三境界。

以石作雕刻工藝而言，石柱雕出線角乃至雕出柱冠、柱珠就是「增美」層次的工藝表現，但是柱珠雕出蓮花座或覆缽狀乃至柱身雕出盤龍，那就進入了「祈福」層次的工藝表現了。如果柱身夠粗壯業主財力雄厚，柱身上雕出歷史典故教忠教孝的戲文，那就進入了「演義」表達層次的工藝表現了，只是通常「演義」表達層次的表現也還要看部位與整體效果，要部位恰當，柱子美感的整體效果尚佳，這種「演義的表達」美感效果才能散發出來，否則只見繁亂又何見演義呢？恰恰這「部位恰當，柱子美感的整體效果」屬於「增美」的基本步驟，違反了這基本步驟的美感判斷，美感效果反而驟降，所以「增美」才是石作雕刻的最基本審美功夫，而「增美、祈福、演義」才有三部曲的優先順位關係。

以鑿花工藝而言也是如此，大木構件在不損傷大木堅實的條件下，增加線腳、線條、裝飾紋草乃至刺花畫鳥，那就是「增美」層次的工藝表現，但是斗座雕成吉獸，雀替加大雕成螯龍吐水，那就進入「祈福」層次的工藝表現了。找出較大且完整的部位雕鑿出一齣戲，那就進入「演義」表達層次的工藝表現了。同樣的鑿花工藝裡花草題材的增美是最基本也是最重要第一部曲，第一部曲如果未能仔細權衡佈局，那麼再精彩的第二部曲與第三部曲也都是枉然，因為建築裝飾工藝的第一要義就是襯托出「主體」之美，裝飾是戲劇上的配角也是藥方裡的甘草，配角搶掉主角的風采，甘草礙著主方劑的藥效，那就是喧賓奪主毫無美感可言。是謂俗豔銅臭而已。

第四項小結論：工藝美學的形式法則在於「原鄉化」加上「戲劇化」。

美學的本質向度在解釋為什麼要追求美，美學的意涵向度在解釋為什麼要選擇哪些特定的題材當作創作的主題，就設計美學而言這些都是決定藝術品風格方向的主要原則，也是藝術品欣賞的重要原則。但是設計藝術品的創作除此之外還需要形式法則的運用以及工匠創作的技巧乃至特定工藝項目的技術特性掌握，才可能成就出「值得讚嘆」的藝術品來。工藝美學的形式法則的探究的重要性就在於此。

在本節的案例分析及建築裝飾工藝品的認識與分析裡，提出這個時期臺灣民間工藝美學的形式法則在於「原鄉化」加上「戲劇化」，主要的推論依據即在於臺灣工藝從十七世紀末起至日據時期約三百年與福建工藝的同步發展，乃至日據之後近三十餘年間（1895--1937）與上海同步發展乃至與中國其他地區的同步發展。所以「原鄉化」即指工藝美學形式法則與明清時期中國工藝美學形式法則的雷同，而「戲劇化」則指兩個部分，其一為：晚清至日據時期潮汕工匠來臺頗多，而將工藝創作用料乃至技法的特性流傳至臺灣建築裝飾工藝領域，其二為：福建地區特有而臺灣尤其興盛的「野逸」法則與「氣勢」法則。只是這裡的「野逸」法則並不作「鄉野或草莽」之解，而是作花鳥畫科緣起的「黃家富貴徐熙野逸」的創作手法之解（註五十三），也就是回復裝飾畫的目的的形式法則之解。這裡的「氣勢」法則則是指戲文畫裡對場景佈局所形成的氣勢與人物造像時合乎主角

性格的姿態容貌氣勢。

如果將筆者在中國設計美學發展研究裡所提出的形式法則一併列出的話(註五十四),日據時期工藝美學形式法則有以下諸款。

第一款:戲劇化法則,又分成鑲金法則、勾金線法則、寫實兼寫意法則(特別在禽獸的造形上)、人物表情定型化法則(特別在武場戲文畫上)、人物姿態的呼應法則(如人臉眼睛的朝向,手足姿態對表情的輔助,這也是受到戲劇演出的定型化影響),人物裡主角放大法則(或相對於配角小斯的縮小)等六小項。
第二款:佈局法則,又分成主場佈局法、主客佈局法、位序佈局法、烘托佈局法、對仗佈局法、呼應佈局法、虛實佈局法等七小項。
第三款:合節法則,又分合圖合節法、合字合節法。
第四款:神形法則,又分運氣神形法、運韻神形法。
第五款:意境法則,又分融通意境法、偏峰意境法。
第六款:和諧法則。
第七款:雄健法則。
第八款:莊嚴法則。
第九款:富貴吉祥法則。(註五十五)

由於傳統工藝的設計程序上大多不脫離從審美意識到主題選擇,從主題選擇到線稿形成,從線稿形成到放樣實作,從實作初胚到精緻成品的過程,而其中從主題選擇到線稿形成又居於創作最關鍵的地位,這線稿形成的操作法則就是這一小結論裡所談的工藝美學形式法則。可見得以這些工藝美學形式法則來分析傳統工匠的線稿才能更精確的解釋出「如何形成美感」。不過這些工藝美學形式法則是總論工藝作品的結果,在工匠運用時往往還需視個別工藝分科的材質特性或施作部位,乃至作品物件的大小而要將這些法則予以不同的加重或調整,才能更明確的達到美感的效果。諸如在較小型的工藝品裡「主角放大法則」就要加重,同時頭部還要「再行加大」,才可能凸顯主角的重要性,又如神像雕刻裡小尊神像的頭身比顯然頭部已經放大,而大尊神像的頭部則較符合常人的頭身比,這樣就是「主角放大法則」的運用,而不是福州派技法寫實漳州派技法古樸。所以上述工藝美學形式法則的運用還需分科工藝特性的調整,更需實際創作的印證,而不是「一個原則用到底」而不知變巧。

7-4-4,官方工藝美學:西化與和化的糾纏不清

在日據時期要明確的區分出官方工藝與民間工藝是很困難的,這不但是因為臺灣作為日本帝國戰利品下的殖民地,希望有效的在臺灣施行殖民統治,達到以最少

的人力獲有最大的經濟效益的困難，更因為佔有總人口數百分之九十二的漢人其原鄉與佔有總人口數百分之四的日本人其原鄉的差異，乃至於這只佔百分之似的日本人裡又分別有兩種原鄉：大和民族原鄉與超歐趕美原鄉。來臺的日本人裡並非全都是所謂改革派或明治維新派，更何況到了 1895 年之後所謂的改革派裡也出現了民族主義的激情者，形成當今日本政潮裡的極右派的前身。

我們如果未能察覺來臺日本人的原鄉差異乃至混亂，就無法察覺日本在臺灣美術教育與工藝教育上的內在矛盾，往往只以官方記錄乃至日據時期美術教育的課程、教師、展覽、工藝品外銷數量，甚至臺灣人得獎比例等等來論斷殖民教育對臺灣工藝的貢獻，乃至臺灣現代藝術教育上的傑出貢獻，只要將「東洋畫」改成「膠彩畫」，就可以毫無異意的延續日據時期的美術教育課程，而擴大現代化的進程與成果。恰恰相反的，正是早期國家工藝政策是日據時期臺灣工藝政策的延伸，才是造成 1980 年代起工藝產業遇到瓶頸的主因。我們只要拋棄「後殖民觀點」，改採「脫殖民觀點」，就可以很輕易的發現日據時期臺灣美術教育上的困境，乃至工藝產業政策上的矛盾與困境。

在明治維新後日本的政潮出現了強烈的向西方學習的意志，日本的明治維新或許是成功的，日本將中國稱為惡鄰居，稱為支那或許是得意的，但是 1894 年的甲午海戰勝利卻讓日本走向躁進之路、民粹之路而不可自拔，直到 1945 年的戰敗才在這種「躁進民粹式」的現代化（或西化歐化）上澆上一盆盆冷水。而日本殖民臺灣的期間正是 1895 年至 1945 年這個志得意滿的年代，不是嗎？明治維新號稱君主立憲所以是民主體制，明治維新號稱產業興殖所以是實利為先，到了打敗滿清北洋艦隊後，日本明治維新的終極目標：成為與西方列強一樣的強國這個終極目標已經達成，日本帝國對外併吞乃是必然之路。而臺灣與韓國作為日本帝國的第一波殖民地，正是日本大展宏圖的工具與跳板而已。臺灣在日據時期的現代化教育體制乃至美術教育、工藝政策正是「躁進民粹式現代化」的一環，而且只是作為「殖民地」的那一環而已。

日據時期臺灣美術教育上的困境在於：「早期移民到臺灣的任職人員，曾擔任首屆臺灣美術展覽會評審水彩畫家石川欽一郎在 1907 年十月，以臺灣總督府通譯官身份來臺以後，東洋畫家鄉原古統、木下靜涯、洋畫家鹽月桃甫等陸續來臺。這四位日人畫家來臺時，正逢臺灣師範學校乙等科以及公學圖畫教授實施之際，也是上述的日人獎勵辦法中來臺從事教學及作畫工作者，當臺灣圖畫教育初創期，急需要美術人才時刻，從日本招來的師範教員，活躍於學校工作，激起了臺灣早期畫家新的動向。因此早期除了軍職或公務外派之外，願意來臺奉獻所學者實在不多，無任何優厚條件是難招聘優秀人才。在日本失意份子或有志難伸的失敗者居多，他們抱著一股好奇、冒險或統治者心態，欲獵取殖民地資源，大多不願長居久留奉獻所學。從臺灣美術發展過程，旅臺日人畫家總是來去匆匆，真正

重量級畫家實在難得，以不入流者鄉土畫家居多」（註五十六）。

臺灣的美術工藝教育情境在日據初期是如此，日據中期、晚期亦如此。日據中期1924年日本版畫教父級人物山本鼎應農商務省委託來臺研究調查排灣族雕刻，附帶接受臺灣總督府請託提出手工教育計畫，並舉辦了六場公開演說提倡手工藝運動。在山本鼎所提出的「工學校及補習學校手工教育獎勵方案」中，強調了美術價值與經濟價值之共存的觀點，並強調「以上若二者（美術價值系與經濟價值系）缺一，產業工藝則無法獲得進步，需隨時記住產業手工藝不以機械來競爭，朝向不會被機械產品所取代的方向發展」（註五十七）。日據晚期1943年柳宗悅來臺的背景乃至所提之建議亦有雷同之處：對臺灣原住民工藝感到高度興趣，強調美術價值與經濟價值並重。柳宗悅常被比擬為美術手工藝運動中的威廉‧摩理斯（William Morris）同樣也是強調「手工藝」的純粹性，同樣抗拒機械生產，但是要到體悟出手工藝與藝術的截然不同，大概與當時日本的美術教育思潮並不相容吧，果真在柳宗悅「考察臺灣手工藝」之後，「臺灣島內在臺灣總督府文教局主導之下，邀集美術家、工藝家、建築家等官民兩方，成立臺灣生活文化振興會來推動臺灣造型文化運動」（註五十八）。

這些引證不在於凸顯是不是不入流的日本藝術家來充當臺灣美術教育工作者，而在論證日據時期臺灣美術教育上另一個更根本性的謬誤實驗。

在1943年還在推動1850年英國的美術工藝運動其實已經很離譜了，但在日本這種離譜還被當作讚美與比美，更為荒謬的是從明治維新之後，日本就接受了康德的大藝術與小藝術之區分，將美術鎖定在建築、繪畫、雕塑這三項，而將手工藝鎖定在民俗工藝上，同時也不分青紅皂白的認為繪畫是「純美術」中最具創造力與想像力的藝術，而建築、繪畫、雕塑這三項的藝術家負有帶領手工藝（小藝術）發展的責任。這種畫家萬能論真是日據時期在臺美術教育裡最為謬誤的「實驗」，這種美術教育理論其實是二戰之前日本軍閥與政客，在無恥心態下對歐洲美術教育的任意拼貼而已，更何況「從臺灣美術發展過程，旅臺日人畫家總是來去匆匆，真正重量級畫家實在難得，以不入流者鄉土畫家居多」呢？

「美術家畫家是萬能的，既通建築也能指導工藝產業，純美術就是遠高於應用美術」這樣謬誤的美術教育理念，不知在1945年至1985年的臺灣還延續了多少荒唐評審，造就了多少荒唐事，不過，本小節只揭露在1895年至1945年間的荒唐而已。

第一件荒唐事：美術基礎教育雖然有繪圖與繪畫兩科，但與工藝產業無關。
日據時期的美術基礎教育雖然有繪圖與繪畫兩科，這兩科或許是混在一起成為一門種課程（山本鼎來臺考察之前），或許分成獨立的兩門課程（山本鼎來臺考察

之前），但是皆與實際的工藝生產無關，山本鼎來臺提出建議後或許在工藝傳習所裡也設有繪圖與繪畫的課程，但是這些工藝傳習所基本上是找已經具有工藝生產經驗的學員來進修而已。日據時期在中後期分別在臺中、竹山、關廟等地設立了漆藝傳習所、竹藝傳習所、竹籐藝傳習所，但所收學員基本上是由公學校的日籍教員所推薦。而各種傳習所基本上是定位於「補習教育」而不是藝術教育或一般教育。再說了，日據時期作為產值大宗的兩項工藝產業：家具木工及蓆帽工藝的興盛也與「補習教育」的傳習所無關，而是原本有之的民間工藝。

第二件荒唐事：所有工藝或手工藝的政策都要以美術家的卓見為準。
先不論「臺灣美術發展過程中，旅臺日人畫家是否都是不入流的鄉間級的畫家」，但是在臺日人美術家的見識有明顯的「後滯性」倒是真的。先不說日據初期基礎美術教育科目的目的是否都為日籍美術教師所充分體認，在臺日籍美術教師的門戶之見的爭論卻是頻傳不息。在這種情況下，臺灣總督府在諮詢美術教育改革，乃至制訂工藝產業政策時，都還是以日籍美術教師或美術家為主。工藝產業之所以定位在「需隨時記住產業手工藝不以機械來競爭，朝向不會被機械產品所取代的方向發展」而且這一定就定了近八十年（從 1924--1998），這也算是世界奇蹟之一，不知誤了多少工藝發展的生機。

第三件荒唐事：排除中國工藝，高舉原住民工藝。
不論是山本鼎來臺或柳宗悅來臺，都高度讚揚原住民工藝而排擠中國工藝（或漢式工藝），這放在日本帝國輕易的打敗清朝北洋艦隊，乃至於所謂日本近代教育家發表「脫亞論」之後的日本政局，或殖民當局以「去中國化」為「國策」的情境裡似乎是可以理解的。但是放著民間工藝原有的優勢與潛力，甚至日據後期的刻意打壓消滅漢式工藝，確實也讓日據時期的工藝產業走不出外銷暢旺的春天。

雖然在政策分析上可以得知上述的荒唐事主要源自殖民當局或在臺日人（官方）所認同的原鄉上的歧異與拼貼，但是只要不違反殖民的目的，這些荒唐事都不算什麼。

雖然從後殖民觀點，要明確的區分出官方工藝與民間工藝是很困難的，但是從脫殖民觀點還是可以找出不少顯而易見的實物案例，只是分析與論述的重點或許還是回到工藝政策的延續性，而不是風格或美學上的異同而已。以下我們就分別從建築裝飾石雕工藝、細木工藝、蓆帽工藝、漆工藝、竹籐工藝等項，舉一些工藝實物案例進行分析，在這些工藝項目裡殖民政府曾設立「傳習所」者為：竹籐工藝與漆工藝兩項。

圖 7-133：嘉義神社日式石獅（韓國犬）　圖 7-134：嘉義神社日式石獅

圖 7-135：花蓮慶修院日式石雕佛像，石雕工藝

圖 7-136：日式神轎，新莊地藏庵

圖 7-137：日式福神偶，廣告祭吉祥偶

圖 7-138：日據時期鹿港街長宿舍室內家具，除國父遺囑外均為原物原樣

圖 7-139：日據時期有外銷產
值第三位僅次於米、糖的蓆帽
產業廣告

圖 7-140：日據時期臺中工藝傳習所主攻日本漆
藝，曾經臺中工藝傳習所修業的陳火慶的漆藝作
品

圖 7-141：日據時期曾極力推廣竹籐工藝，並於 1936 年於竹山、鹿谷各設細竹
傳習所，於 1942 年於關廟等地設立細竹工產銷合作社。這件竹籐工藝作品上標
示大正八年（1919 年），顯示為殖民地官方設立傳藝所之前的民間竹籐匠藝。

我們先簡單回顧一下日據時期與工藝相關的正式教育體制，再檢討屬於「補習教育體制」的傳習所。

目前為大學教育體制的工業科系從 1918 年設立臺灣總督府工業學校之後一直到 1931 年設立臺灣總督府臺南高等工業學校之前，這個介於目前初中至高職之間學制的「臺灣總督府工業學校」，一直都是臺灣「唯一的」工科教育體制。而 1931 年臺灣總督府臺南高等工業學校一直到日本帝國戰敗，這個明確為目前高職學制的工科教育體制也都還是臺灣「唯二的」工科教育體制。雖然臺灣帝國大學設立於 1928 年，但是臺灣帝國大學的工學部（工學院）直到 1943 年才設立，而且還限制只有具日國民身份者才能就讀。1942 年「臺灣總督府臺南高等工業學校」增添設備先改制為「臺南工業專門學校」，一種類似於目前五專學制的工業教育體制。光復後則將「臺南工業專門學校」改制為省立臺南工學院。總而言之，有關工業的正式學制在日據臺灣直到了 1943 年才開始設立，而且限制只有日本人才能就讀。

雖然從 1924 年起各州由「國語傳習所」改制的「師範學校」課程裡就有「手工」課程，但這種從「手工」課程乃至爾後「美術」課程放在師範教育裡，到比較強調「殖民地現代國民」人格的養成而不是技術或美感的養成。目前為高工的工業科系則從 1938 年開始設立，數量遠低於高農與高商，到了 1940 年代高工的設立才逐漸多起來，不過這時日本帝國已經偷襲珍珠港（1941），殖民地上的臺灣人已被強制改變為皇民：一種為日本皇軍服務的戰地人民，接受軍事管制乃至戰地管制的人民。

在建築裝飾石雕工藝及木工藝上並未設有「傳習所」，雖然有木工科或建築科之類的正式教育系統，但顯而易見的並不多。所以這一階段的建築裝飾石雕案例裡（圖 7-133、圖 7-134、圖 7-135）的匠藝表現顯然與日本殖民地的教育系統無關，這些作品並不可能是日本工匠來施作，因為在日據時期的臺灣，「日本人與臺灣人同工不同酬」是常識而不是法律。但是如果我們以視覺特徵來看這些作品，當然會看出這就是「日本風格」而不是「臺灣風格」或「中國風格」。這觸及到目前工藝史理論上的兩種迷失。

第一種迷失：「總認為潮州工匠的作品就帶有潮州風格，泉州匠師的作品帶有就有泉州風格，匠班、匠團、匠派會決定了作品的風格」。如果工藝作品是在工廠製作，或許有這種可能，但建築裝飾工程則絕非如此。道理很簡單，建築裝飾工程風格的主要決定者是「業主」而不是「工匠」，建築風格反映了業主的審美品味而不是反映匠班、匠團、匠派的審美品味。

第二種迷思:「總認為工藝的最高成就是朝向藝術來精鍊」。這種迷思其實更嚴重的阻礙了工藝產業的發展。在日據時期也好乃至目前也好,所謂「藝術品味」向來都是有錢有勢的人說了算,而不是「學者」說了算,更別說也不是「藝術家」說了算,怎麼會是工藝家、工藝大師或工匠說了算呢?如果工藝家朝藝術家發展,那麼忽略了生產速度,一件作品本來可以一天完成,因為要慢工細活參加比賽,所以一個月才完成,完成了還高度自我迷戀標示個「非賣品」,標示個「藝術創作禁止抄襲」,標榜手工細活無法複製,那麼就算得了十座薪傳獎的獎牌,也都無助於工藝產業的發展。因為資本主義市場經濟裡,大量生產擴大銷路是王道,藝術家與藝術品只是畫廊藝廊商人炒作的標的物而已。更何況工藝品之所以存在本來就是生活所需其上裝飾而已,「捨掉消費者的生活所需堅持藝術家的裝飾品味」是工藝產業的窮途末路而不是康莊大道,剛好不成熟的自以為是的藝術家比比皆是,堅持自己品味的藝術家比比皆是。

圖 7-133、圖 7-134、圖 7-135 的三組石雕案例百分之八十是惠安石匠的作品,而不是什麼日本匠師或匠派的作品,因為好的工匠就是給個圖稿就能雕成「維妙維肖」,而作品的風格只在反映業主的品味。

圖 7-136、圖 7-137、圖 7-138 的三組木工藝作品,雖無法考證是否為日本工匠的作品,但是與前三組案例一樣,在市場機制與「日據時期日本人與臺灣人同工不同酬」的常識上來推斷應是「本土木工匠」的作品,同樣的除了圖 7-138 的國父遺囑掛像以外,呈現了「日本風格」。

圖 7-139 為臺灣帽子的廣告海報,可以與圖 7-86 的案例一起解讀。就當時臺灣帽子的銷售對象而言帽子設計的「原鄉」顯然是「歐洲」。這個案例想解讀的是工藝產業政策。大甲蓆帽工藝產業並非透過「傳習所」而新興的工藝類科,但是這個工藝產業的發展完全符合「捨掉消費者的生活所需堅持藝術家的裝飾品味」相反的方向「堅持消費者的生活所需堅持消費者的裝飾品味」,並充分發揮「快速大量生產」的原則,所以能成為日據時期除了米、糖之外的第三外銷順位的產品。

圖 7-139 為陳火慶的漆工藝作品,帶有日本風格以近似家徽的造形創作出「鶴」的圖案。圖 7-140 為日據時期官方極力推動的藤竹工藝項目的作品,但是由於這件作品標示創作年代(或許是下聘日期而不是作品創作日期),所以並非「殖民當局透過「傳習所」極力推動下的產物。當然,在日據時期官方傳習所推動下的漆工藝、竹工藝也有些許人士還被派遣至日本就地學習匠藝,而在官方特意推動匠藝下也打開了「漆藝」乃至「竹藝」作品銷售日本的紀錄,這些漆藝與竹藝作品往往強調日本風味與臺灣原住民乃至原住民風景地的圖象,但是就像日據時期

臺灣畫家或藝術家一樣，就算是入選「帝展」，藝術作品還是進入不了日本的主流市場，這些強調日本風味或臺灣原住民風味的作品同樣進不了日本的主流市場。

小結論：日據時期官方工藝美學只能簡化為日本品味、歐洲品味（或日本人心目中的現代品味）與臺灣原住民圖案三種。但是如果從官方工藝政策的擬定與推動來看，顯然沒有預期的成果。日本品味只要透過圖稿透過熟練的匠師，透過市場機制就能達成，日本人心目中現代品味的代價作：臺灣帽子並非透過工藝政策的執行，而是透過「堅持消費者的生活所需堅持消費者的裝飾品味」，透過殖民政府的定價系統而能在對日輸出的產值上列位第三，而緊追米、糖產業，官方極力推動的竹工藝與漆工藝或許帶著日本風味與些許臺灣原住民風味而打開日本市場，但只是打開非主流市場的小門而已，又能為臺灣經濟做多大的貢獻呢。

工藝政策就是產業政策，日據時期的工藝政策泰半由所謂的藝術家來擬定，由總督府來決定，但是這個時期的日本藝術家對所謂設計運動的理解通常帶有「遲滯性」，在 1920 年代還堅持 1850 年英國美術工藝運動的「手工藝精神」，提出「需隨時記住產業手工藝不以機械來競爭，朝向不會被機械產品所取代的方向發展」這樣的準則來。難怪最成功的工藝產業，會是完全不經日本藝術家指點只靠「日本商社」結盟的「臺灣蓆帽工藝」。臺灣工藝政策的制訂該有「脫殖民觀點」注入才是，切勿迷戀在「後殖民觀點」裡，更不應在徒有虛名的「匠師晉升為工藝家，工藝家在晉升為藝術家」情境理自我迷失，阻礙了工藝產業生機而不自知。

7-5，日據時期的繪畫美學

探討美學知識時，我們可以從美的本質向度、美的意涵向度、美的形式向度來整理所有的美學理論，來分析所有的設計藝術作品。同樣的在探討作為設計美學更細分支的繪畫美學時，我們也可以提出所有繪畫創作所可題問的三個面向的題旨（problematic），來觀照這些創作領域的作品。這三個題旨就是：（一），畫得像不像？（二），畫得巧不巧或妙不妙？（三），畫得感不感人？

每個不同的年代與不同的文化對繪畫系統的這三個題旨的問法或許略有不同，所以也就形成了不同的美學品味，乃至不同的繪畫美學知識，乃至創作技巧，不過總以能夠滿意回答該文化的意識形態下對繪畫作品的提問為要。

雖然從文化分析的角度來看，中華文化與日本文化之間有許多相似性與鄰近性，中華文化在近現代史中的發展脈絡也有相當多向日本文化借鏡之處，諸如：現代

漢語的字與詞裡約有五分之一是借用現代日文對西方文化字詞的翻譯，又如清末乃至民國初年的所謂「現代教育體制」，基本上也是「抄襲」自明治維新之後日本的「現代教育體制」，乃至有所謂以形成單一語言來表徵單一種族的「師範教育體制」。但是 1895 年至 1945 年間的臺灣殖民政權，畢竟還是經歷了過為複雜的不同文化間的價值衝突乃至意識形態的衝突與新生事物對舊有事物的衝突，所以在分析理解這個時期的繪畫美學時，不但有新的創作項目出現，更該有新的分析觀點加入，如此才能較清楚的將這複雜的繪畫設計美學理出個最簡單的頭緒。本章提出這個時期繪畫系統的新生事物就是「廣告設計」與「西畫系統」，新的分析觀點就是：畫得像不像、畫得巧不巧或妙不妙、畫得感不感人？由於日據時期在臺灣的西畫系統是一種「日本模仿歐洲繪畫」的再模仿，所以在本節裡我們稱之為「實驗西畫系統」，我們會在分析時充分分析這種實驗西畫系統的「後滯性」與「刻舟求劍」的特性，並指出透過正規教育系統在爾後臺灣畫壇所興起的保守風格與好辯成性的淵源，這對形成本土繪畫風格或本土美學而言，其實未必是一種建設性意識形態，更可能是一種認識市場真相，認識美學真相的意識形態障礙，雖然，美學本身就是一種意識形態，但是美學更是一種有所本的意識形態，一種以自我民族、自我市場、自我生活為先、為主、為本的意識形態。

我們在探討日據時期繪畫美學之前既要瞭解看似「理所當然」的意識形態間的分歧乃至妥協，也要瞭解「技術改變」的無情與優勢，更要以整體繪畫系統視之，以藝術品實物來論證藝術的發展與美學的發展。意識形態的分歧就是前述三個半原鄉：福建原鄉、日本原鄉、現代化歐洲原鄉與半個現代化上海原鄉。技術改變的無情優勢就是照相寫真技術的發明、推廣、精進，就好像 1960 年代到 2010 年代的資訊科技的發明、推廣、精進一樣，從昂價稀有到廉價普及，對繪畫系統的衝擊乃至於替代是不言而喻的強烈。整體繪畫系統就是紙褙畫與西畫系統、建築彩繪與繪師供稿系統、版畫與廣告設計系統這新分裂出的三大系統之間的互相獨立發展又互相支援互相影響。我們先從最大宗的紙褙畫與西畫系統開始理解。

7-5-1，紙褙畫與實驗西畫系統

就會或領域而言，日據時期的畫種畫類其實十分繁多，但是如果就民間與官方的原鄉來看，稱得上畫家的大概就只有紙褙畫、日本畫與西洋畫的創作者而已。而稱不上畫家者就是工匠、藝師、設計師乃至於以傳統的用詞就是畫工吧。總之，在這社會轉型的年代，畫家並不是一種「穩定的謀生」的行業，而是一種對各種意識形態原鄉充滿熱情予以擁抱的志業。就算如此，只有紙褙畫、日本畫與西洋畫上的細分類還是很複雜，且充滿意識形態過濾器不斷進行藝術家身份與藝術作品身份考驗的分類與鑑定。

最直白的一件事件就是呂璧松在早期受邀到日本參展並獲大獎，而第一屆臺展（1927 年）時呂璧松是否參展尚難確定，但所有傳統水墨畫家，如李學樵、蔡雪溪、潘春源等人的參展全告落選則是事實。這個事實只表示了所謂日籍美術教師以民間的身份提出：「中國傳統水墨畫該明確的排除在東洋畫之外」，甚或該排除在繪畫類科之外。果真爾後的臺展、府展的東洋畫部只有南畫、準南畫、類南畫才有機會入選。臺展是如此，府展就更不言而喻了，這種意識形態過濾器當然還深入到「技術、材料」的部分，更不用說創作主題。

紙褙畫、日本畫與西洋畫在上述的過濾器不斷篩檢之下形成了頗為特異的細分類，那就是民間有題詞的紙褙畫稱為「漢墨或翰墨」，日本的紙褙畫稱為「東洋畫」，而除了「翰墨」與「東洋畫」之外西洋畫也分出「水彩」與「油畫」。日本官方只承認美術教師與臺展、府展的入選者為畫家，臺灣民間則大多認為好的翰墨、好的東洋畫的創作者為畫家，這也是為什麼李石樵在 21 歲以最年輕之姿入選第一屆臺展，但當時卻是由年紀比李石樵更大的陳進、林玉山、郭雪湖三位博得了臺展三少年的美名（註五十九）。甚至於透過日據時期的師範教育體系而養成的：「師範教育美術科出身的必然是美術教師，所以也就是標準的畫家」這種透過殖民地無形的武力鎮壓所支持的意識形態，居然也發展出極其強悍的論述至今，也真令人啼笑皆非且莫可奈何，所以，就市場機制而言，我們看這一段歷史乃至其延續，都應該稱這時期的水彩畫與油畫為「實驗西畫系統」，而不是「西畫系統」。

在本小節，我們先以<<百年臺灣美術圖像>>、<<風中勁竹>>、<<汲古潤今>>三本書所列的「畫家」為主幹，並參考相關網站料及「實物作品」的視覺品鑑後列出五十餘位日據時期創作活躍的畫家，大約涵蓋 1870 年至 1915 年間出生之重要畫家，依出生年代序，並先精要介紹其身平與畫類、畫風如下。由於這些資料要當作論述分析的依據，所以，在不得已的情況下會推測畫家的出生年份與逝世年份，其推測的準則訂為作品出現的活躍期前後各三十年。

張采香（1870--1949），畫家。
新竹湖口人，本名蓮舟，號紅葉山人、冷情道人、玩叟。生平喜愛吟詠，更嗜書畫，精通音律，與名士王少濤、鄭香圃有莫逆之交，秉性忠貞，守正不阿。他曾遊大陸各重要名勝古蹟，流連兩京。1894 年清朝戰敗，日軍入臺，遂遷居花蓮瑞穗鄉之紅葉溪畔，「紅葉山人」就是居住紅葉溪後的自號，隱居紅葉溪後，他深居簡出平日以養蘭、種竹、鼓琴、吟嘯、寫字、作畫自娛，擅畫蘭，書法和畫蘭一樣飄逸瀟灑，字以行草見長。

李霞（1871-1939），畫家、彩繪匠師。
福建仙遊人。字雲仙，號髓石子、抱琴游子，福建仙遊人，1928 年至 1929 年間

曾寓臺一年四個月。李霞為李燦的從孫，李芳林的侄子，為人風雅，嗜音律。幼時跟隨伯父李芳林學畫，自 1888 年 17 歲起便受聘於各地寺廟描繪人物壁畫，遊藝四方。1914 年名作〈十八羅漢渡江圖〉被選送參加巴拿馬全球美術展，榮獲優等獎。李霞對於同樣出身福建畫家華喦、上官周、黃慎等人的畫作風格十分熟悉。透過上述畫家作品風格的潛移默化，並廣學古代名家，如李公麟、梁楷、新羅山人。1928 年李霞聽聞臺灣諸多現代化建設及書畫風氣鼎盛，尤以新竹為最，於是東渡寓臺居兩年，他與新竹地區藝文人士往來密切，擔任新竹「書畫益精會」舉辦全臺書畫展覽會審查委員，並參與「全臺書畫展」，在臺中新富町還舉辦過畫展。因此與當地著名畫家周笑軒、范耀庚、鄭雨軒等相互往來、切磋，尤以與范耀庚的情誼最深切。旅居臺灣期間，直接受李霞指導的畫家有陳湖古、陳心授、鄭玉田、張品三、及范氏父女等，間接受其影響者有、余清潭、曾浴蘭等多人。

石川欽一郎（1871--1945），水彩畫家。
日本靜岡縣人。曾多次至臺灣任教，在 1907 年至 1916 年間任職臺灣總督府陸軍通譯官時兼任臺北師範學校圖畫科教師，1924 年至 1932 年再度來臺則任臺北師範學校美術老師。石川欽一郎是臺灣近代西洋美術的啟蒙者，同時也是臺灣學校美術教育的開創者，讓臺灣學生得以接觸西方美術教育，早期在臺曾發起藝術文化月例會、番茶會（1913－1916），後期來臺積極在學校及校外推廣水彩畫。

洪以南（1871--1926），畫家。
臺北艋舺人，名文成，字逸雅，號墨樵，別署無量癡者。清淡水廳艋舺（今臺北市萬華）人，後徙居淡水。祖騰雲，經營米郊致富。以南幼穎異，祖喜之，延泉州名孝廉龔顯鶴課讀，授諸經子史詩賦。乙未（1895）割臺，內渡晉江，得遊洋水。後一年返臺。日據期間，嘗任臺北縣辦務署參事、艋舺保甲局副局長，臺北廳檢驗疫員、臺北協會臺北支部評議員、臨時臺灣舊慣調查會囑託，臺北廳參事、淡水區長、街長等職。善詩文，詩書俱佳，能畫蘭竹，且家饒於貲，乃蒐集各地散佚圖籍、碑帖、文物、建達觀樓以貯之，為北臺著名藏書之所。

呂汝濤（1871—1951），畫家。
臺中神岡人，字松年，號耕雲。為臺中筱雲山莊呂氏家族第五代，少學畫，先入臺南呂仲第門，30 歲後復從汕頭陳松石遊。日據時期，請益於藤島耕山，畫風傾向於日本南畫，擅長走獸、飛禽、山水。

林天爵（1875--1934）畫家、詩人。
彰化人後定居員林。字修其，號古愚。天資甚高，八歲畫<四愛圖>彰顯其書畫天分，其舅周紹祖奇而教之識字，畢生尊從孔教，日惟書畫自適，畫初學芥子園，後專力於黃慎。中年移家員林，對員林地區之文教，有啟迪之功。畢生尊崇孔教，卻不曾科試，日惟書畫自適，望重於士林。

葉鏡鎔（1876--?），畫家。
臺中豐原人，名鏡鎔，字漢卿。善蘭竹，書法亦可觀。乙未之變，宅毀兵火，一丈一囊遊遍殘山賸水。宿食無貨，繪一畫懸之逆旅門首，立可售，並不較值，惟信手拈來，不計工拙。間有上品，則署本名，否則即書漢卿二字。葉靜鎔曾賣畫為生，用筆熟練，引首閒章以臺灣形狀印石為之，頗有深意。

范耀庚（1877-1950）畫家。
新竹人，字西星，號瘦竹，又名作華。范氏出生書香世家，自幼研習經史，漢學根柢深厚，且勤習書畫。曾師事林希周有成，又逢水墨名家陳邦選客居新竹。范氏傾心於陳邦選「指墨」技藝，承襲其疏散高遠的筆墨韻味，並自創「指墨松竹」，獨樹一格而超越其師。昭和三年（1928）福建知名人物畫家李霞來到新竹，與范氏結為知交。范氏遣愛女范侃卿（1908-1952）拜李霞為師、並認為義父。除水墨以外，范氏之人物、花鳥亦筆韻生動，品相皆佳，在臺灣早期藝術發展中地位甚高，對新竹地區畫界亦頗富影響。

何金龍（1878--1945），畫家、彩繪匠師、剪粘匠師。
廣東汕頭人，字翔雲，1928 年至 1933 年在臺承接建築彩繪及建築剪粘等工程，其間首創尪仔剪粘匠藝，並收臺南彩繪匠師王石發為徒，盡傳尪仔剪粘匠藝於王氏。何金龍在 1928 年來臺時已是頗富盛名的紙拐裯畫家、彩繪匠師、潮州嵌瓷匠師潮州版陶匠師，然而為了符合業主維修葉麟趾尪仔陶的要求，竟發揮傳統匠藝的綜合性，而獨創尪仔剪粘這獨門匠藝出來。雖然尪仔剪粘這獨門匠藝在往後的日子裡並未為何金龍的匠團多所採用，而傳播甚慢，但是何金龍的尪仔剪粘在臺灣卻透過其徒弟王石發，乃至於透過佳里金唐殿、震興宮等實際案例，而快速的在臺灣建築裝飾工藝上蔚為風潮，至今都還是臺灣剪粘的主流匠藝。

廖慶三（推測 1880--1940），畫家。
福建汀州人，號撫琴山樵。光緒年間移民至臺南，後徒居虎尾、竹塘、北斗、新竹等地，擅長人物畫。

杜友紹（推測 1880--1940），畫家、詩人、中醫師。
福建晉江移民鹿港，字曜箕，別署菊顛、梅痴。光緒末年移居鹿港，幼習岐黃，精通中西醫術，亦精國術，行醫之餘，雅好琴棋書畫。

張鏘(一般資料上往往誤為張鏘續)（1882--1964）畫家。
福建閩侯人，字菱波，清光緒年間，移居臺灣，日據時期可能福州、桃園大溪間兩處行走，主因在於桃園大溪齋明寺時為福州鼓山湧泉寺高僧聖恩上人駐講佛法之寺廟，張鏘隨之來臺。張鏘有水墨畫「無量壽像」作品，保存於大溪齋明寺，

二戰結束後可能再移居福州。張氏山水學吳慶雲，花鳥則在潘嵐，舒浩之間。工筆山水，多寫實之作，皴發恒以小斧批雜披麻，時饒新格人物神柔清秀，設色明麗，間作花鳥草蟲，亦楚楚有致。福建畫家陳挺，林志萱，臺灣版畫家陳庭詩均為其入室弟子。（註六十）

劉沛（1884--1972），畫家、彩繪匠師。

臺中石岡人，字沛然，號石莊，又號石巔、作雲。19 歲入豐原謝來發家中學紙糊、裱褙、醮壇設計、彩繪玻璃等技藝，因具繪畫天分，常負責紙糊上之繪圖工作而於 1918 年即自我練習而成為建築彩繪師傅。繪畫以戲文為多如：玉堂春（註六十一）。

張奐年（妙禪法師 1886--1965），畫家、彩繪匠師、禪師。

新竹北埔人，字閒雲，號臥虛。幼年時代的張奐年，聰穎好學，領悟力強，入私塾讀四書五經，接受完整的儒學教育。少年時曾向當時的書畫名家張采香學習，逐漸奠定琴、棋、書、畫、塑佛等才藝基礎。日據後棄儒歸佛，擅長花鳥四君子畫、釋道人物禪畫及工筆佛菩薩畫等。（註六十二）。

鹽月桃甫（1886--1945），畫家、美術教師。

日本宮崎縣人。本姓永野，名善吉，家貧而於 1908 年入贅鹽月氏後以鹽月桃甫為姓名，1912 年東京美術學校師範科畢業，1921 年至二戰結束均在臺任美術教師，並多次擔任臺展、府展審查委員，為西洋油畫技法，材料引入臺灣的第一人。

吳芾（推測 1887--1957），畫家。

福建廈門人，字石卿。少通繪事，尤擅花鳥，種類繁多，用色豐富。其繪畫風格有雙鉤小寫意及大寫意兩種，早年師法惲南田，雙鉤則取法宋人畫風，極其秀麗清新；同時亦受任伯年影響，間作寫意人物。晚年師法王震，以大寫意為主，恣意筆態，雖粗枝大葉卻不違規矩。在吳芾的畫作中，美麗的花果、翎毛、走獸各具姿態，栩栩如生，畫作中處處顯現萬物滋長、生意盎然之美。1917 年應板橋林家之聘來臺，初居鳳山。後歸廈門。1920-30 年代之際大陸來臺的詩書畫家人數眾多，也引領了一股「閩習」的風潮，吳芾是廈門二十世紀初中葉的著名花鳥畫家，在閩南一帶和臺灣享有盛譽。

蔡九五（1887--194?），畫家。

臺北蘆洲人。少穎慧，喜弄丹青，勾染花卉、禽鳥，無不工麗。中年期曾任赴上海隨當地畫家吳松學習畫魚，嗣後專意畫魚，氣韻生動，論者謂為東州第一。

木下靜涯（1887--1988）畫家。

日本長野縣人。十二歲開始習畫，曾師事「四條派」畫家，並加入竹內栖鳳的「竹

丈會」，多方學習，吸收不同流派的技法。1918 年與畫友相偕前往印度阿珊達洞窟觀畫途中，來臺拜訪同鄉；後來因畫友之一罹患傷寒，木下自願留下看護，以致盤纏用盡無法返日，因而滯留臺灣。木下對雨後靄氣神似南畫景致的淡水風光情有獨鍾，遂於大正十二年（1923 年）落籍淡水，並將妻兒接來同住，直到日本戰敗 1946 年被遣返原籍，前後在淡水居住了二十四年之久。留臺期間多次擔任府展、臺展東洋畫部審查委員，雖在淡水設「繪畫研究道場」開帳授徒，但仍以展覽售畫為主。

鄭清奇（1889--1956），畫家。

新竹竹南人，字實菴，號國珍。畫家鄭鵬翔之子，幼承庭訓，曾師從呂璧松。擅畫山水、人物、花鳥，造詣均深。有觀音畫傳世。

陳湖古（1890--1955），畫家。

新竹人，字鏡如，號鐵針，又號陽雲山人。1913 年畢業於總督府國語學校，入金融界服務，因旨趣不合離職。轉而經營大成肖像館。蓋自幼酷愛南畫，曾師事陳柏生（幼坡）研習多年。復常向客居新竹之大陸詩畫名家李霞請益，畫藝日進，擅長人物，淡墨粗描，栩栩如生。其作品長期被風月報選為封面，極受讀者歡迎。尤喜畫達摩，更別開新局，數百幅中無一重複。嘗欲創設國畫研究會未果，至1931 年乃成立益精會，與同道相互切磋。他興趣廣泛，自稱「茶煙拳酒猶耽色，書畫琴棋更好詩」。善詩文，解音律，能古箏、洞簫，時與淡北張純甫、葉文樞、鄭香圃及臺南府城羅秀惠等諸名家酬唱往來。

郭啟薰（1890--1970），畫家、彩繪匠師。

彰化鹿港人，名乾，字貞卿，號履坤，作畫署名鹿溪漁人、漁叟、墨癡子。為鹿港郭氏彩繪家族第三代傳人之一，為郭友梅之長子。從小與郭友輝、柯煥章一起入三叔郭福蔭私塾學習漢文與書法，並隨其父郭友梅從工作中學建築彩繪技法。1915 年出師承擔郭氏彩繪家族之重要工作將業務擴展深入南投。此一時期彩繪業務若為家族業務則與其弟郭啟輝合作並以醉墨軒為號於畫中署名。

潘春源（1891--1972），畫家、彩繪匠師。

臺灣臺南人，原名聯科，字進盈，號春源，後以號為名。1920 年曾與呂璧松學藝，1924 年曾渡海至汕頭極美美術學校專心學畫。日本殖民政府為臺灣舉辦十屆的臺灣美術展覽（1927--1936）之際，潘春源曾以膠彩畫畫臺灣本土風光，並於第二屆起連續六屆入選，入選畫是「牧場所見」、「浴」、「牛車」、「琴笙雅韻」、「婦女」、「武帝」、「關帝君」、「山村曉色」等，均屬濃厚鄉土情懷的畫題。其中鄉野農村取景親切寫實，人物衣著等均表現出傳統中原的色彩。在技法上，前四屆均以膠彩作畫，後二屆則以水墨傳統作畫。1933 年後不再從事膠彩畫，以建築彩繪為專業至終。

鄉原古統（1892--1965），畫家、美術教師。

日本長野縣松本市人，1910 年東京美術學校師範科畢業，1917 年至 1936 年間在臺任臺中一中、臺北第三女高、臺北二中美術教師，擅長山水與花卉繪畫，在臺期間為臺展東洋畫部審查委員。日據時期臺灣女畫家陳進即為鄉原古統在臺北第三高女時所教的得意門生之一。

蔡雪溪（1893--?），畫家。

臺北人，字榮寬、信其。幼嗜繪事，1910 年從日本來臺畫家川田墨鳳學習繪畫。民國四年二月，漫遊江南，遍訪山川名勝，藝益精進。六年十一月歸來，遂以繪事為本業，於臺北太平町設「新東洋畫研究所」私塾，教育臺灣畫界後進頗有成就。為早期北臺灣頗具知名度的畫家，郭雪湖亦為其門下。

李學樵（1893--19??），畫家、詩人。

臺北蘆洲人，字天民，號鳴皋。為朱少敬得意門生。工詩善畫。初習水彩，未幾棄之。專意八大山人、石濤，以簡明疏放勝，尤以畫蟹、菊、竹聞名。李學樵屬臺灣文獻畫家，其畫以螃蟹見長於世，日大正 12 年（1923），日本昭和殿下來臺巡視，李學樵曾經獻上「百蟹圖」，在當時為一大盛事。後昭和就任天皇，曾召李學樵御前現場揮毫，故曾刻二印後常蓋『皇太子欣賞後作』。昭和 2 年（1927）第 1 屆臺展成立，吸引全島畫家的參與，然而不少成名的傳統書畫家全部落選，如蔡雪溪、李學樵、呂璧松等，當時社會一片嘩然，引起落選畫家的抗議，並在臺灣日日新報社 3 樓另行舉辦落選展。

張金柱（1893--1961），畫家。

新竹人，字品三，又字益三，新竹人，自幼嗜畫，師從李霞，善畫人物，尤工仕女。有「無量壽佛」畫蹟傳世。

倪蔣懷（1894--1943），畫家、礦業家。

瑞芳公學校畢業後，於 1909 年順利考取位於臺北的臺灣總督府國語學校(日語)師範部（即今臺北市立教育大學），受到日本籍美術老師石川欽一郎的啟蒙，有意將來做一名畫家。事實上，石川欽一郎是第一個來到臺灣播下新美術種子的日本畫家，而倪蔣懷則是石川在臺灣的第一個學生。倪蔣懷與一批同年齡的學生，以寫生的方式，描繪環顧的臺灣土地，臺灣的新一次美術時代就此開展。倪蔣懷原本有意赴日深造，不過，卻被石川阻止，他力勸倪蔣懷留在臺灣經商，以資金支持美術運動。石川認為在當時臺灣美術的發展應落實於教育的紮根工作，而且單靠創作是很難維持生計。1918 年，倪蔣懷憑藉岳父顏氏家族的關係，搬到九份，躋身煤礦界，正式踏入了經商的生涯，也開始以經商的獲利，支持臺灣剛萌芽的新美術運動。1924 年，倪蔣懷與陳澄波、藍蔭鼎、陳植棋、陳英聲、陳承

藩、陳銀用等畫友成立「七星畫壇」，這個美術團體的成立是臺灣推動美術運動的開端，每年皆在臺北博物館舉行作品聯展，以水彩和油畫為主，是純西洋繪畫的美術團體。1927 年，「臺灣水彩畫會」成立，也是由倪出資舉辦展覽。

陳澄波（1895--1947），畫家、美術教師。

臺灣嘉義人。國語學校畢業後返鄉任教公學校七年。1924 年入東京美術學校師範科，1929 年該校研究科畢業後受聘於上海新華藝術專科學校，1933 年返臺努力推動臺陽美術協會，臺灣光復後遭二二八事件而逝世。

鄭玉田（1897--1965），畫家。

新竹人，字筱山，一字劫塵，號小浪仙。擅長繪畫，人物畫尤精，畫風深受李霞影響。

郭新林（1898--1973），畫家、彩繪匠師。

彰化鹿港人，為鹿港郭氏彩繪家族第三代之佼佼者，1911 年鹿港第一公小學畢業後即隨父親郭友梅（郭春江，柳司）與兄長四處工作，一方面學習彩繪技術，另一方面勤於臨摹書畫及畫稿，養成堅實快速的畫稿製作能力，乃至 1920 年代中即聲名大噪，獨立承接許多彩繪工程。1937 年後建築彩繪等活動受到打壓，轉以代工彩繪皮包、販售紙捐花鳥山水畫與代書記帳謀生，常以快速作畫薄利銷售所以在戰爭時期生活也還過得不錯。光復後逐漸回復建築彩繪工作，作品遍及彰化、臺中、雲林乃至臺北、臺南等地。作品常署名鹿津漁人、鹿溪漁叟、鹿溪釣徒、筱漁氏等，若為家族作品則署名郭新霖。

周定山（1898--1975），畫家、詩人。

鹿港人，本名火樹，字克亞、鐵魂，號一吼、化民、公望。家境貧寒，少曾為工廠木工、陶瓷店夥計，又輾轉至臺北謀生，為布莊學徒。世道艱辛，冷暖備嘗，故其性格悲抑，同情關懷低下階層，皆與其早年生活經驗有關。然雖處極困苦之中，仍於課後或夜間就讀私塾，學習漢文。1924 年受聘為彰化花壇李家西席，從此棄商就儒。翌年往大陸，擔任漳州中瀛協會兼《漳州新聞》編輯。五卅慘案後返臺，任教大雅讀書會及北屯漢文研究會。1934 年轉任《臺中新報》編輯，翌年任《東亞新報》漢文部主任。七七變起，日寇侵華，應召從軍，入上海日軍特務部總務課第一班，因父病返臺。霧峰林紀堂聘為家庭教師。金石書畫皆有造詣，擅畫墨蟹。

呂鐵州（1899--1942），畫家。

桃園大溪人。1920 年任大溪街協議會員。1928 年赴日本內地學畫，入京都市立繪畫專門學校，師事福田平八郎，學習「圓山四條派」畫風。自 1929 年第三回臺灣美術展覽會起，連續入選第四、五、六回臺展，並在 1932 年第六回獲得「免

鑑查」資格，同年加入當時臺灣最大的東洋畫團體「栴檀杜」。1936 年在臺北太平町大橋頭自宅開設「南溟繪畫研究所」，栽培東洋畫家。

陳玉峰（1900--1964），畫家、彩繪匠師。

臺灣臺南人，本名陳延祿，玉峰為字號。1913 年陳玉峰公學校畢業，開始接受堂兄陳延齡的教導，學習詩文漢學。隔年陳玉峰已經自立的大姊陳凌花為就近照顧弟弟並減輕母親負擔，便將他帶到自己位於人和街的住處，而當陳玉峰十五歲時，也是其姊幫他引介已象從業畫師拜師學藝。據說這時的陳玉峰已經可以幫人繪製喪葬石碑上的待刻紋樣，且由於收費隨意，不少人都會來找他畫紋樣。雖然在此時期，臺灣美術界的主流已經是西洋畫，但陳玉峰依然臨摹著《芥子園畫譜》、《吳友如畫集》等前人畫作。1920 年遇呂璧松隨即傾心而拜師學藝，呂璧松離開之前，他告訴陳玉峰要成為能在社會上立足的畫家，一定得要有創稿的能力，為此他將自己在臺南的各種自創畫稿送給陳玉峰，除當作紀念之外，也可供他執業時參考，另外他還鼓勵他如果有能力的話，最好能到閩粵的泉廈潮等地觀摩，陳玉峰在粵東潮汕地區遊歷了約大半年，於夏末秋初時回臺，便一頭栽進建築彩繪的工作。

柯煥章（1901--1972），畫家、彩繪匠師。

彰化伸港人，號友石、笑雲、覺若差主人等。11 歲拜師鹿港彩繪家族之郭福蔭為師，然而卻是從漢文、書法、紙褙畫學起，奠定了較佳的建築彩繪基礎能力。郭福蔭師逝後續從郭啟薰專攻錦頭紋飾，歷七年出師自攬彩繪工程。建築彩繪作品遍佈彰化、南投與部分臺中地區，鹿港天后宮「伯牙學琴」為其傳世之作（註六十三）。

郭柏川（1901--1974），畫家、美術教師。

臺南市人。1910 年，郭柏川進入臺南第二公學校就讀，1916 年考上國語學校公學師範部乙科，1921 年，郭柏川從學校畢業，先行任教，並在祖父的安排下被迫結婚。1928 年，以美術方面的專才，考上東京美術學校後，前往日本的東京美術學校進修。1933 年，以半工半讀情形下，於梅原龍三郎處習畫，在終止婚姻關係後，又重回東京旅居。1937 年隨梅原前往中國，並於滿洲國各省畫生。1938 年，他再於日本控制下的北平師範大學與北平藝專擔任教職。1940 年，郭柏川與朱婉華結婚，當時在北京的臺籍音樂家江文也寫了一首結婚進行曲祝賀。1948 年，因國共內戰全家回臺灣，並在 1950 年於臺南的省立工學院建築系任教，並創立領導臺南美術協會。1974 年去世。

柳德裕（1902-1959），畫家、彩繪匠師。

臺南麻豆人。父柳金能從事燈籠彩繪，柳德裕於麻豆公學校畢業後即拜師黃矮門下學習建築彩繪，未滿 16 歲即出師成為建築彩繪匠師。1927 年在麻豆結識日人

仲吉哲哉而向仲吉學習西洋畫，尤擅人像油畫，次年即入選第一屆臺展，後並分入選第三、六、八屆臺展，但乃以建築彩繪維生。1937-1940 年間曾滯留南京上海等地一邊學中國畫，並以教授油畫維生。1946 年曾任麻豆鎮民代表，後仍以建築彩繪、醬油製售、砂紙製售等業養家活口（註六十四）。

廖繼春（1902－1976），畫家、美術教師。

臺中豐原人，張廖家族後代。為臺灣近代第一世代的學院派西畫家，在很年輕的時候就嶄露頭角，於 1928 年時，他以「有香蕉樹的庭院」（芭蕉之庭）入選了第九屆日本帝國美術展覽會，這是當時日本與日本統治地內，具有最高榮譽身份的美術活動。廖繼春是第二位入選的臺灣畫家，第一位是另一位前輩畫家陳澄波的作品（嘉義街外）於 1926 年時獲得這樣榮耀。

顏水龍（1903－1997），畫家、設計師。

臺灣臺南下營人，1922 年 4 月留學於日本國立東京美術學校學習西畫與油畫，1929 年 10 月在法國學習素描、油畫，三年後返回日本任職商社、廣告公司美術指導等工作，經常往返臺日之間，1934 年成為臺展西畫部審查委員。1934 年－1937 年時與楊三郎、廖繼春等人合作，分別創立了臺陽展與臺陽美術協會，致力於工藝美術的推動，1943 年前後返臺定居任職臺南工業專科學校。臺灣光復後致力研究、推廣臺灣手工藝，專心培育與工藝設計人材。

藍蔭鼎（1903--1979），畫家。

宜蘭羅東人。藍蔭鼎雖然只有小學高等科學歷，但在石川欽一郎第一次來臺任教時因欣賞其繪畫才華而成為石川所設「臺北洋畫研究所」長期學生，後由石川推薦而任臺北第一高校及臺北第二高等女校美術教師，石川並於 1927 年設法保送藍蔭鼎入東京美術學校暑期講習會。1929 年也由石川推薦成為英國皇家水彩協會會員。是極少數於日據時期及獲得國際水彩畫界高度肯定的畫家。

李梅樹（1903--1983），畫家、美術教師、美術教授、議員。

臺北三峽人。年少時李梅樹即對三峽祖師廟裡的雕刻與彩繪很有興趣，並能用毛筆畫出精緻的工筆人物。在就讀三角湧公學校期間，李梅樹從其日本老師遠山岩那裡開始接觸了西洋繪畫。1919 年入總督府國語學校師範科，1923 年赴日，1924 年入東京美術學校，1934 年學畢返臺被任命為三峽庄協議員。1934 年、1935 年兩度入選「帝展」。光復後出任三峽鎮鎮民代表會主席，1947 年任三峽祖師廟重建會主持人，後歷任國立藝專美術科主任、校長，並持續擔任三峽祖師廟重建的重任。

何信嚴（1903-1947），畫家、民俗道佛繪師。

新竹竹東鹿寮坑人，字俊卿，擅長寫真，曾開設日新寫真畫像館，以繪佛像名聞

遐邇,為新竹知名的民間佛畫師。

立石鐵臣(1905--1980),畫家、插畫家。

在臺出生的日本人,是日據時期所謂的「灣生」(指日治時期在臺灣出生的日本人)。父親立石義雄時任臺灣總督府財務局事務官,後任臺灣瓦斯株式會社董事。1913年,隨父親調職而舉家返回日本,轉學至東京的日野小學校。1917年4月,入明治學院中學部。1921年進入川端畫學校,追隨?山四條派的老師學習日本畫,該派的繪畫技法乃是以寫生和粉本臨摹為基礎。1934年至1939年間往返臺日之間,並與李樹梅李石樵等組織臺陽美術協會,1939年底定居臺灣,1941年起參加池田敏雄、金關丈夫創辦之「民俗臺灣」雜誌,負責插畫工作。1945年獲臺北師範學校教職,隨即日本戰敗而返日。

朱芾亭(1905-1977),畫家、詩人。

嘉義人,本名朱木通,號虛秋,工詩書,擅南宗畫,有傳統詩書畫的觀念,曾自習摹芥子園畫譜以為樂事。受「臺展」新美術潮流的刺激,開始以工筆淡彩自行寫生嘉義公園一隅,入選四回「臺展」,後來恢復以水墨方式作畫,第六、七回的「雨去山色青」、「雨霽」是他的重要作品,第八回「水鄉秋趣」與林玉山同一回展出,作品採多視點結構。第三回府展以後,停止參加官辦展覽,仍繼續參與「春萌畫會」活動。所作之畫淡雅清新,富書卷之氣。畫作深受林玉山影響。昭和三年(1928)曾加入嘉南地區的畫家所組織而成的美術團體「春萌畫會」,是創始會員之一。

陳植棋(1906--1931),畫家。

臺北汐止人。1921年畢業於南港公學校後,進入臺北師範學校,受教於石川欽一郎,1924年因學潮而遭退學處分。受石川老師鼓勵,進入東京美術學校。1928年以《臺灣風景》入選第9回帝展。1930年自東京美術學校畢業,同年以《淡水風景》入選第11回帝展。1931年因過度操勞,英年早逝,同年在臺北之西本願寺舉辦追悼會。名言「人生是短促的,藝術才是永遠」。

陳進(1907--1998),畫家。

新竹香山人。臺北第三高女畢業,1925年入東京女子美術學校日本畫科,專攻東洋畫,受教鏑木清方、伊東深水等。作品入選臺展、府展、日本帝展,為當時臺灣畫界翹楚。1927年與林玉山、郭雪湖同時入選首屆臺展。戰前與廖繼春同為最早之臺籍臺展審查員。陳進畫風優雅細緻,寧靜清秀,大家閨秀氣質躍乎紙上。畫面的記述特質,亦能自然掌握時代性。繪畫題材以人物、風景及花卉為主,晚年旅行國外亦將所見盡收畫中。

許春山(1907--?),畫家。

臺南市人。早期跟隨呂璧松學習水墨畫，後來入廈門美術專科學校，畢業後返臺，看到日本畫家村瀨秀月在 1930 年臺灣日日新報社所舉行個展，頗受感動，遂進而拜村瀨為師學畫約三年，擅長花鳥與動物畫，曾入選第六、第九屆臺展。

林玉山（1907--2004），畫家、美術教師。
臺灣嘉義人。父親為民間畫師兼裱畫師傅，1922 年開始師學畫家伊阪旭江。在伊阪旭江與陳澄波的鼓勵下，林玉山在 1926 年前往日本，就讀於東京川端畫學校西畫科。1927 年第 1 屆臺灣美術展覽會舉辦，林玉山與郭雪湖、陳進入選為東洋畫部的三位臺灣人畫家，被稱為「臺展三少年」。

郭雪湖（1908--2012），畫家。
臺北大稻埕人。原名郭金火，拜蔡雪溪為師學畫後由蔡雪溪取名為雪湖。1917年進入臺北日新公學校就讀，被導師發現具有繪畫方面的才華，而開始指導他學習藝術。在校期間郭雪湖的美術、工藝才華出眾。1923 年公學校畢業後，至臺北州立工業學校就讀土木科。後來郭氏發現與志趣不合，就讀一年後中輟退學，在家自修繪畫。1925 年，當時十六歲的他，由母親帶引至蔡雪溪之「雪溪畫館」門下學畫習藝。蔡雪溪並為郭氏教授其描繪觀音、帝君等神像及裱褙的技藝，開啟了郭雪湖走向藝術之路的大門。藉著自己的才華、努力與機運，1927 年，第一屆臺灣美術展覽會舉辦，原本沒沒無名的三個年輕人：郭雪湖、陳進、林玉山入選為東洋畫部的三位臺灣人畫家，有「臺展三少年」之稱，一時聲名大噪。

李石樵（1908--1995），畫家、美術教師。
臺北泰山鄉人。1923 年考入臺北師範學校，受教於當時任職該校的美術老師石川欽一郎，十九歲即以〈臺北橋〉一作入選臺展，使李石樵往後有興趣向藝術之路邁進。1929 年到東京，雖經三度應考才考入東京美術學校，終得一償宿願。後因家庭遭逢變故，也使李石樵經歷許多家庭方面與經濟上的巨大壓力，但終能排除萬難，得以在日本及臺灣官方展覽中一露頭角，並於 1941 年獲得第一位日方辦文展的「免審查」資格。畢生以油畫創作為職志。

范侃卿（1908--1952），畫家。
新竹人，字玉連，為竹塹名畫家范耀庚之女。范氏自幼在父親教導下學習詩文、四書五經，並著力於傳統書畫。范氏早歲從父學畫，以臨摹古人為途徑，旨在得前人施墨的精神韻致。及長參研畫理，山水畫深受王翬影響，花鳥則承襲惲壽平，落筆傳神，清秀優雅。昭和三年（1928）8 月，人物畫家李霞來臺，客居新竹，與當地畫家陳湖古、范耀庚等交遊切磋。范侃卿遂拜李霞為師，其人物畫更為逼肖生動、富有創意，而李氏亦十分器重之。

李應彬（1910-1995），畫家、民俗道佛繪師、彩繪匠師、雕塑匠師。

臺北中和人，祖父李炳華為前清秀才，父李謀成擅繪畫以裱褙為業。李應彬三歲喪父，1925 年 15 歲時即重開裱褙店並以畫譜自習繪畫，1928 年跟隨艋舺油漆師父林德旺投入「寺廟錦繪」行列，1924 年結婚後於萬華龍山寺附近開設「工藝社」，也承接「寺廟錦繪」業務，1942 年、1943 年分別以膠彩畫「錦雞」、「臺灣寺廟」入選臺灣府展。光復後續開「和美堂工藝社」，1967 年出家法號悟源法師，並接任土城普安堂，全心投入普安堂的宗教藝術創作。

曾浴蘭（1910-？），畫家。

新竹人，字子香，號傳恭。自少喜繪畫。新竹公學校高等科畢業後，曾服務於地政事務所長達 30 年，並熱心公益事業。曾氏學畫由花卉、四君子入手。昭和三年（1928），名畫家李霞客居新竹，曾浴蘭曾師事之，從此專作神仙及歷史人物畫，擅以重墨描繪道士、神仙人物。後來亦拜桃園膠彩畫名家許深州為師，故曾氏自稱「南畫偎遊於李霞，北畫習自許深州」。

潘麗水（1914--1995），畫家、戲院看板畫師、彩繪匠師。

臺灣臺南人，彩繪匠師潘春源之子。因父潘春源亦知名民俗畫師，潘麗水除從小受父親薰陶，另師事水墨畫師呂璧松，昭和 6 年（1931 年），公學校畢業甫二載，即以「畫具」一作，和父親雙雙入選第二屆「臺灣美術展覽會」，一時美談，而於 1934 年正式出師，稱雄一方。青年時期逢臺灣日治時期，廣告勃興，曾轉行做過廣告看板繪製。二次大戰之後，潘麗水又開始從事廟宇繪畫，這時期他的畫風受華北派建築彩繪影響，從門神的風格改為漢朝衣服就可看出，於是南北畫風兼容，畫藝日臻成熟的潘麗水逐漸在臺灣廟宇建築界中闖出了名聲。

李秋山（1914--1997），畫家、彩繪匠師、精筆人像畫家。

新竹人，彩繪匠師李金泉之子。李秋山是竹塹地區知名的廟宇彩繪和繪相師。出生於繪畫世家，父親李金泉是新竹廟宇的彩繪高手。高等科畢業後，跟隨父親從事寺廟彩繪工作，靠著細心的觀察和研究相關資料，對繪畫有更深層的了解。此外，李秋山注意廟宇彩繪表現文人畫特質，避免流於通俗。新竹都城隍廟、外媽祖廟，鄭氏宗祠的畫棟雕梁，都是他們父子及徒弟的作品。除跟父親習畫外，向葉東青先生學習「炭筆攝影術」，所作畫像無不維妙維肖。年少時自營美術肖相館，因其技藝優異，地方名紳紛紛請他畫像，曾畫過任滿州帝國外交大臣謝介石、鄭肇基和臺中霧峰首富林獻堂等人。閒暇之餘向姑丈陳湖古先生研習國畫，所畫山水、人物圓潤瀟灑，筆到意隨。

以下則選取上述畫家在日據時期之實物作品進行分析，原則上以畫家青壯年之作品為主，並依畫家出生年份序排列，以呈現日據時期五十年間紙褙畫的多樣性與變化，當然由於許多畫家日據時期的畫作留存稀少，所以畫家青壯年時期的作品也只是個原則而已。

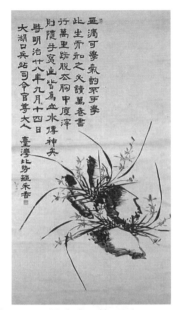

圖 7-142：張采香，蘭石圖

圖 7-143：石川欽一郎，水彩總督府

圖 7-144：李霞，蟄龍聽經會達摩

圖 7-145：李霞，關公與周倉，紙布畫

圖 7-146：洪以南，墨竹

圖 7-147：呂汝濤，猛虎條幅溫文卿藏

圖 7-148：林天爵，心閒伴鶴

圖 7-149：葉鏡鎔，墨梅

圖 7-150：何金龍，八仙四條幅之一　　圖 7-151：廖慶三，仿黃慎筆意老人

圖 7-152：杜友紹，贈友，加官進爵　　圖 7-153：張鏘，贈友，八仙賀壽

圖 7-154：劉沛，（戲文）玉堂春

圖 7-155：張奐年（月禪），觀音菩薩

圖 7-156：鹽月桃甫，霧社（事件）

圖 7-157：吳苶，蟹石，經典雜誌

圖 7-158：蔡九五，鯉魚躍

圖 7-159：木下靜涯，南國之春

圖 7-160：鄭清奇，童子拜觀音

圖 7-161：陳湖古，太乙真靈

圖 7-162：潘春源，加官　　　　圖 7-163：潘春源，東洋寫生畫

圖 7-164：鄉原古統，六屆臺展，新高山　　圖 7-165：鄉原古統，臺北十二景

圖 7-166：蔡雪溪，富貴壽考

圖 7-167：李學樵，十八學士

圖 7-168：張金柱，無量壽佛

圖 7-169：倪蔣懷，婦人像，水彩

圖 7-170：陳澄波，嘉義街外，臺展　　　　圖 7-171：周定山，多蟹

圖 7-172：鄭玉田，達摩一葦渡江　　　　圖 7-173：郭新林，行吟圖

圖 7-174：呂鐵州，軍雞

圖 7-175：陳玉峰，眼前得福

圖 7-176：柯煥章，虎

圖 7-177：郭柏川，裸女習作

圖 7-178：柳德裕的畫

圖 7-179：廖繼春的畫

圖 7-180：顏水龍的嵌瓷

圖 7-181：藍蔭鼎的水彩，廟會

圖 7-182：李樹梅，少女

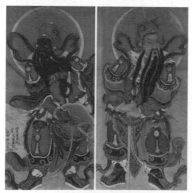
圖 7-183：何信嚴，佛畫

圖 7-184：立石鐵臣

圖 7-185：朱芾亭

圖 7-186：陳植棋作品　　　　　　圖 7-187：陳進作品

圖 7-188：許春山畫　圖 7-189：林玉山作品

圖 7-190：郭雪湖作品一　　　圖 7-191：郭雪湖作品二

圖 7-192：李石樵，臺北橋，第一屆臺展入選　　圖 7-193：范侃卿作品

圖 7-194：李應彬，觀音

圖 7-195：曾裕蘭，花鳥

圖 7-196：潘麗水，麻姑獻壽

圖 7-197：李秋山，和氣致祥

我們從意識形態面、經濟面、繪畫技術面分別分析上述列出的繪畫作品分類的議題，並藉此論述其所可能蘊含的美學意義。

其一，不同原鄉所帶來的作用。

從人口數而論，日據時期臺灣的日本人只佔不到總人數的 4%，所以是非主流人口與非主流文化。但是從權力結構而論，日據時期臺灣的日本人就是「殖民主人」，所以雖然是以武力為後盾的權力結構，這權力結構的上層階級卻也要努力的透過一切軟硬手段宣揚日本文化，所以日本文化也就快速的在槍桿子之下成為主流文化。就社會經濟而論，這不到總人口數 4%的日本人能夠將臺灣的米、糖、木材、樟腦、茶這些資源控制在「殖民主人滿意的價格上」，並不斷的以經濟作物輸出量來帶動臺灣經濟的成長，甚至經濟情況遠比當時軍閥混戰中國來得好，乃至日據中期還能大量吸引福建、潮汕的漢人持續移民臺灣，所以就日本帝國而言，臺灣總督府是個有生產力、有效率的殖民管理組織，乃至於現今許多歷史評價上對日據時期日本人對臺的「貢獻」，幾乎都是站在社會經濟層面的評價，乃至於是站在「殖民主人」的立場所下的評價，這樣的評價是否公允，就像日據時期臺灣人民質問「六三法」是否該廢除一樣，是沒有意義的。

日據時期的文化發展、繪畫發展乃至美學發展之所以「很難分析」，就在於後人往往捉住「沒有意義的事件」大作文章，而且不斷的「滑動立場」來為命題進行辯護，而可供滑動的立場又十分分歧，乃至於政策分析可以脫離文脈、脫離現實只為「既定的答案」進行想像性的辯護而已。不只是後人如此，當時在臺灣的日本人、假日本人、臺灣人，除了掌握軍權的臺灣總督府裡的掌權者以外也都是如此，所以日據時期的新聞記者尾崎秀真可以搖身一變成為漢學家、文化學者、畫家、收藏家、「熱愛臺灣文化的日本學者」等等「封號」，其實也不足為奇了。我們如果誤信「熱愛臺灣文化的日本學者」所發表的文章、書籍都是事實的描述，那麼順著這些「半掌權者」的論述邏輯，不但日本人殖民臺灣具有高度的正當性，連日本文化都是救臺灣、救亞洲、救世界的「唯一燈塔」了，但是如果我們拆穿這些「熱愛臺灣文化日本學者」的論述其實是「以假混真」、「滑動立場」乃至企圖達到其堅信的「唯一燈塔」時，這些「半掌權者」的論述其實是不合邏輯，且「暗藏最終立場」，或僅是以真假互混的證據來論證已經決定的命題而已。為什麼會有「滑動立場」而不被發覺呢？就日據時期而言，立場本來就有很多種，只有總督府裡的槍桿子所支持的階段性立場才算數。就文化發展而言，槍桿子很容易隱身，就像權力的運用一般，國家機器可以化身千千萬萬，殖民機器就可以化身萬萬億億，不同化身表面上看起來兼容了不同的立場，而其最終立場迫不得已是不會現身，就像槍桿子隱身起來迫不得已不會現身一樣。不管是<<六三法>>

也好或 1903 年的《三一法》也好，「臺灣總督得在其管轄區域內，發布具有法律效力之命令」的統治形態不變。

「山本鼎來臺首場演講對象是從事美術教育工作者，針對臺灣圖畫教育指導要領提出自己見解，尤其學校圖畫教育目標、教育課程、指導計畫、題材選用等相當程度的評述，對臺灣教育會的邀請司毫不留情面，批評當局不重視兒童圖畫教育內涵，尤其早期美術專業師資缺乏，素描訓練基礎不夠⋯⋯山本鼎應邀來臺演講五場發表會當中，此篇內容用詞最強烈、批評性高、不過，並沒有被收入《總督俯視查報告書》中。山本鼎向來以批評性的言論聞名，對臺灣殖民地圖畫教育政策更有獨到深入的見解，不愧為自由畫運動先驅」（註六十五）。

我們千萬不要想像性的誤讀成「山本鼎對臺灣殖民地圖畫教育政策更有獨到深入的見解，不愧為臺灣美術教育上自由畫運動的先驅，對臺灣美術教育有重大貢獻」。因為山本鼎來臺主要任務是接受農商務省委託「臺灣排灣族雕刻研究調查」，而臺灣總督府只是附帶託請其順便提出「公學校與實業教育視察報告」而已。主要目的與附帶請託的「價碼」並不相同，更何況用詞激烈、批評性高的論述並沒有收入「公學校與實業教育視察報告」之中，在演講中向臺灣教育會提出任何強烈批評，很可能只是同為日本人之中「日本內地專業藝術家」向「臺灣殖民地教育人員」的「先進炫耀」之詞，當然不會列入「公學校與實業教育視察報告」之中。再說，山本鼎有任何貢獻其對象當然是殖民當局而不會是什麼「臺灣美術教育」，就算山本鼎對臺灣殖民地圖畫教育政策再有什麼獨到深入的見解，放在現代美術運動與設計運動中來看，也只不過將 1850 年英國的美術工藝運動錯置在 1924 年乃至於 1940 年代的日本殖民地臺灣而已。這種美術運動的後滯性乃至於「刻舟求劍」性格在殖民地的美術教育政策上尤其明顯，因為殖民地的教育並非第一要務，殖民地上的被殖民者聽得懂殖民主人的語言，殖民地可以認真的負起資源「支援」殖民母國才是第一要務。而怎麼「詮釋」及執行這第一要務，就連日本人也是分歧的。這是基於當時在臺灣的日本人心中的原鄉是有所不同的。有的認為東京是原鄉，有的卻認為歐洲才是原鄉，「現代化」或「西化」才是原鄉。

「日本不是近代化過程的發源地，全世界近代化的源頭只有一個，就是西歐與北美。因此，日本的明治維新，在很大的程度上是西化運動——當時的日本人稱之為「文明開化」。日本在臺灣推行近代化式的統治與建設，固然帶來了許多日本文化的特色，但基本上來說，這是一個轉手的西化」（註六十六）。什麼叫做「轉手的西化」，放在明治維新的歷史文脈裡就是「洋體和魂」，放在日本擠身列強的文脈裡就是「種植園區殖民經濟如何快速有效的將殖民地上的一切資源用來進行轉口貿易與回輸殖民母國」，簡單的說，日本在臺灣的現代化是以「殖民母國在殖民地如何獲利如何掠奪資源」為指標，文化建設乃至於美術教育發展都是環繞

著這個指標來計算檢合而已。

大體而言日據時期在臺灣的日本人有兩種原鄉：東京與歐洲。在臺灣的臺灣人有四種原鄉：福建、上海、臺灣山地以及殖民當局規定的原鄉日本。而為什麼當時絕大部分的日本來臺的美術教育工作者都強調原住民文化的趣味性，主要是當時的臺灣原住民在日本人的眼裡是最不具「顛覆統治」威脅性的人民與文化吧。明治維新所高舉的「洋體和魂」與當時晚清自強運動所高舉的「中體西用」之間有多少的相似性呢？簡單的說晚清的「庸官大員」張之洞所提出的「勸學篇」及「中體西用」就是張之洞的幕僚群「抄自」明治維新的諸多日本學者文章而已。而「洋體和魂」的口號下，日本對歐洲文化的認識其實是膚淺得很，更不用說對歐洲的藝術運動乃至設計運動的認識了，歐洲文化是拼圖所貼出來的，歐洲美術教育體制更是拼圖所貼出來的，其目的都只在於「船堅炮利與產業興殖」罷了。所以七拼八湊之下居然有「自由畫運動先驅」這種不淪不類的美術教育主張（註六十七），當然也就不足為奇了。

總之，在臺灣的日本統治者乃至於日本人，其西化的原鄉或歐洲原鄉是拼湊雜碎精華，需不需要深入瞭解西方文化，西方美術教育的原理與脈絡後後才提出日本的現代化美術教育主張呢？在筆者看來是不必的。這也是為什麼日據時期的官方建築如果以西洋建築史裡年代與地域式樣來解讀，只能讀出「無意義的西洋建築資訊」，乃至於 1930 年代以後所謂的興亞式或帝冠式才能統領一切官方建築，因為「洋體和魂」的「境界」是法西斯思潮「規定」出來的，洋體是「為用」，和魂才是「目的」，而在殖民地裡連這種「目的」也都扭曲了，和魂又回復到血緣關係的生物因素，改了日本姓氏的臺灣人，雖然是皇民，但卻沒有日本國民的身份，裝了「和魂」的臺灣人，在戰時的待遇裡，仍然只是個是假日本人，仍然只是個被殖民者。

上述這種諸般矛盾與複雜的「身份」，正是日據時期畫家與畫類難以清晰劃分的原因。也是日據時期至今「東洋畫」、「日本畫」、「膠彩畫」、「南畫」、「傳統中國紙褐畫」的分類、混淆與爭執的主因。而就殖民統治者乃至於準統治者而言，表面的混淆與內在實際的嚴格區分，也就成為權術與權力的必要佈局了。我們看日據初期許多軍僧的「南畫」作品廣為流傳，無不強調和漢一體禪宗為尚。日據中期第一屆臺展明顯的以畫技嚴辨風格，乃至於同樣入選第一屆臺展的李石樵卻無法在民間獲得「臺展三少年」的「美譽」，到日據晚期臺灣畫壇以「東洋畫」趣味為尚，在到光復後努力為東洋畫「正名」為膠彩畫。在在顯示了原鄉、權力、意識形態在畫壇上的角力過程，不但諸多「違心之論」充斥著所謂繪畫論壇，更能體會當時日本繪畫論壇是如何以「自由心靈」來包裝「暴力心靈」的苦心吧。如果除去這「自由心靈」，準殖民主如尾崎真秀者流，當然不可以隨便現出暴力心靈，反而要高喊愛臺灣來掩飾其輕蔑支那文化的心態而已。

我們在上述列舉的實物案例裡，很清楚的可以看到日據時期準官方畫壇有三種畫類：東洋畫、水彩畫、油畫。東洋畫的原鄉在東京，水彩畫想像的原鄉在英國，油畫想像的原鄉原先在義大利，但在 1930 年代就轉移到巴黎。民間畫壇則有三種畫類：宗教畫、士人畫與演義畫，這三類畫共同的原鄉都是福建優先，上海次之。

其二，美術教育體制基本上並未達成「文明開化與產業興殖」的主要目標。
日據時期的美術教育體制在諸多當今的繪畫論述裡多有讚美之詞，諸如：某某日籍美術教師又是引進油畫的第一人，某某日籍美術教師又是對臺灣現代美術教育諸多貢獻，某某日籍漢學家又是對臺灣民藝保存甚至發揚有著決定性的貢獻。但是如果我們更仔細的瞭解日據時期臺灣發展的文脈，乃至臺灣總督府期待的「貢獻」來看，除了臺展時大量淘汰「非東洋畫技」的作品這一件事是達到總督府設定的「貢獻」之外，事實與「對臺灣美術教育乃至民藝保存的諸多貢獻」這種傳言」完全相反。

我們從文明開化這個角度來看，日據時期的美術教育並未讓臺灣人認識真實的歐洲，更不用說真實的美術運動或設計運動了，所以「文明開化」在殖民地裡只是「日本化」與「被殖民化」的顯性論述而已。

我們從產業興殖這個角度來看，不管是所謂山本鼎的獨到深入見解或是改革後的日據時期美術教育體制，基本上徒手畫也好、自由畫也好、工藝合一基礎課程也好，甚至高等職業學校裡的製圖課程也好，完全與「技藝傳習所」所教所選所採的課程無關，高舉產業興殖標的美術工藝教育在課程、教材、教法、內容上完全與臺灣工藝產業脫節，否則也不必在美術教育體制之外另立「技藝傳習所」這種「補習」教育體制了，更令人百思不解的是就算是「技藝傳習所」這種官方直接涉入的工藝類科，其教育的成果也是對臺灣工藝產業的「貢獻」極其有限，反而是透過資本技術聯盟的大甲草帽這個完全與美術工藝教育體制無關的工藝產業，為當時的臺灣賺進不少辛苦錢，也改善了不少臺灣人的經濟地位，所以產業興殖這一項上，日據時期的臺灣美術教育不但是交了白卷，還養成許多「驕傲自大理通一切」的惡習，而不是有多大的貢獻。

我們從市場機制與美感心靈或自由心靈的培育的角度來看，更是令人不勝欷歔。當時許多臺灣「有志青年」紛紛投入臺展創作，總以為臺展入選後就是藝術家，作品就值錢翻十倍百倍，從此不必過著辛苦的日子。然而「倪蔣懷原本有意赴日深造，不過，卻被石川阻止，他力勸倪蔣懷留在臺灣經商，以資金支持美術運動。石川認為在當時臺灣美術的發展應落實於教育的紮根工作，而且單靠創作是很難

維持生計」，這段史料的敘述才是日據時期成為藝術家的真相。當時臺南的傳統建築彩繪匠師柳德裕的西畫學習路程就是活生生的例子，也許縮衣節食，也許還算經濟許可，總之花了不少財力向日本人「學習油畫」，也曾入選過第三、六、八屆臺展。這在當時的「有志青年」的想像中，當然是「一本萬利」的事，然而不只是「單靠創作是很難維持生計」，市場機制裡好不好看才是工錢酬勞的判準，從柳德裕西畫作品少有流傳的事實來看，柳德裕從事西畫創作大概是「萬本一利」而不是期待的「一本萬利」吧，另人不勝欷噓的不是柳德裕的境遇，而是將柳德裕捧上臺展英雄的論述吧。說實在，日據時期連日本來臺畫家都要以取得美術教師資格在校任教為第一優先謀職順位，臺灣人如果投入西畫創作如果不是家境本來就極其優渥，否則也都是以進入美術師範科為赴日進修的第一優先順位，其道理何在？市場機制解答一切，石川欽一郎對倪蔣懷的「勸言」解答一切，至今二十一世紀了，依然如此。

其三，畫類的兼跨上，民間畫壇比起官方畫壇來得更有活力。

如果畫家也可依化類來分的話，很明顯的畫得像不像，畫的合不合買主的意仍然是畫壇的「王道」，就這個觀點來看，民間畫壇的畫家比起官方畫壇的畫家顯然更有活力多了，民間畫壇的畫家往往身兼數種身份，在畫類的兼跨上也是比起官方畫壇的畫家來得靈活。特別是彩繪匠師出身的傑出傳統紙褙畫家，往往進可間跨東洋寫生畫，橫可兼通建築彩繪、泥塑、雕刻、剪粘，退亦可摹寫畫本、印製畫本，乃至直揮線稿成為「工稿線師」，或直接創作薄利多銷作品以取得較佳的經濟能力，就怕你匠藝不精畫太慢而已。反觀官方畫壇所「訓練」出來的畫家，甚多「數十年如一日」，只會畫油畫只想畫水彩，甚至於停留在「留學期間畫室所強調的巴比松派、野獸派」，哪有什麼活力可言？日據時期的美術教育體制應做如是觀才算公允。我們接著就回顧分析「建築彩繪與供稿繪師系統」。

7-5-2，建築彩繪與供稿繪師系統

日據時期的建築彩繪產業比起官方極力扶植的實驗西畫產業而言，不只是具有旺盛的活力，更有經久錘鍊成熟的市場機制，這個經久錘鍊的市場機制還與福建一樣衍生出獨特的供稿繪師系統，只是 1937 年蘆溝橋事變後，日本殖民當局加速「去中國化政策」，傳統中國宗教乃至傳統漢式廟宇都在預定拆除之列，建築彩繪的主要依附體都面臨廢除了，體之不存，華麗何附呢？所以建築彩繪產業也就急速減縮，許多彩繪匠師只好另謀生路罷了。建築彩繪產業其實並沒有受到打壓，只是卻遇到比打壓還更激烈的挑戰：市場急速萎縮而已。

然而臺灣的建築裝飾工程在 1895 年至 1937 年之間，產業興旺的程度應該說是比起晚清時期有過之而無不及，否則也不至於牽動福建與潮汕的傳統建築工匠及建

築裝飾工匠跨海接業，乃至移民澎湖或臺灣。更重要的是：這時期的臺灣建築彩繪匠師不但匠藝精湛與跨海來臺的建築裝飾匠師互作對場毫不遜色，臺灣建築彩繪行業也與福建建築彩繪行業一樣，發展出「供稿繪師系統」。換句話說，在盛清時期全中國只有福建地區從建築彩繪行業裡發展出「供稿繪師系統」，到了晚清乃至日據時期潮汕地區與臺灣也同樣逐漸形成這種「供稿繪師系統」。供稿繪師系統的出現與建築彩繪匠師的專業分工乃至於建築彩繪工藝家族化有一定的關係。

建築彩繪匠師的專業分工指在這個行業裡分成彩師與繪師兩大類，但這兩大類卻同屬一個工作團隊。彩師的專職就是上彩或上漆乃至於所有其他建築彩繪的費工事項，諸如打底（地仗層）、依稿放樣、擂金等等，而繪師的專職就是供稿、直接上線稿以及重要畫面的細筆勾線、補彩，乃至於畫面整體效果的控制等等。由於建築彩繪工程在盛清之前只有建築彩畫工程，到了盛清之後只有福建地區發展出建築彩繪工程。所以現今諸多傳統建築研究乃至傳統工匠研究幾乎都誤將「建築彩繪」併同「建築彩畫」為一體，而事實上「建築彩繪」與「建築彩畫」在內容上以及工程費上是截然不同的，其不同就在於建築彩畫只需繪製圖案稿，所需的專業就是彩師，彩師現在通稱油漆師傅。而建築彩繪則首先在福建地區發展出來，建築彩繪包括了建築彩畫與包巾畫、堵仁繪畫、壁版畫這兩大部分。在宋朝的<<營造法式>>裡建築彩畫稱為「彩畫作」，屬規制工，但堵仁繪畫、壁畫則不屬規制工，由畫家執筆，所以後者的專業性遠高於前者，而後者的酬勞當然遠高於前者，這後者就是繪師，前者就是彩師。只不過在盛清時期的福建將彩師與繪師結合在一個工作團隊並予以家族化，而加速形成建築彩繪工藝這個「新專業」而已。

那又為什麼現今一般研究都將「建築彩繪」與「建築彩畫」混在一起而不予區分呢？這有兩個緣由。第一個緣由發生在 1930 年代這個西洋建築學遭遇中國建築學的年代裡，中國營造學社這個鼎鼎有名的學術社團從北京與天津的七八座皇家建築工程的匠作則例（現在稱作施工說明書與竣工圖）裡整理出<<清式營造算例則例>>這麼一本仿宋朝<<營造法式>>的書來。在書中的彩畫作部分除了類似於宋朝<<營造法式>>的皇家彩畫（龍鳳彩畫）與紋飾彩畫之外多了一種「花式彩畫」，這種「花式彩畫」以圓明園工程裡保存最多，可能因為花式彩繪原先是以畫江南美景為目的，所以就將這種「花式彩繪」透過清朝的老匠師之口而命名為「蘇式彩畫」，如此一來這種由福建發展來的「建築彩繪」就莫名其妙的被歸屬於蘇州工匠的匠藝，而「建築彩繪」也就等同於「建築彩畫」了。第二個緣由則發生在 1970 年代這個「工程掛帥」遭遇「發揚傳統文化」的年代，由於發揚傳統文化裡傳統工匠匠藝的續存的動力在臺灣就在於公家發包的古蹟維修工程，而從 1970 年代至今所有公家「工程預算」編列裡，從來都不理解「畫家作品」該怎麼編列預算，在自以為是的節省公帑觀點下，就以油漆工程計價「建築

彩畫」,如此一來勉強付得了頗為繁雜的「圖案式彩畫」工料所費,但是以這種單價來付「建築彩繪工程」的酬勞,那只有將原先精美的建築彩繪刮除,然後上畫上極其粗糙畫作的份了。1970 年代至 1990 年代在古蹟維修的建築彩繪工程這一部份,所謂「修一棟就毀一棟」只的就是這種「古蹟維修公共工程」上以油漆工程來計價建築彩繪工程的荒唐事,這種荒唐事在臺灣已逐漸消失,但不保證不會在其他地方重演一遍。

建築彩繪工藝在臺灣因被刻意誤會為「油漆工程」而毀了不少精美的作品,但這總比福建在文化大革命時「打倒封建餘孽」所霸佔,改作工廠、山寨或直接搗毀的古蹟來得少得太多了,因為就算是「油漆工程」也還是要花公家的錢。不過若要「重建」這些精美的建築彩繪作品,其費用應在「油漆工程費」的十倍百倍乃至千倍。為什麼這麼貴?貴就貴在好的繪師極難培養,而一個好的繪師通常決定了整個彩繪匠團的「叫價能力」,乃至於在對場作中,場場皆勝獲得高額獎金。我們將建築彩繪家族的彩師與繪師的培養過程簡化如下來瞭解這個行業於一二。

學徒→→畫工→→出師:繪師或彩師。

通常若成為繪師則具有收徒的資格,而繪師直接晉升到畫家的可能性也非常高。而出師成為彩師,那麼他在這個行業已經「止於至善」,不但很難收徒成為自己形成匠團,通常也只有往「油漆工程行」發展的可能性而已。出師為彩師或繪師其中的關鍵就在於能不能快速成稿,自行創作與現場足尺揮筆完成線稿這三個要件。而具備這三要件再加上一手好書法與通曉歷史典故的話,那麼繪師就是紙褙畫的畫家了。偏偏這三要件十分難得,除了勤練以外還靠一點點天分與興趣,少了這一分的天分與興趣,再有十分的勤練,通常是徒勞無功的,否則人人入行學彩繪,個個出師成繪師的話,繪畫作品也就不值那麼高的價錢,用油漆工的兩倍多付工錢也就夠了。在日據時期能夠稱為建築彩繪匠團、建築彩繪家族者只有鹿港郭氏建築彩繪一家而已,原因就在於在日據時期鹿港郭氏彩繪匠團裡繪師倍出,自然而然形成高價錢接案的能力。本研究分別就鹿港郭氏彩繪家族及臺灣彩繪匠師分佈承傳各製表七之一與表七之二,來釐清日據時期匠派形成的狀況。

表七之一:鹿港郭氏彩繪匠團年代承傳簡表

	晚清時期	晚清跨日據時期	日據跨光復後
郭氏家族繪師	郭連城	→郭春江(柳司)	郭啟薰
		→郭福蔭	郭啟輝→郭佛賜
		→郭鐘、郭盼	郭新林
異姓繪師			柯煥章
			王慈其→王錫河
工程配合彩師			→陳穎派

表七之二：臺灣彩繪匠師分佈承傳簡表

	晚清時期	晚清跨日據時期	日據跨光復後
臺北		張長茂（畫工）	吳烏宗→吳阿技、黃榮貴
			洪寶真→莊武南
			許友→許連成
			張長春
			李應彬
			江寶
桃竹苗		李九時（繪師，傳子李金全）	張奐年（妙禪法師）
			李金全→李秋山
			邱玉坡→邱鎮邦→邱有連
中彰投（郭氏匠團之外）		謝來發（紙紮匠師，收劉沛為徒）	劉沛（繪師）→劉福銀
			謝錦容（紙紮師）
			林天爵（畫家）
			葉成→陳萬福→陳穎派
嘉南		呂璧松（畫家，收陳玉峰為徒，指導過潘春源）	潘春源→潘麗水
			陳玉峰
		李金順→李摘	李摘→→李漢卿
		何金龍（繪師，剪粘師，收王保原為徒）	黃矮→柳德裕
			王保原（以尪仔剪粘師為業）
			方阿昌（溫州繪師移民臺灣）
雄屏		蘇濱庭（潮州繪師，1930跨海接業）	
東部		曾萬壹（彩繪師傳子曾金松、曾水源）	郭啟熏於1930年代移居花蓮曾金松、曾水源
澎湖			朱錫甘（潮州彩繪師鑿花師）

表七之二註：→表示師徒關係，→前後同姓則表示父子相傳。

由於日據時期建築彩繪作品至今留存頗多,所以在實物作品的舉例上就只以筆者
近年較專注的中部彩繪匠師,特別是柯煥章與劉沛的作品為主。我們從作者作品
的年代序,也就是郭友梅、劉沛、郭啟薰、柯煥章來介紹這些建築彩繪作品如後。

圖 7-198:郭友梅紙褙畫合和二仙

圖 7-199:郭友梅建築彩繪合和二仙

圖 7-200:郭友梅建築彩繪(界畫)

圖 7-201:郭友梅額坊彩繪八仙局部

圖 7-202：劉沛建築彩繪：四愛　　　　　圖 7-203：劉沛玻璃彩繪：慈母手中線

圖 7-204：郭啟薰額坊彩繪：諸葛亮奏出師（三國演義戲碼）

圖 7-205：郭啟薰拱楔彩繪：擬八大山人法

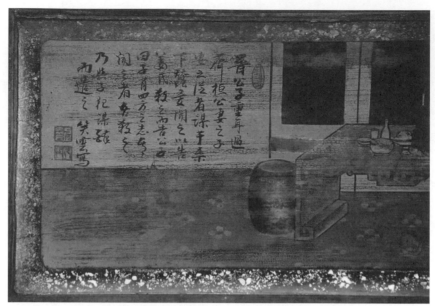

圖 7-206：柯煥章早年莊招貴公廳建築彩繪：歷史典故晉公子重耳（左半）

圖 7-207：柯煥章早年莊招貴公廳建築彩繪：歷史典故晉公子重耳（右半）

圖 7-208：柯煥章早年莊招貴公廳建築彩繪：歷史典故之一

圖 7-209：柯煥章早年莊招貴公廳建築彩繪：三國演義，呂布戲貂嬋

圖 7-210：柯煥章建築彩繪：戲文彩繪一（界畫彩繪）

圖 7-211：柯煥章建築彩繪：戲文彩繪二（界畫彩繪）

圖 7-212：柯煥章西螺張廖家廟建築彩繪：紫氣東來

圖 7-213：柯煥章西螺張廖家廟建築彩繪：富貴壽考

圖 7-214：柯煥章鹿港媽祖廟山川殿壁堵彩繪：伯牙學琴（約 1950 年代）

圖 7-198 至圖 7-201 為郭友梅（即郭春江、柳司）的作品。圖 7-202 至圖 7-203 為劉沛（即劉沛然）的作品。圖 7-204 至圖 7-205 為郭啟薰的作品。圖 7-206 至圖 7-217 為柯煥章的作品，其中除了圖 7-214 為柯煥章在戰後的作品以外，圖 198 至圖 7-216 均為日據時期的作品，且盡量考證出作者本身的年代依序而列。

圖 7-198 與圖 7-199 均為合和二仙，前者為紙褙畫後者為壁版彩繪，而兩者在佈局上似乎剛好左右翻轉。事實上這顯示郭家繪師系統的一種兩好習慣：「以紙褙畫練習快速作畫的能力，而一畫多作略加變化猶如另一幅創作一般」，這種好習慣在福建清朝的著名畫師畫家，如：黃慎、李霞等人的身上也看得見。

圖 7-200 為郭友梅的另一幅壁版彩繪的局部，這是一幅很典型的界畫（又稱宮界畫，猶如當今建築畫術語裡的等角透視），在建築彩繪學徒要成為畫工的階段，最重要的就是要將「宮界畫」的線稿學到熟練的程度，如此拿了師傅的小型畫稿時才有能力將畫稿放樣到足尺的畫版或壁版上，而經歷了三年四個月後，到底是成為彩師還是成為繪師就要看在壁版上直接快速作畫的能力，通過這種能力測試，師傅就告訴你成為匠團的繪師，可以在匠團裡領繪師的薪水，也可以離開匠團直接接建築彩繪業務，未能通過這種能力測試，那麼通常只能留在匠團裡當彩師，領彩師的薪水，當然也可以離開匠團，但通常只能接油漆工程的業務。所以，宮界畫熟不熟練通常是判斷繪師是否從匠團所培養出來的依據之一。

圖 7-201 為郭友梅的小幅橫條彩繪，主題是八仙，也是織錦八仙彩的建築彩繪。可見得八仙主題在建築彩繪裡極為常見。

圖 7-202 為劉沛的壁版彩繪，為四愛中的兩幅，通常這是畫在通道的門版上，四愛的另兩幅通常就畫在相對的門版上，這在傳統設計美學裡稱為對仗手法。圖 7-203 為劉沛的玻璃彩繪，繪畫主題頗有新意，為慈母手中線。

圖 7-204、圖 7-205 為郭啟薰的兩幅小幅建築彩繪，前者三國演義為戲文畫，後者題「擬八大山人法」，這表示郭家彩繪家族在第三代階段，除了原有的仙遊畫派外已逐漸開始接受「海上畫派」的影響，事實上郭家第三代因為繪師眾多而有許多集體創作，這些集體創作通常都用「醉墨軒」來署名，而醉墨軒正是海上畫派成員之一吳友如棄洋畫改習國畫有成後所出版畫冊的書名。鹿港郭氏彩繪家族以醉墨軒署名，當然是表示這幅畫有所本，本自名畫。而「擬八大山人法」通常是指這幅畫是擬八大山人筆法的意思，這是清朝文人畫家或福建仕人畫家表示閱歷過諸多名畫且熟悉名畫筆意筆法的一種習慣，好像不如此提墨就少了點人文修養。

圖 7-206 至圖 7-216 都是柯煥章在日據時期的建築彩繪作品。從這麼多幅作品中我們可以看到一位繪師的成長過程。柯煥章早期的作品十分注重界畫的精準性與花草的繁雜緊湊性，而且幾乎半數以上的作品都可比對出本於當時流行的畫冊的略加重組（註六十八）。而到了柯煥章進入中年後，其作品就開始講究筆墨趣味，化色（類似於營造則例裡的疊暈法）的能力更加類似於紙褙畫的效果。圖 7-217 為柯煥章在 1950 年代的作品，此幅通常被譽為柯煥章傳世之作，這幅畫也常被當時的畫師界指定為「學徒必看」之作。為什麼被譽為柯煥章傳世之作呢？除了更顯示筆墨趣味外，主要是這幅畫回歸了閩派的傳統，從戲文畫跳脫出來，進入人文詮釋畫的境界。

從上述的描述、例證與分析裡，我們提出以下的推論。

其一，彩繪工藝發展與繪畫發展互為影響裡繪師角色的關鍵性。

在民間社會裡繪師比匠師還要受到重視，主因就在於繪師是個繪畫快速生產者，同時繪師也具有「創新能力」與「實驗能力」，但是繪師加入文人社會或金錢的主流社會往往就受到另一種考驗，是否經得起當時文人社會或金錢主流社會的習性考驗，通過了這種考驗就成為「畫家」，通不過的還是繪師。通不通過正在於那個時候各種主流社會認為「畫家的畫」如果拿來買賣就俗氣了，被認定俗氣那就不是畫家。

這種朦朧的定價系統造成至今傳統紙褙畫的畫價還稱為「潤筆」，而不管傳統紙褙畫還是西畫通常還是以畫家的社會關係來定價的現象。然而，好的繪師通常也久經世故，只要畫技好，通常也很容易通過這種虛偽的考驗而成為畫家，因為畫家只是不同社交圈的名分而已。這也是日據時期傳統彩繪匠師的訓練過程裡「入私塾，讀漢文，練書法」乃是學徒想成為「繪師」的第一步的原因。也是柳德裕企圖通過臺展來證明自己是畫家而不成功的原因吧。

總之，繪師只要功夫好，是很輕易的拿到「臺展三少年」的東洋畫家身份，也很輕易的拿到傳統紙捐畫家的身份，只要他能講日語熟習日本文化習慣，或只要他能吟詩作對熟讀歷史演義，但記住畫是無價的，只能拿來做應酬禮物，不能拿來賣，一拿來賣就打回原形。因為傳統社會的繪師具備有遊走不同社會的能力，所以繪師就成為傳統建築彩繪工藝與傳統紙褙畫這兩個「似非而是」產業裡最關鍵性的互通角色，傳統社會的價值觀、時代潮流、真實與虛偽在此都融在一塊了。

其二，日據時期傳統建築彩繪工藝的趨於成熟表現在彩繪匠團的出現上。

匠團通常指規模龐大分組靈活的匠班，彩繪匠團的核心人物為繪師，每一個繪師

既可單打獨鬥彩繪工程全包,也可找個油漆工短期訓練成彩師長期成為配合工班,或找個學徒三年四個月省些工資支付,學得成當彩師,學不成當個寄團彩師,不想學三年不到打發了事,總之,只要這個社會對建築彩繪工程的需求量高,一個彩師要組成彩繪匠班是很容易的事。而 1895 年至 1937 年間臺灣社會顯然比起福建或潮汕地區對建築彩繪工程的需求量是高得很多。

在表七之一與表七之二的解讀上,我們也很容易看出日據時期彩繪匠團已然成熟,而其順位則是鹿港第一、臺南第二,臺北遠落於後成為「潮汕匠團」的棲身之處。臺南的彩繪匠團崛起奪得第一,還要等到臺灣光復甚至 1960 年代文化復興運動之後。1937 年至 1960 年間則不止彩繪匠團快速消失,需多繪師乃至繪師的兒子、徒弟紛紛力謀生路,紙紮師傅、電影看板繪師、工藝品生產、當油漆工則是順路,製賣醬油、開藥房、寫真館乃至各種新生事物的經營則是需要本錢的實驗。

其三,傳統彩繪工藝表現的主題既融入戲文畫也跳脫出戲文畫。
傳統建築彩繪工藝在福建與臺灣的發展過程上,因繪師角色的明顯,建築彩繪工藝已成為建築裝飾工藝乃至一般工藝的「發動機與領航者」的角色。傳統建築彩繪也從前一階段的包巾畫、戲文畫走向直接詮釋社會價值的揣摩上,戲劇表現忠孝節義兒女情長,四遊記小說(註六十九)表現神怪荒誕卻直指人心,乃至文人趣事、吉祥話、歷史典故、成語故事都成為繪師取材的重要來源。而日據時期上海出版的諸般畫冊畫本乃至古文小說時事畫本更是「有錢在都市」裡都隨手可得,所以在日據時期傳統彩繪工藝表現的主題既融入戲文畫也跳脫出戲文畫,走入「人物詮釋畫」的境地。

由於酬神戲的概念,傳統建築彩繪乃至傳統建築裝飾工藝早在晚清時期就逐漸將戲文融入創作,尪仔陶在晚清的由葉麟趾創新崛起,乃至於尪仔剪粘在 1920 年代的由何金龍仿新崛起就是很明顯的趨勢。只是傳統建築彩繪不但挑起這種美感趨勢,也率先跳脫出「唯戲文畫」的舊巢,畢竟不只是宮廟需要建築彩繪,而宮廟作為民俗宗教的「教化場所」,當然也還有其他諸如祈福、宗教規儀乃至民俗吉慶或官方教化天下的願望表達等等,乃至於主導民間紙禡畫的歲供、博古主題等,凡此種種在日據時期莫不完全融入建築彩繪的主題中。

其四,建築彩繪主題分類與設計美學趨勢的關係。
建築彩繪的主題分類與紙禡畫的主題分類因繪師角色的中介而難以區分,不過建築彩繪畢竟是建築裝飾工程的一個分支,所以也更會從「裝飾性」角度來設定主題分類,或是說建築彩繪是從建築構件的可供繪畫部分來形成畫面的大小,而畫面的邊框也就成為彩繪工匠口中所稱的「花草、藻頭、紋飾、圖案」了。

形成畫面的大小要符合日常看畫的習慣，而戲文畫形成後還可以形成「好戲連場」的看戲習慣或新興的連環圖閱讀習慣。可見得建築彩繪主題的設定遠比一幅紙禍畫乃至裱褙過後的紙禍畫主題的設定來得複雜。紙禍畫的最上層主題分類有山水、人物、花鳥，然而戲文畫出現後建築彩繪最上層的分類並非山水、人物、花鳥。因為所有的建築裝飾工藝都以不搶掉「主角」風采為第一要務，而建築的主角到底是什麼？當然是空間及空間主題，空間主題就是這個建築物的名，這個建築物的類別，這個建築物的使用情境。所以，在這些條件的滋潤之下廟宇建築就會採用主祭祀神的「聖跡圖」當作取材的腳本，就會以演酬神戲的角度將戲文畫搬上建築，就會以烘托神德神聖之尊嚴來設想主題；民宅建築就會採用道德訓勉、忠孝人倫乃至生活品味、人文趣事來設想主題，然而繪師並非個個是詩人個個才高八斗，那麼久久之就會匯集出一般建築裝飾工藝常用的主題乃至畫類出來。

在審視大部分日據時期的建築彩繪作品後，筆者認為分成：戲文畫類、人情詮釋畫類（或人物詮釋畫類）、吉祥畫類、花鳥吉獸畫類是可以總括當時絕大部分的建築彩繪主題。當然戲文畫類再細分以歷史演義為主以兒女情長為次，但在彩繪業界則分為文場與武場兩種；人物詮釋畫類則以成語典故、仕人風尚、乃至地方典故與生活趣事為主，但在實務上這些情與事多化成四句聯或八句聯的形態，諸如：四聘、四愛、四趣、四維、八仙、八德乃至詩句詮釋等等；吉祥畫類則是明顯的吉祥話轉變、暗示的吉祥話轉變、歲供圖、博古架等等；花鳥吉獸則是鳥語花香百獸來朝乃至吉祥話的轉喻等等。而不在上類的就只有門神畫與真正的小幅花草魚鳥兩類。門神畫則有既定神格配置，不宜造次；小幅花草魚鳥則隨意找空填充只要不嫌太塞能顯巧意即可。

7-5-3，版畫與廣告設計系統

西方的近代廣告設計從十九世紀石版印刷的戲劇海報乃至諷刺畫插圖起算，這是印刷術與經濟形態雙雙改變所致，從這個角度來看臺灣的廣告設計繪圖系統亦是如此，差別只在於木刻插圖印刷不只是只面對石版印刷這一項挑戰，還同時接受攝影術、各種成長中的印刷術的共同挑戰而已。由於關鍵性的印刷術便畫得十分快速，在殖民地裡又是高度「不均勻」分佈，所以我們不在印刷技術上進行分析，只就繪圖系統上的反映社會與社會反應，乃至於「畫技」上進行鑑賞式的解讀而已。畢竟廣告設計在軍國主義的殖民地上，既是重要的新生事物，又扮演了十分反諷的角色。以下就只選當時繪師較常用的畫冊、日據時期總督府的「臺幣設計」、廣告設計等十二件印刷繪畫例子進行解讀。

圖 7-215：王石發習畫用的戲文畫冊一　圖 7-216：王石發習畫用的戲文畫冊二

圖 7-217：王石發習畫用的戲文畫冊三　圖 7-218：日據時期習畫常用芥子園畫譜

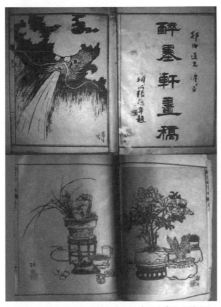

圖 7-219：郭氏彩繪家族喜用畫冊醉墨
軒

圖 7-220：畫師柯煥章喜用的畫冊馬駘
畫寶

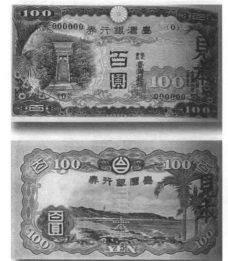

圖 7-221：總督府發行的臺幣印刷

圖 7-222：1929 年廣告設計

圖 7-223：1939 年廣設計

圖 7-224：1940 年廣告設計

圖 7-225：顏水龍的廣告設計

圖 7-226：大東亞戰爭後期宣傳海報

圖 7-215 至圖 7-217 為王石發所購買「臺南連登石版所」出版的戲文畫本。「日治中期，王石發為了做好一名彩繪師傅，搭車前往府城購買畫冊作為彩繪工作參考。其中一套特別的石版印刷圖面，內容是京劇舞臺上表演的故事題材與人物角色，每一張圖面都標示出劇碼、人物名字，其服飾與手勢與真實演員粉墨登場如出一轍」（註七十）。封底還附上臺南連登石版所的地址：臺南神社前東海口街。圖 7-218 至圖 7-220 分別為當時傳統繪畫習畫常用畫本與畫譜：彩色石版印刷的芥子園畫譜、鹿港彩繪匠團喜用的醉墨軒畫冊、彩繪繪師柯煥章喜用的馬駘畫寶等封面或內頁。圖 7-221 為總督府發行臺幣版面，圖 7-222 至圖 7-224 分別為不同年代序的廣告設計。圖 7-225 為顏水龍的廣告設計，圖 7-226 為在臺發行的大東亞戰爭後期宣傳海報。

我們就上述的案例分別從技術、趨勢、設計、美感提出以下幾點推論。

其一，石版印刷顯然是當時的較新技術。
我們從圖 7-218 臺南連登石版所的聲明可以看出其以技術領先乃至於防止同業仿造的情境。在圖 7-220 至圖 7-223 的諸多畫冊雖然是上海或北京發行，但也大都是石版印刷，可見得石版印刷在當時是較新的技術。

其二，在廣告設計上看得到 ART DECO 風格的流行。
在圖 7-223 紅茶、烏龍茶、包種茶的廣告設計與圖 7-225 顏水龍為牙齒白刷劑所做的廣告設計兩個案例上，都可以明顯的看到設計運動裡的 ART DECO 風格。應該說所有的設計風格裡視覺傳達設計的作品最沒有技術負擔吧，不像建築上的 ART DECO 風格並非雨淋版木構造加個 ART DECO 外型就可以冒充的吧。就這個角度來看，廣告設計可真的是跟得上時代啊。

其三，就廣告設計目的而言，市場重於說教。
事實上日據時期對「日語文教育」可以說是「雷厲風行」，特別是在皇民化運動後，幾乎所有的官方文宣作品莫不以日文行文，但是我們也看到絕大部分的內銷產品或日貨銷臺的廣告設計，通常中文卻多於日文，這在日貨賣不出去的年代更是如此，可見得就廣告設計目的而言，市場重於說教。

其四，中國傳統美學在 1937 年後並未消退，只是淡出。
圖 7-224 為 1940 年日貨太陽藥品的「神丹神藥」的包裝設計與廣告設計，還特異的引用「鍾馗捉鬼」的意象。全版只見右上角的英文商標與鍾馗托日手下方兩個極小的平假名，以中文閱讀可真是順暢，可見得中國傳統美學在 1937 年後的臺灣設計領域並未消退，只是淡出。

7-6，日據時期臺灣設計美學觀察小結

美學史要以準確的藝術文學史作為依據，設計美學史要以準確的設計史資料作依據，這種主張說起來容易做起來卻十分困難。現有大部分日據時期建築史、工藝史、繪畫史的寫作都過度依賴日據時期的日文史料乃至臺灣總督府的官方文獻，以至無形中也接受了日本在臺總督府的觀點，不管是日據時期建築史、工藝史、繪畫史也好或臺灣藝術史的 1895 年至 1945 年這一段也好，好像寫來寫去都是日本藝術、現代藝術，或是日本文化與現代化所主導下的藝術，本土的、漢文化的、原住民文化的案例似乎都塞在角落，必要時貼個迷信落伍的標籤、同文同種的標籤乃至於日本人對臺灣的貢獻的標籤後，再從角落現身，擠身非主流、民俗、地方特色而勉強在這段時間的藝術史中站上一席之地。中國文化真是如此不堪嗎？藝術史的這一段真是如此不堪嗎？什麼是日據時期的主流藝術？什麼又是主流呢？殖民地官方所企盼的就一定是主流嗎？我看這段藝術史的寫作其實是經不起「實物」驗證的。

我們採用了脫殖民的觀點而不是採用後殖民的觀點，重新審視藝術史的「物件」而不是官方文獻所記載的「事件」，居然可以描繪出完全不同的藝術史，當然也就會進而得出完全不同的設計美學史。我們用文脈分析法先檢視「主流」這個概念。在殖民當局的眼裡，殖民者的所作所為就是主流，這是槍桿子支持出來的主流，槍桿子消失後這種主流就消失了。那麼到底什麼才是主流？筆者認為要講本土性，要講主體性，要講在地性，要講市場性，只有「眾數、大數法則」才是主流，所謂數大便是美就是這個意思。所以在藝術作品的選例上，我們採取了「大數法則」，將計有的藝術史寫作中的案例放回原有的位置，再從已獲得保留的日據時期創作興建的作品實物，乃至於市場情境、社經文脈的推估，然後再按數量比例抽樣排列出「粗淺的藝術創作編年史料」，我們竟看到一幅與現今主流臺灣藝術史寫作下完全不同的景象。筆者絲毫沒有貶低日據時期日本人在藝術創作上成就的意思，只是對現有藝術史寫法裡對日據時期日本人對臺灣的貢獻之詞，對總督府所主導藝術風氣乃至日式現代藝術教育的高度讚揚之詞，感到情何以堪而已。我們不能說這是學術的墮落，但大可以說這是「真相」的墮落，就像日本軍閥進了臺北城就把當時臺北的民俗信仰中心「大天后宮」作為軍事醫院、倉庫，最後終於拆掉改建新公園與「前進南洋博物館」以紀念兒玉源太郎與在滿州國無形的殺人魔王後藤新平一樣，我們對「臺灣博物館」的維修苦心與花費更勝於任何一間現存的媽祖廟，而現在要找一張略微清晰臺北大天后宮的照片卻百遍千遍萬遍不得一真，歷史充滿了反諷而不是正義。藝術史的寫作如果還是採用後殖民的觀點的話，那麼歷史將是充滿了殖民者的痕跡而不是自己民族的痕跡。

還好，本章的分析採用了文脈分析法，重新排列了藝術品的位置。準此，我們也

提出這個時期設計美學觀察的小結論如後。

其一，唯有文脈分析與意識形態分析才可解出三個半原鄉的角力。
日據時期的藝術發展其實遭遇到極大「外力」的衝擊而有出乎意料的絕大變化，這外力除了技術面的無力回天之外，在臺灣不同身份的人群也各抱有不同的天。如果說傳統的天道思想是一種意識形態的話，那麼各個不同的「天」，也正鏡射出不同的鄉愁，而絕大部分的鄉愁是想像的，因為到不了所以有鄉愁。

筆者試著以文脈分析研究法、意識形態分析研究法，從新審視這個時期在臺灣生活人們的審美心靈，才可發現此時段藝術品的發展趨勢是三個半原鄉互相角力的結果。這三個半原鄉就是：日本原鄉（或東京原鄉）、歐洲列強原鄉（或現代化原鄉）、福建原鄉與半個上海原鄉。原住民原鄉只是日本帝國主義者拿來沖淡「漢人恐懼症」或拿來標榜大和民族優越性的裝飾趣味偏方而已。我們循著三個半原鄉互相角力的脈絡，再回頭看日據時期的藝術（建築、工藝、繪畫）發展，其動向、緣由、目的、趨勢甚至於結果，都清晰起來，這個時期在臺灣的真日本人、假日本人、漢人、原住民的審美心靈也就「理所當然兼情有可原」了。

其二，建築美學、工藝美學、繪畫美學的共同交集在想像的原鄉：意識形態。
設計美學的寫作其實有其困難性，如果我們從系統的概念來看，設計如果包括建築、工藝、繪畫這三大塊的話，好像設計美學就是建築美學、工藝美學、繪畫美學三者取其綜合或共通性，但是，難就難在這種綜合或共通性其實是一種難以還原的抽象，就像綜合果汁一樣難以還原個別的味道。

但是如果我們放在既定的文化脈絡來看，同一時期的藝術品似乎又有其共同的視覺風格乃至共同的審美品味，這種觀點也是西洋藝術史寫作從藝術家傳記體走到藝術品式樣體，再走到黑格爾的藝術精神史所採取的觀點變換過程。

所以，我們可以大膽假設「建築美學、工藝美學、繪畫美學的共同交集在想像的原鄉：意識形態」，然後，研究者再透過健康的意識形態選擇，排除偏狹或偏激的意識形態，那麼或許在藝術品的鑑賞上就更能還原創作者與消費者的審美心靈，當然，審美心靈總是脆弱的，但它從不矯揉操作做。

其三，建築美學的規整上不要再用半調子的時代風格分析。
如果說建築史的寫作裡將日本的殖民地建築風格神聖化為西方建築史風格的縮影，對臺灣總督府風格分析上硬將西洋建築史裡的某一年代，某一國家的建築風格往臺灣總督府這個建築作品身上套，那麼我們不但無法理解西洋藝術史裡，何以會有風格一致性的議題，也更難理解為什麼折衷主義在現代建築史上竟然是個「髒字眼」。

日本近代建築史裡出現過「擬洋風格」與「仿洋風格」,而最後在 1930 年代透過日本建築史學閥們定調於「帝冠式樣」與「興亞式樣」,當然日本的建築式樣史還在繼續發展,但是在 1920 年代前後各三十年間,主調性就是如此,1890 年代至 1920 年代除了日本原有木建築式樣以外,各種式樣都是暫時性的、實驗性的、模仿性的,套個伊東忠太的觀點:「進化主義的論調就是提倡將日本的木造建築進化到石造建築」。進化的過程在 1930 年代已經定調,所以在日本本土就不必再進行什麼「進化實驗」,而在殖民地則繼續實驗又何妨。

我們對日本總督府所主導的建築風格其實不必那麼斤斤計較,更不宜只就外形樣貌來論建築式樣,因為在現代建築運動期間,式樣的混雜是一種忌諱,在殖民地進行式樣的混雜則是「統治佔領」的標誌,它通稱「殖民地式樣」。殖民地式樣裡有什麼造形元素並不重要,最重要的只是加上殖民母國的標記而已。更何況在「進化實驗」的作品裡,又有什麼風格的「道理」值得分析的呢?建築美學的規納與整理上,我們不要再用半調子的時代風格分析,那樣會污染了審美的心靈,又弄亂了西洋藝術史的知識。

其四,中國傳統繪畫美學在日據時期的槍桿子之下並未退場,只是淡化。
在日據時期廣告設計的案例裡,可以很清楚的察覺不但中文並未退場,甚至於中國文化元素與故事也未退場,特別是在市場機制下「槍桿子的暴力象徵」更要隱於無形。所以,中國傳統繪畫美學在日據時期並未退場,只是被抽掉薪火而已,當依靠市場王道的時候,這薪火才會控制性的添加上去。就像日本軍閥入臺北城後馬上拆除孔廟,而在 1930 年代又允許辜顯榮出面主持孔廟新建。抽薪、添薪的控制仍然在真日本人手裡,怎麼會是在假日本人手裡呢。所以,中國設計美學在日據時期的槍桿子之下並未退場,只是控制性的淡化而已。

第七章註釋

註一：引自，周婉窈，2009，p.113。

註二：「你們日本民族既得到了歐美的霸道的文化，又有亞洲王道文化的本質，從今以後對於世界文化的前途，究竟是做西方霸道的鷹犬，或是做東方王道的干城，就在你們日本國民去詳審慎擇」

註三：轉引自，楊孟哲，1999，p.102。

註四：引自，林衡道主編，1988，p.514—515。

註五：參考引自，許毓良，2008，p.524。

註六：參考，彭修銀，2010，日本近現代繪畫史・第四章。

註七：參考，太田博太郎，1999，日本建築樣式史。

註八：參考，藤森照信著，黃俊銘譯，2008，日本近代建築。

註九：引自，藤森照信著，黃俊銘譯，2008，p.225—226。

註十：引自，藤森照信著，黃俊銘譯，2008，p.227—228。

註十一：日本的建築學界至今仍有所謂「學閥」的暱稱與習性，更不用說這個研討會是辰野金吾負責召開的，而長野宇平治此刻正處於臺灣總督府第二次競圖第一名後改圖修圖的階段。臺灣總督府究竟是什麼風格？如果照長野宇平治的說法那就是「應該好好運用歐洲建築」所形成的「歐式折衷樣式」，而不是什麼「晚期文藝復興式」或「維多利亞紅磚式」。辰野金吾固然是所謂日本本土第一代建築家中的佼佼者，但是要說臺灣總督府就是辰野金吾式的延伸，或是說日本近現代建築裡有一種「辰野金吾式」，那恐怕都是誤入日本建築學閥派系之爭的迷霧區而不自覺的判斷。在當時乃至現今日本建築史論述上，根本沒有所謂「辰野金吾式」或「辰野金吾派」，而在論及日本在臺灣的建築派別裡，除了木構造的神社與所謂「興亞式」外，全部都是殖民地建築，也都是殖民地建築樣式。

註十二：這裡所稱的產業興殖式樣就是日本內地流行於 1870 年至 1890 年間的雨淋版殖民樣式，由於這種樣式被日本建築界認為是英國殖民地美國十三州向西部開發進而傳遞到日本來，所以「雨淋版殖民樣式」就被視為具有墾拓精神的一級產業官設機構的代表樣式。這裡「殖民」一詞是指英國在北美洲的殖民，是強調墾拓精神的殖民，而不是指日本殖民地的殖民，所以當今日本建築史的寫法裡，稱日據時期日本人所蓋的建築，全部都稱為「殖民地建築」而不稱為「殖民建築」以示區別。

註十三：參考，張志遠，2005，p.44。

註十四：參考，楊裕富，1997，p217-223；林文龍，1998，p.210。

註十五：引自，維基百科，延平郡王祠款。

註十六：在溫克爾曼至黑格爾的藝術精神史寫作裡，西方建築史的寫作注重所謂以時代精神，民族精神來詮釋形式特徵，所以特別注重「正立面」乃至於「平面」的形成規則與形式特徵，到了十九世紀末「平面的使用因素」乃至「平面的類型」受到重視，而有所謂建築類型學的知識發展出來，但是筆者認為在近現代建築發展的研究裡，構造與建材的因素更為重要，所以提出建築構造類型的研究方法。簡單的說不管在建築物分類上或發展上，造形與構造建材的充分認識都是不可或缺的，否則只會養成毫無工程、經濟知識的建築美術家或文物專家，那是無法達成建築師的

業務執行。參考，楊裕富，2006b。

註十七：同註九。

註十八：雙元經濟的概念最早是專門供以分析在英國殖民時期的印度的經濟統計與經濟現象的理論。簡單的說印度原住民的經濟生產能力及所獲得的酬勞，每個人平均所得不及殖民官員、商人、白人所獲得的酬勞的百分之一，另一方面，印度原住民的經濟生產能力之所以能進入「官方統計資料」，純粹是透過「殖民當局」的定價系統所形成的市場機制，而不是自由市場的買賣行為，特別是所謂「對外貿易」的經濟活動上更是如此。這種雙元經濟的理論不但總括了殖民經濟的「慘無人道」，令人更為婉惜的是由於根深蒂固的種姓制度，印度雖然獨立已逾五十餘年，印度的經濟現狀卻仍可用雙元經濟來解讀。日本在臺灣殖民時期自認為最驕傲的事竟然是，那時殖民地裡也有臺灣人的資本家及商人，而戰爭時期「皇民化」之後的臺灣人也能與日本人達到「同工同酬」的平等待遇，而不以「殖民當局的定價系統所形成的市場機制」為恥，為不道德。

註十九：引自，李玉瑾主編，2009，p.124。

註二十：引自，臺中市立葫蘆墩工藝中心。編織工藝館網站資料。

註二十一：引自，方鴻源，1997，p.3。

註二十二：現今對葉麟趾學藝過程往往穿鑿附會於向廣東匠師學習所得，甚至還舉廣東石灣陶為其匠藝淵源，其實這不但造成了年代上「前人向後人學習」的謬誤，也貶低了葉麟趾的匠藝獨創性與成就。廣東石灣陶進入陶塑人物的創新是在民國初年，而葉麟趾的尪仔陶的創新則在 1850 年代，怎麼會有 1850 年代的匠藝是向 1910 年代的匠藝學習的可能性呢？更不用說阮榮春胡光華在<<中國近代美術史>>裡指出：「石灣陶塑人物是中國南方最著名的一種民間工藝。它與流行於其他地方的泥塑玩偶，在形式上有顯著的區別，生產工藝也顯著不同。石灣陶人多半是在陶坯上加釉，然後燒成陶器。其他地區所製泥人，或用黏土，或黏土攙雜紙屑，有的僅經低溫素燒，有的還根本不燒」。顯然石灣陶不是如嘉義尪仔陶一般的低溫素燒陶。另一方面石灣陶塑很可能在清初就已經崛起，但是轉向陶塑人物的新頁則明顯的是 1910 年代，而不是 1850 年代。至於用釉鮮豔是學自石灣陶那就更是無稽之談了，因為石灣陶崛起於明末清初，而福建泉州陶則崛起於元朝，當然也絕無元朝泉州陶向明末石灣陶學習取經之理吧。

註二十三：詳，施翠峰，2002，p.19。

註二十四：參考，黃秀蕙，2011，p.50。

註二十五：引自，曹春平，2006，p.175—176。

註二十六：參考，黃秀蕙，2011，p.50—54。

註二十七：引自，黃秀蕙，2011，p.58。

註二十八：引自，黃秀蕙，2011，p.83。

註二十九：參考，楊裕富，2011，敘事設計美學。

註三十：參考，簡榮聰，2001，p.69；p.77-78。

註三十一：詳，曹春平，2006，p.182；金立敏，2011，p.66；李乾朗，2003，p.169；簡榮聰，2001，p.20。

註三十二：引自，簡榮聰，2001，p.26。

註三十三：引自，臺灣大百科網站，何金龍款。

註三十四：節錄引自，百度百科網站，潮州嵌瓷款。

註三十五：參詳，高雄市立美術館網站。潮州民間陶塑「大吳翁仔屏」特展。筆者對該網站上的
撰文，並不完全持相同看法。

註三十六：在現有文獻尚無法考證出生年份時，均以作品平均年代減三十年至加三十年，當作推
定的生歿年代，並以西元紀年為計，以簡化朝代年號間的換算。另外在匠派或籍貫的認定上，以
出生地為籍貫，若為移民定居則記兩地，若匠師署名時已記籍貫，則從匠師署名籍貫。在未分析
作品實例前，盡量減少匠派的推測或推定。

註三十七：詳，李乾朗，2003，p.165。

註三十八：參考，曹春平，2006，p.124。可能蔣欣與蔣馨為同一人，只是兩岸字體不同所誤。

註三十九：參考，李明進撰，1998，萬丹萬惠宮文史簡介，見於屏東萬丹鄉公所網站；Ryo 撰，
萬丹萬惠宮款，見於臺灣大百科網站。

註四十：引自，黃寶慶、王琥、汪天亮，2004，p.85。

註四十一：引自，黃寶慶、王琥、汪天亮，2004，p.99。

註四十二：明朝固然有四大小說中的西遊記。但也有以西遊記、東遊記、南遊記、北遊記為記的
四大神怪小說或四大遊記小說之說。其中北遊記即以泉州為背景，東遊記則以東海為背景，東遊
記延續了八仙的故事以王母娘娘賀壽為主要故事情節。而「八仙」一詞在中國歷史上的不同時期
一直擁有不同的涵義，不同的仙道歷史人物組合，直到明朝吳元泰的《八仙出處東遊記》（一般
稱為《東遊記》），才正式定型為漢鍾離（或鍾離權）、張果老、韓湘子、鐵拐李、呂洞賓、何仙
姑、藍采和及曹國舅八位固定主角。東遊記出現後由於「王母娘娘賀壽」的喜慶題材，更促成八
仙題材在諸多藝術形式上出現，也成為中國喜慶神話的新材料，特別是在福建一地尤受民眾喜愛。

註四十三：繪師的養成多半在大城市，大城市才有足夠的工作量來養成一名出眾的繪師，所以慣
例上不宜以匠師的出生地來稱呼哪一畫派或哪裡的繪師，而多半以匠師的養成地或離出身地最
近的「大城市」來稱呼畫派或哪裡繪師，除非這位繪師已全國出名，學徒眾多而形成匠派，且作
品署名上一律均用較詳細的籍貫，否則藝術流派的過細區分反而造成模糊衍誤，以致分辨不清而
製造困擾。

註四十四：文人逸事詮釋畫、仕女畫與四聯句詮釋畫的風氣大約盛行於清末民初的仙遊畫師作品
裡，就其源頭則可溯及明清兩代諸多傑出福建畫家如：曾鯨、上官周、黃慎等人，若只論清末民
初則有莆仙畫派或仙遊三傑：李霞、李耕、黃義，其中李霞還曾經在日據時期遊歷臺灣一年四個
月之久。

註四十五：澎湖天后宮在 1920 年代維修時幾乎只剩下現今後殿的一小部分，所以現今之澎湖天
后宮應該算是在 1920 年代在原址依石碑圖記重新建造。詳，夏鑄九，1983，p,52。

註四十六：飛天在婆羅門教裡就稱為「藥叉」或「夜叉」，在佛教裡則為天龍八部的異教歸附的
「護法」或多重天的「眾部」，總之屬於小神小仙，在佛教傳說裡，女藥叉專司佛法乍現（應說
眾徒領悟）時跳舞、奏樂、灑花之職，所以，傳入中國後就名為「施舞飛天」或「散花飛天」、「胡
樂飛天」等等不一而足，當然印度諸教名號頗多，「藥叉」傳說進入中國後也有專吃人肉的「母
夜叉」之說或西域途上專吃唐僧肉的諸多男女妖怪，可見得在明朝的時候印度諸教（包括佛教）
在中國還是有諸多不同版本，然而在宋朝之時佛教卻已然在印度消失了，所以飛天到底怎麼而
來，如何轉化，似乎也沒人關心，也就神話傳說各說各話了吧。

註四十七：詳，江韶瑩，1997，p.82。

註四十八：引自，左曉芬，1997，p.54。

註四十九：同前註，引自，左曉芬，1997，p.54。

註五十：詳，康鍩錫，2007。

註五十一：詳，左曉芬，1997，p.58─p.64。

註五十二：裝飾一詞在唐朝時就稱為「莊嚴」，只是莊嚴一詞爾後演變出其他的意涵，所以目前採用「裝飾」一詞。莊嚴一詞在梵文的原文裡與德英文裡的「deco」字根字義是完全一致的。

註五十三：黃家富貴徐熙野逸指的是傳統繪畫裡花鳥畫類科崛起過程上兩位最重要的畫家黃荃與徐熙作品美感風格的細微差異，黃荃由於曾任職於五代十國之後蜀畫院，入宋後也任職於宮廷，所以在花鳥畫的發展裡裝飾性較強，或是說花鳥的寫實性頗受「裝飾性」的約制，調強調線稿的飽滿與填彩的鮮豔，徐熙則在五代時國之時本身就是南唐的功臣貴族之一，隨南唐亡國之君李後主歸宋，花鳥畫多為寫意自娛，但卻更具寫實功夫而較少受「裝飾性」的約制，強調線條的墨趣創沒骨畫法，色彩強調清淡調和。其實黃荃與徐熙的繪畫風格差異性並不大，會有「黃家富貴徐熙野逸」的說法，主要都是宋朝藝評家郭若虛<<圖畫見聞志>>裡要區別黃荃畫派與徐熙畫派所致。

註五十四：詳，楊裕富，2007。

註五十五：在原先二十小項裡，因已重複或大木構造發展的不同而先剔除靈獸威嚇法則、營建制式法則、金碧輝煌法則三小項。

註五十六：引自，楊孟哲，1999，p.104。

註五十七：引自，楊孟哲，1999，p.140。

註五十八：引自，林承緯，2008，p.188。

註五十九：臺展三少年主要在強調年紀輕輕就得到臺展入選成為「準官方眼中」的畫家、藝術家，強調所謂英雄出少年，並在「民間」傳為美談至今。不過以年紀而言，李石樵明明比陳進、林玉山、郭雪湖三位還年輕也同樣入選第一屆臺展，但是為什麼「民間」不將李石樵一併列入而傳為「臺展四少年」呢？這主要因為臺展剛開始時「東洋畫」才被認為是「好畫」，東洋畫家才被認為是畫家，而李石樵入選的是「西洋畫」。詳：日據時期臺灣西洋美術史網站、胡朝景，2006，<法國與臺灣落選展之藝術運動探究>、臺灣美術圖像與文化解釋網站等資料，而不是這些資料的觀點。

註六十：參考，陳清香，2008，p.21；書畫印之家網站之閩藉民國畫家張鏞（字菱波）山水四屏貼文。

註六十一：詳，賈雅卉，2012。

註六十二：參考，陳清香，2008，p.38─41。

註六十三：詳，黃瀠蓁，2011。

註六十四：詳，王美雪，2005。

註六十五：引自，楊孟哲，1999，p.144。

註六十六：引自，周婉窈，2009，p.146。

註六十七：西洋文化裡並沒有「自由畫」這種類科，也沒有「自由畫運動」這種歷史事件，所以自然沒有所謂「自由畫運動先驅」可言。那麼日本的畫壇乃至藝術教育界又怎麼會有「自由畫運動」這種字眼出現呢？說來話長，常話短說，德國者學家康德在1790年出版「判斷力批判」一

書裡強調建築、雕塑、繪畫三者是純藝術與大藝術，而這三者之中只有繪畫才最符合「無使用目的」的純粹性，所以也才最符合藝術創作上「心靈」的自由性與「非它役性」。1910 年代日本的藝術學界與美學界卻將這嚴肅的哲學論證與新藝術運動、設計運動的種種「創新性」混淆起來，而創個「自由畫運動」這個詞，來表示藝術家裡的畫家是追求心靈自由的先知，也是所有藝術創作的泉源，乃至是所有創造力的泉源。其實繪畫在 1910 年代是處於如此「先進」的角色嗎？當然不是。自由畫運動只是半生不熟的歐化實驗品，乃至於是實驗品中的廚餘而已，但是這種畫家也通建築也通工藝的錯誤意識形態，不但在日據時期的臺灣甚為興旺，甚至把這把錯誤的意識形態還延燒到 1970 年代 1980 年代的臺灣美術教育學界才逐漸熄火，真不知是自由還是奴役。

註六十八：詳，黃瀠萩，2011。

註六十九：指東遊記（八仙）、西遊記、南遊記、北遊記（玄天上帝傳），同本章註四十二。

註七十：引自，黃秀蕙，2011，p.4。

第七章參考文獻

王美雪，2005，日治時期傳統民宅彩繪風格研究：以麻豆黃矮師徒為例。

方鴻源，1997，<嘉義交趾陶之發展及其製釉技巧>，收錄於<<嘉義交趾陶藝術初論>>。

左曉芬，1997，葉王創作生命史、世系傳承與交趾陶作品分佈情形、題材類型調查研究，收錄於「嘉義交趾陶藝術初論」一書。

江韶瑩，1997，<臺灣交趾第一人王師葉麟趾的研究考略>，收錄於「嘉義交趾陶藝術初論」一書。

阮榮春、胡光華，1997，中國近代美術史，臺北：臺灣商務印書館。

李玉瑾主編，2009，典藏臺灣記憶，中和市：國立中央圖書館臺灣分館。

李茂昆、周文，2003，臺灣美術丹露，臺中：國立臺灣美術館。

李乾朗，1995，臺灣建築百年（1895-1995），臺北：室內雜誌。

李乾朗，2003，臺灣古建築圖解事典，臺北：遠流出版公司。

李欽賢，2007，臺灣美術之旅，臺北：雄獅圖書公司。

林文龍，1998，社寮三百年開發史，竹山：社寮文教基金會。

林品章，2003，臺灣近代視覺傳達設計的變遷，臺北：全華科技圖書公司。

林保堯，2001，百年臺灣美術圖像，臺北：藝術家出版社。

林秀娟主編，2011，工藝印記：臺灣百年工藝文化特展專輯，草屯：國立臺灣工藝研究發展中心。

林秋芳編，2002，天工四藝：臺灣手藝奪天工，宜蘭五結：國立傳統藝術中心。

林承緯，2008，顏水龍的臺灣工藝復興運動與柳宗悅：生活工藝運動之比較研究，<<藝術評論>>第十八期，臺北：國立臺北藝術大學。

林衡道主編，1988，臺灣史，臺北：眾文圖書公司。

金立敏，2011，閩臺宮廟建築脊飾藝術，廈門：廈門大學出版社。

周婉窈，2009，臺灣歷史圖說，臺北：聯經出版公司。

臺灣設計美學史(卷三)—當代臺灣

施翠峰，2002，<認識臺灣交趾陶的淵源>，收錄於<<天工四藝：臺灣手藝奪天工>>。

施翠峰，2006，<日治時代臺灣美術史五十年>，收錄於<<風中勁竹：日據時期臺灣新文化運動下的藝術>>。

施慧明編，2006，風中勁竹：日據時期臺灣新文化運動下的藝術，臺北：臺北市立美術館。

夏鑄九，1983，澎湖天后宮保存計畫，臺北：臺灣大學土木研究所都市計畫室。

夏鑄九，1989，迪化街特定專用區現況調查及發展可行性研究，臺北：臺北市政府工務局都市計畫處。

徐小虎，1996，日本美術史，臺北：南天書局。

郝祥滿，2007，朝貢體系的建構與解構：另眼相看中日關係史，武漢：湖北人民出版社。

康鍩錫，2007，臺灣股建築裝飾圖鑑，臺北：貓頭鷹出版社。

許毓良，2008，清代臺灣軍事與社會，北京：九州出版社。

陳清香，2005，臺灣佛教美術的傳承與發展，臺北：文津出版公司。

陳清香，2008，臺灣佛教美術繪畫篇，臺北：藝術家出版社。

黃永川，1997，<評「嘉義交趾陶的發展及其製釉技巧」>，收錄於<<嘉義交趾陶藝術初論>>。

黃志農編，2004，彰化先賢書畫專集，彰化：彰化縣文化局。

黃秀蕙，2011，巧手天成：剪粘大師王保原的尪仔人生，臺南：臺南市政府文化局。

黃寶慶、王琥、汪天亮，2004，福建工藝美術史，福州：福建美術出版社。

黃瀠蓁，2011，柯煥章傳統建築彩繪風格：從傳統設計美學的觀點，斗六：國立雲林科技大學進竹研究所碩論。

崔詠雪、賴俊雄，2008，翰墨因緣：臺灣早期書畫專輯（二），南投市：國史館臺灣文獻館。

崔詠雪、賴俊雄，2011，翰墨大觀：臺灣早期書畫專輯（三），南投市：國史館臺灣文獻館。

彭修銀，2010，日本近現代繪畫史，北京：世界知識出版社。

張少君，2008，明治時期日本美術的"西化"，杭州：中國美術學院出版社。

張志遠，2005，臺灣的工藝，新店：遠足文化公司。

傅朝卿，2006，臺灣建築摩登化的故事，臺北：文化建設委員會。

楊孟哲，1999，日治時期臺灣美術教育，臺北：前衛出版社。

楊裕富，1997，南投縣竹山鎮社寮地區輔導美化地方傳統文化建築空間計劃，斗六：國立雲林技術學院設計研究中心。

楊裕富，2006a，<設計美學的建構，兼評史克魯頓的建築美學>收錄於<<空間設計學報>>第二期。

楊裕富，2006b，<建築構造類型：一個傳統民居研究方法論的輪廓>收錄於<<空間設計學報>>第二期。

楊裕富，2007，從傳統工藝發展試論我國設計美學的形成，<<空間設計學報>>第三期，p.35—65。

楊裕富，2008，以國家政策探討臺灣工藝發展史，斗六：國立雲林科技大學設計學研究所。

楊裕富，2011，敘事設計美學，新北市：全華圖書公司。

賈雅卉，2012，傳統建築彩繪匠師劉沛研究，斗六：國立雲林科技大學建築研究所碩論。

曹春平，2006，閩南傳統建築，廈門：廈門大學出版社。

蔡榮順編，1997，嘉義交趾陶藝術初論，嘉義：金龍文教基金會。

劉益昌、高業榮、傅朝卿、蕭瓊瑞，2009，臺灣美術史綱，臺北：藝術家出版社。

簡榮聰，2001，<臺灣交趾陶研究初探>，收錄於<<彩塑風華：臺灣交趾陶藝術專輯>>。

簡榮聰、鄭昭儀，2001，彩塑風華：臺灣交趾陶藝術專輯，南投市：臺灣省文獻委員會。

謝月素、顏毓芬編，2003，汲古潤今：臺灣先賢書畫專輯，新營：臺南縣政府。

太田博太郎，1999，日本建築樣式史，東京：株式會社美術出版社。

矢內原忠雄著，周憲文譯，1987，日本帝國主義下之臺灣，臺北：帕米爾書店。

詳說日本史圖錄編輯委員會，2010，詳說日本史圖錄，東京：山川出版社。

藤島亥治郎著，詹慧玲編校，1993，臺灣的建築，臺北：臺原出版社。

藤森照信著，黃俊銘譯，2008，日本近代建築，臺北：五南圖書公司。

Lynn Pan，2008，Shanghai Style：art and design between the wars，Hong Kong：Joint Publishing (H.K.) Co..Ltd。

Robert A. Pastor 編著，董更生譯，2000，二十世紀之旅：七大強權如何塑造二十世紀，臺北：聯經出版公司。

第七章網路資料

陳錫藩，2002，近代中日關係中幾項重要文獻，國政分析雜誌
http://old.npf.org.tw/PUBLICATION/NS/091/NS-B-091-007.htm
MARK 的筆記本：關於臺灣日治時期建築的紀錄
http://mypaper.pchome.com.tw/o1ympic
時空旅人部落格
http://www.wretch.cc/blog/apexcheng
白河鎮關子嶺火山碧雲寺網站
http://www.bys.org.tw/
臺中市立葫蘆墩文化中心
http://www.huludun.taichung.gov.tw/
臺中市立葫蘆墩工藝中心。編織工藝館
http://www.tchcc.gov.tw/weavemain/w_intro-02.asp
遊於藝電子報。侯皓之，2010，巧奪天工－與葉王並稱的剪黏司傅何金龍生平與在臺作品分析。
http://epaper.hrd.gov.tw/106/EDM106-0602.htm
高鳳數位媒體設計系。畫龍點睛：何金龍在臺作品。
http://www2.kfcdc.edu.tw/media/2007_NDAP/HeJinLong/index.html
佳里金唐殿資訊網
http://jintang.er-webs.com/
國立傳統藝術中心網站
http://www.ncfta.gov.tw/ncfta_ce/main/index.aspx

靜宜大學臺灣民俗文化研究室網站

http://web.pu.edu.tw/~folktw/prospectus.html

高雄市立美術館。潮州民間陶塑「大吳翁仔屏」特展。

http://elearning.kmfa.gov.tw/figurine/ch_03_index.html

潮汕民俗網。臺灣剪粘源於潮汕嵌瓷。

http://www.chaofeng.org/article/detail.asp?id=10727

百度百科。潮州嵌瓷款。

http://baike.baidu.com/view/1855263.htm

臺灣大百科。何金龍款。陳姿吟撰；張淑卿撰。

http://taiwanpedia.culture.tw/web/content?ID=13853 及

http://taiwanpedia.culture.tw/web/content?ID=7199

中國雕塑網。茶石緣著，南派石雕藝術的典範：惠安石雕

http://www.diaosu.cn/Tradition/Stone/2007/10/229012KG9.html

臺灣大百科網站。Ryo 撰，萬丹萬惠宮款

http://taiwanpedia.culture.tw/web/content?ID=22540

萬丹鄉公所網站。萬惠宮介紹。

http://www.pthg.gov.tw/TownWto/CP.aspx?s=4439&cp=1&n=14309

大龍峒保安宮網站

http://www.baoan.org.tw/asp/Home/default.asp

廖武治部落格

http://blog.udn.com/liaowujyh

南鯤鯓代天府網站

http://www.nkstemple.org.tw/2010/index.htm

龍泉老人李應彬網站

http://www.town-all.org.tw/92viewweb/view368/

日治時期日人與臺人書畫數位典藏計畫網

http://cpjtt.lib.nthu.edu.tw/

視覺素養學習網

http://vr.theatre.ntu.edu.tw/fineart/index.html

臺灣美術圖像與文化解釋網站

http://ultra.ihp.sinica.edu.tw/~yency/

日據時期臺灣西洋美術史網站

http://www.aerc.nhcue.edu.tw/8-0/twart-jp/

新竹教育大學數位藝術教育學習網

http://www.aerc.nhcue.edu.tw/

胡朝景，2006，法國與臺灣落選展之藝術運動探究。

http://www.lotus-tw.com/hu/w_treatise_01.html

書畫印之家網站。閩籍民國畫家張鏘（字菱波）山水四屏款。

http://www.shuhuayin.com/forum.php?mod=viewthread&tid=359

新竹縣大窩口促進會網站

http://www.dawoko.com/drupal57/

石莊彩繪院網站

http://tw.myblog.yahoo.com/o2-ma/

第七章圖版目錄

圖7-1日據時期臺灣官方的原鄉與民間的原鄉示意圖（楊裕富繪製）；圖7-2開山神社；圖7-3臺北濂讓居；圖7-4臺灣神社；圖7-5總督官邸第一代；圖7-6蘆洲李宅；圖7-7北港朝天宮；圖7-8關子嶺碧雲寺；圖7-9臺中公園湖心亭；圖7-10旗山老街街屋（楊裕富拍攝）；圖7-11虎尾糖廠宿舍；圖7-12臺北曹洞宗東和禪寺；圖7-13迪化街街屋一（楊裕富拍攝）；圖7-14迪化街街屋二（楊裕富拍攝）；圖7-15臺北撫臺街洋樓；圖7-16內湖紫雲居；圖7-17旗山火車站；圖7-18臺北臨濟宗護國禪寺；圖7-19大溪齋明寺；圖7-20深坑永安居；圖7-21竹山社寮陳克己宅（楊裕富拍攝）；圖7-22社寮陳克己宅配置圖（楊裕富繪製）；圖7-23社寮陳克己宅正身立面圖（楊裕富繪製）；圖7-24楊梅道東堂雙堂屋；圖7-25大林張聯古厝；圖7-26總督官邸第二代；圖7-27東勢劉氏潤德堂；圖7-28臺北故事館；圖7-29嘉義林場招待所；圖7-30湖口老街；圖7-31花蓮糖廠宿舍；圖7-32臺灣南洋博物館；圖7-33臺北州廳；圖7-34白河大仙寺；圖7-35車埕火車站（楊裕富拍攝）；圖7-36臺南州廳；圖7-37臺中張廖家廟；圖7-38屏東邱氏家廟；圖7-39三峽老街；圖7-40花蓮吉野慶修院；圖7-41臺中火車站；圖7-42新港奉天宮；圖7-43臺灣總督府；圖7-44大溪老街；圖7-45新竹彭宅信好第；圖7-46糧食部臺中事務所；圖7-47澎湖天后宮；圖7-48竹東蘇式武功堂；圖7-49大甲黃宅；圖7-50艋舺龍山寺；圖7-51新竹州廳；圖7-52龍潭聖蹟亭；圖7-53臺北建功神社；圖7-54後壁黃宅；圖7-55竹山社寮陳氏家廟門樓（楊裕富拍攝）；圖7-56竹山社寮陳氏家廟正身（楊裕富拍攝）；圖7-57竹山社寮陳氏家廟平面配置圖（楊裕富繪製）；圖7-58竹山社寮陳氏家廟剖面圖（楊裕富繪製）；圖7-59楊梅道東堂玉明邸；圖7-60青寮黃宅；圖7-61臺中樂成宮；圖7-62屏東宗聖公祠；圖7-63學甲慈濟宮；圖7-64臺北曹洞宗鐘樓；圖7-65臺中林氏宗祠；圖7-66高雄州廳；圖7-67竹山曾氏家廟一維修前；圖7-68竹山曾氏家廟二改建維修後；圖7-69嘉義新埤徐宅；圖7-70臺中州廳；圖7-71司法大廈；圖7-72新化街役場；圖7-73大溪武德殿；圖7-74臺南武德殿；圖7-75黃金神社；圖7-76桃園神社；圖7-77高雄郡役所第二代；圖7-78臺北孔廟；圖7-79高雄火車站第二代；圖7-80鹿港中山路街屋；圖7-81日據初期臺北劇場榮座；圖7-82淡水戲館；圖7-83日據中期新世界映象館；圖7-84臺北濟南教會；圖7-85大稻埕教堂；圖7-86臺南基督教長老教會巴克禮教堂；圖7-87臺灣帽蓆產業的廣告設計；圖7-88何金龍尪仔剪粘作品之狄青西征全幅；圖7-89尪仔剪粘狄青西征局部之一；圖7-90尪仔剪粘狄青西征局部之二；圖7-91尪仔剪粘狄青西征局部之三；圖7-92尪仔剪粘狄青西征局部之四；圖7-93佳里金唐殿屋頂的尪仔剪粘；圖7-94何金龍贈予王石發之「建築裝飾工程圖」手稿（引自黃秀蕙<<巧手天成：剪粘大師王保原的尪仔人

生>>）；圖 7-95 何金龍贈王石發之八仙紙裪畫；圖 7-96 王石發之紙裪畫；圖 7-97 常見之潮州嵌磁一雙龍戲珠；圖 7-98 常見之潮州嵌磁二百鳥朝鳳；圖 7-99 廣東普寧之潮州嵌磁一；圖 7-100 廣東普寧之潮州嵌磁二；圖 7-101 嵌磁屏畫；圖 7-102 福州壽山石雕；圖 7-103 莆田石雕；圖 7-104 惠安石雕作品一中山陵石獅；圖 7-105 惠安石雕作品二黃花崗華表龍柱；圖 7-106 蔣馨石雕作品一堯聘舜；圖 7-107 蔣馨石雕作品二喜上眉梢；圖 7-108 鹿港天后宮蔣馨匠團作品一周瑜打黃蓋；圖 7-109 鹿港天后宮蔣馨匠團作品二張松獻蜀圖；圖 7-110 麥寮拱範宮蔣九作品一劉備回荊州；圖 7-111 麥寮拱範宮蔣九作品二封神榜廣成子破陣；圖 7-112 南鯤鯓代天府石雕一；圖 7-113 南鯤鯓代天府石雕二；圖 7-114 南鯤鯓代天府石雕三；圖 7-115 南鯤鯓代天府石雕四；圖 7-116 澎湖天后宮石雕一石鼓；圖 7-117 澎湖天后宮石雕二鑿花石窗；圖 7-118 臺北孔廟龍柱；圖 7-119 臺北孔廟御路龍雕；圖 7-120 大龍峒保安宮陳應彬對場鑿花作品；圖 7-121 大龍峒保安宮郭塔對場鑿花作品；圖 7-122 陳應彬對場大木作品；圖 7-123 郭塔對場大木作品；圖 7-124 臺北保安宮泥塑作品；圖 7-125 澎湖天后宮鑿花作品；圖 7-126 澎湖天后宮大木鑿花作品；圖 7-127 澎湖天后宮大木鑿花座斗獅，藍木匠施作品；圖 7-128 屏東萬丹萬惠宮；圖 7-129 屏東萬興宮楊秀興鑿花作品；圖 7-130 屏東萬興宮黃龜理作品；圖 7-131 楊秀興鑿花作品一；圖 7-132 楊秀興鑿花作品二；圖 7-133 楊秀興鑿花作品三；圖 7-134 嘉義神社日式石獅子一（又稱韓國犬）；圖 7-135 嘉義神社日式石獅子二；圖 7-136 花蓮慶修院日式石雕佛像；圖 7-137 新莊地藏庵日式神轎；圖 7-138 日式福神偶像，廣告祭之吉祥偶；圖 7-139 日據時期鹿港街長宿舍室內家具；圖 7-140 蓆帽廣告；圖 7-141 日據時期陳火慶漆藝作品；圖 7-142 日據時期民間竹籐匠藝作品；圖 7-143 張采相知蘭石圖；圖 7-144 石川欽一郎水彩畫總督府；圖 7-145 李霞紙裪畫一蟄龍聽經會達摩；圖 7-146 李霞紙布畫作品關公與周倉；圖 7-147 洪以南墨竹；圖 7-148 呂汝濤猛虎；圖 7-149 林天爵，心閒伴鶴；圖 7-150 葉鏡鎔，墨梅；圖 7-151 何金龍，八仙四條幅之一；圖 7-152 廖慶三，仿黃慎筆意之老翁；圖 7-153 杜友紹，加官進爵；圖 7-154 張鏘，八仙賀壽；圖 7-155 劉沛，戲文畫玉堂春；圖 7-156 張奐年（月禪），觀音菩薩；圖 7-157 鹽月桃甫，霧社（事件）；圖 7-158 吳荇，蟹石；圖 7-159 蔡九五，鯉魚躍；圖 7-160 木下靜涯，南國之春；圖 7-161 鄭清奇童子拜觀音；圖 7-162 陳湖古，太以真靈；圖 7-163 潘春源，加官進爵；圖 7-164 潘春源，東洋寫生畫牛車；圖 7-165 鄉原古統，新高山；圖 7-166；圖 7-167 蔡雪溪，羨彼洛陽徵壽考；圖 7-168 李學樵，十八學士；圖 7-169 張金柱，無量壽佛；圖 7-170 倪蔣懷，水彩婦人像；圖 7-171 陳澄波，嘉義街外；圖 7-172 周定山，多蟹；圖 7-173 鄭玉田，達摩一葦渡江；圖 7-174 郭新林，行吟圖；圖 7-175 呂鐵州，軍雞；圖 7-176 陳玉峰，眼前得福；圖 7-177 柯煥章，虎；圖 7-178 郭柏川，油畫裸女習作；圖 7-179 柳德裕作品；圖 7-180 廖繼春作品；圖 7-181 顏水龍嵌磁壁作品；圖 7-182 藍蔭鼎水彩作品，廟會；圖 7-183 李樹梅油畫作品，少女；圖 7-184 何信嚴作品，佛畫；圖 7-185 立石鐵臣作品；圖 7-186 朱荇亭作品；圖 7-187 陳植棋油畫作品；圖 7-188 陳進東洋畫作品；圖 7-189 許春山作品；圖 7-190 林玉山作品；圖 7-191 郭雪湖作品一；圖 7-192 郭雪湖作品二；圖 7-193 李石樵，臺北橋；圖 71-94 范侃卿作品；圖 7-195 李應彬，觀音；圖 7-196 曾裕蘭，花鳥；圖 7-197 潘麗水，麻姑獻壽；圖 7-198 李秋山，和氣致祥（合和二仙圖）圖 7-199 郭友梅紙裪畫作品，合和二仙；圖 7-200 郭友梅建築彩繪作品，合和二仙；圖 7-201 郭友梅建築彩繪作品（界畫）；圖 7-202 郭友梅額枋彩繪作品八仙（局部）；圖 7-203 劉沛建築彩繪，四愛；圖 7-204 劉沛玻璃彩繪，慈母手中線；圖 7-205 郭啟薰額枋彩繪，諸葛亮奏出師表；圖 7-206 郭啟薰拱樑彩繪，

擬八大山人法；圖 7-207 柯煥章莊招貴公廳建築彩繪，晉公子重耳一（黃瀅蓁拍攝）；圖 7-208 柯煥章莊招貴公廳建築彩繪，晉公子重耳二（黃瀅蓁拍攝）；圖 7-209 柯煥章莊招貴公廳建築彩繪三（黃瀅蓁拍攝）；圖 7-210 柯煥章莊招貴公廳建築彩繪，呂布戲貂嬋（楊裕富拍攝）；圖 7-211 柯煥章建築彩繪之戲文彩繪一（黃瀅蓁拍攝）；圖 7-212 柯煥章建築彩繪之戲文彩繪二（黃瀅蓁拍攝）；圖 7-213 西螺張廖家廟裡柯煥章樑枋彩繪，紫氣東來（黃瀅蓁拍攝）；圖 7-214 西螺張廖家廟裡柯煥章樑枋彩繪，富貴壽考（郭子儀拜西王母）（黃瀅蓁拍攝）；圖 7-215 鹿港媽祖廟柯煥章壁版彩繪，伯牙學琴；圖 7-216 王石發習畫用的戲文畫冊一（引自黃秀蕙<<巧手天成：剪粘大師王保原的尪仔人生>>）；圖 7-217 王石發習畫用的戲文畫冊二；圖 7-218 王石發習畫用的戲文畫冊三；圖 7-219 日據時期習畫常用之介子園畫譜；圖 7-220 鹿港郭氏彩繪家族常用畫冊之醉墨軒畫稿；圖 7-221 畫師柯煥章常用畫冊之馬駝畫寶；圖 7-222 日據時期總督府發行的臺幣印刷；圖 7-223 日據時期的廣告設計之一；圖 7-224 日據時期的廣告設計之二；圖 7-225 日據時期的廣告設計之三，水井太陽堂神丹神藥；圖 7-226 顏水龍廣告設計作品；圖 7-227 日據末期大東亞戰爭宣傳海報。本章圖片除正文另有說明及附記引用來源外，均引用自本章所列之參考文獻與參考網站資料並予以圖像校正及清晰化。

第八章：光復迄今的臺灣設計美學

當代史之所以很難描述有四個原因。

其一，當代史是個進行式，然而「事件」關鍵性成因的辨識卻各有不同的立場，甚至許多立場往往經過包裝而混淆了推論的理性，就像許多退位的政客在談論國家大事時都會強調是站在國家的立場，然而我們卻很容易看到這些退位的政客在位時卻作了太多「法律所不容」的事件，那麼，這種「強調」站在國家的立場，往往就是「此地無銀三百兩」。

其二，推論的理性到底如何保證，目的又是為什麼？光是西方的法系裡很明顯的海洋法系與大陸法系就截然不同，更不用說反覆的推論往往只造成「推論的迷宮」，很容易在推論的進形式裡挾帶或包裝了「程序正義」，所以，當法律的執行者運用過多的「自由心證」時，法律事件經過過多的言辭辯論時，推論的理性往往就變成推論的迷宮，只留下程序正義來嘲笑實質正義的無能。

其三，當代史寫作時往往涉及「當事人」的利益，特別是「掌權者」的利益，當代史寫作時，「真相」的揭發往往涉及「利益」的變動而引發不必要的誤會與爭議，所以「真相」往往難以揭發。

其四，資本主義市場經濟的前提是人人憑能力在市場上出賣勞力與智力換取酬勞，只要不犯法任何行業都可以從市場這隻無形的手獲得真實的酬勞。但是，人人對自己能力的評估，往往遠高於「市場」對眾人能力的評估，另一方面資本卻又有加速的積累效果，所以常造成「貧者愈貧富者愈富」的現象，而需要國家出面調整貧富差距的難關。這資本主義市場經濟的前提當然也是適用於以國為單位的狀況，然而在「適用於以國為單位的狀況」時就出現更多的「理論不適症候群」，在國族主義的發酵下，這「理論不適症候群」就越發嚴重，因為國家發展的理論不在於單一的經濟理論，而在於政治經濟理論、地緣政治理論、中心邊陲理論或是說的更殘酷一點：軍事帝國主義轉換到經濟帝國主義再轉換到文化帝國主義的「變換理論」上。

我們先觀測以國為單位的資本主義市場經濟的「理論不適症候群」案例看看。

1991 年 12 月比利時、丹麥、西德、希臘、西班牙、法國、愛爾蘭、義大利、盧森堡、荷蘭、葡萄牙、英國歐洲十二國簽訂《歐洲經濟與貨幣聯盟條約》和《政治聯盟條約》（簡稱馬斯垂克條約或歐洲聯盟條約），歐洲共同市場轉化為歐洲聯盟，並朝向歐洲國前進。雖然歐洲聯盟並非歐洲聯邦，但是類似於歐洲聯邦的組織，除了「軍隊」以外，卻一樣也不少。當時國際政治經濟局勢當然為之一變，

所有的國家幾乎都研判歐洲的經濟榮景會比「歐洲共同市場」更值得期待，也會有更高的經濟成長，而且這種經濟成長最直接的受惠者就是這十二個「國家」。這十二個國家裡個個也都經過經濟學家來擬定「國家經濟發展政策」作為國家發展的主要核心動力。我們事後諸葛的研判當時希臘、義大利、西班牙、葡萄牙主要就選了這四個國家較優勢的「文化資產」與「光觀旅遊」當作優先發展產業的選項好了。這樣的國家決策效益如何？結果如何？2008年7月7日的新聞週刊（Newsweek）就以<為什麼豬不能飛（Why Pigs Can't Fly）>一文揭露了潛在的歐債危機，葡萄牙、義大利、希臘、西班牙四國的經濟發展則麼會從智慧的經濟發展產業選項，經過十七年變得愚蠢又民粹呢？經濟學家解釋得了嗎？解釋不了。只有「理論不適症候群」解釋得了，只有最簡易的心理法則、習慣法則解釋得了。這心理法則就是：「由儉入奢易，由奢入儉難」，這習慣法則就是：「快活錢快活花（easy money easy go），錢花光了總有（老大）歐盟靠」與「債多不愁，愁的是債權人吧」。我們如果還拿什麼經濟理論或金融理論（什麼財務槓桿理論）來解釋，都不如用「後滯政策」、「前要花在刀口上」這些常識解釋來得恰如其份，這就是「理論不適症候群」。然而「恰如其份」的理論在民主機制下通常沒有任何賣相可言，所以，在選舉機制裡民粹主義的解決方案有源源而出，讓這種惡性發展漩渦越轉越快，也吸引越多的選票，直到歐盟解散為止、歐元從國際貨幣市場消失為止、或這四國被歐盟除名而國家破產為止。目前則處於「不適理論」與「民粹主義解決方案」的角力過程中。

什麼稱為「後滯政策」呢？1991年的前景所下的決策一直沿用到2008年就是後滯政策。在歐盟剛剛形成時，歐洲國的意識亟待加強，這在歐洲原先就有的「差異消費」自然會有一股榮景。所以，在1991年之後的三、五年內西班牙、葡萄牙選擇「文化資產」與「光觀旅遊」當作優先發展產業，當然會有助於國家經濟發展，但者也只是1991年之後的三、五年內，甚至十年內獲利最多榮景可盼而已，過了十年整個世界正經局勢又為之一變，許多國家已發生金融風暴，全球經濟體進入凱恩思理論所不能解釋的「停滯性通貨膨脹」，然而1991年之後的三、五年內的短期獲利卻讓西班牙「誤判」國際政治經濟形勢，仍然「加碼」投資「文化資產」與「光觀旅遊」產業，不但興建了全世界耗資最貴的畢爾包古根漢美術館，還將斷續停工近六十餘年（第一代建築師高迪死於1926年）的巴塞隆納聖家堂擴大興建。這種1991年的經濟發展政策未能「見好就收」而一直沿用至2008年，就是「後滯政策」，或稱經濟政策的後滯性。

我們再觀測以人為單位的資本主義市場經濟的「理論不適症候群」案例，也順便解釋資本主義市場經濟的「只留下程序正義來嘲笑實質正義的無能」。

1997年前後的亞洲金融風暴與2008年前後的世界金融風暴其主要結構是一致的，都在於熱錢操作者的精心策劃下「衍生性金融商品」干擾了「正常性金融商

品」的市場秩序，「正常性金融商品」兌現到實物市場的價格混論。然而至今又有哪一種經濟理論，乃至於法律理論譴責過「熱錢操作者」呢？頂多只有道德譴責一番，然後「法人」接受破產處分而已。1997 年的亞洲金融風暴有哪一位自然人受到「法律的制裁」呢？不但沒有，還造就了索羅斯（George Soros，1930年 8 月 12 日－）在國際金融界叫陣的能耐，1997 年 10 月，當索羅斯利用資金橫掃東南亞後，索羅斯又帶領的國際炒家將目光投向了香港。這就是「資本主義市場經濟的只留下程序正義來嘲笑實質正義的無能」。

2007 年所謂美國次級房貸風暴，造就了美國境內 220 萬人因買房而負債後又無家可歸的窘境，美國的國內銀行幾乎調息至零利率來因應經濟的衰退，但是有哪一個房地產公司，建設公司，銀行或哪一位自然人受到法律的制裁呢？除了引起民怨以及新聞界風起雲湧的道德譴責華爾街肥貓以外，又有哪一隻肥貓受到法律的制裁呢？2008 年所謂雷曼兄弟連動債災難有哪一位自然人受到法律的制裁？沒有，一個也沒有，通通沒有，最多只有這些肥貓搬搬家而已，從紐約華爾街搬到美國的其他城市或其他國家，然後把所謂後進國家的「次級財務理專」擠成失業而已。這就是「資本主義市場經濟的只留下程序正義來嘲笑實質正義的無能」。

當代史的寫作很難描述原因如上所述，而當代設計美學史的寫作更是如此，而且還更加一條「爭議」，那就是在進形式中無法當「事後諸葛」，而政策擬定者或政策分析者如果只有「事後諸葛」的能耐，那麼其推理能力與論述能力也只屬於「千金難買早知道」的「難買」層級而已，更何況設計美學還涉及價值觀、意識形態、文化乃至生活習慣等事項。所以，本章的寫作只能提綱挈領，就設計產業的結構性議題展開分析與推論。

我們先就戰略角度史學的眼光或中心邊陲理論分析模式來簡略交代光復迄今的大事記。

1945 年第二次世界大戰結束，中華民國以戰勝國之姿接受日本國的降書，進而臺灣光復了。從此五大戰勝國：中、美、英、法、蘇主導了世界局勢而致力於天下太平了嗎？當然不是。二次大戰後聯合國取代了國際聯盟，雖然五大戰勝國成為聯合國安全理事會的常任理事成員，但是中華民國這個成員不但不是新列強，而且還有事沒事被新列強們品頭論足奚落一番。整個亞洲的新局勢是在排除了中華民國這個戰勝國之後的美、英、法、蘇四大戰勝國控制下重新分配「領土」，重新分配帝國主義的利益，而中華民國雖是戰勝國，實情上卻是個被分配的盤中肉。中華民國境內二次世界大戰的槍砲生剛剛熄滅，馬上就興起帝國主義代理人的戰爭，這兩造新帝國就是蘇聯與美國。國共內戰從 1945 年打到 1949 年，1950年就成為中華民國在臺灣（臺澎金馬），中華人民共和國在大陸的兩岸對峙。這樣的局勢是孫文的志業、蔣介石的志業還是毛澤東的志業呢？或許都不是，而是

美、英、法、蘇四大新帝國的志業,或美、蘇兩大帝國的志業吧(註一)。1971
年聯合國通過 2758 號決議文,中華人民共和國替代了中華民國在聯合國的中國
席位(會員國資格);1987 年臺灣解嚴;1989 年蘇聯瓦解,很快的共產主義國家
只剩下中華人民共和國、古巴、越南、北韓四國;1991 年中華民國廢止「動員
戡亂時期臨時條款」,當然也廢止了兩岸對峙的法理依據;1992 年金門馬祖解
嚴;1993 年兩岸在第三地新加坡舉行辜汪會談正式結束兩岸對峙。這在世界局
勢變化的新階段裡,兩岸關係恐怕也未必是兩岸的志業,無寧說是美國勢力全球
佈局的志業或一環吧。

從這樣的戰略角度來評估光復迄今的大事件只有兩件。其一,1967 年起的文化
復興運動。其二,1987 年的臺灣解嚴。而穿插其間臺灣發展的動力則是資本主
義經濟形態,這經濟形態中的骨幹則是依美、靠美、盼美的經濟政策。相對於依
美、靠美、盼美經濟政策的國家機構則是美援會、經合會、經建會。而具體的重
要經濟改革政策則是:1950 年代的土地改革;1960 至 1980 年代的兩次進口替代
與出口擴張;1980 年代的慎選並計畫性培植臺灣未來骨幹產業;1990 年代之後
的濫用獎勵投資條例與民粹主義崛起對經濟計畫的阻擾。或許不同的角度在認定
什麼才是重大事件上會有不同的選項,但放在全球佈局乃至現今世界各國發展的
趨勢下,經濟發展與市場經濟卻是個硬道理,何況文化發展與設計發展也更依存
且互利於這硬道理之上,以下我們就先從人口變遷與社會變遷的分析來鋪陳設計
藝術產業發展的重要文脈。

8-1,光復迄今的人口變遷與社會變遷

臺灣的人口統計在臺灣光復後從 1947 年起就已經有明確的普查統計資料,我們
就從這些明確的統計資料來描述戰後臺灣的發展,並據以分析臺灣的社會變遷,
乃至國家政策演變的緣由,甚至評估各種政策的有效性與針對性,或是否有「後
滯性」的狀況。特別是文化政策乃至設計產業政策與國家整體政策乃至於國際局
勢之間的關係,並看看是否這種分析對設計美學的發展是否能有更明確的文脈解
讀的作用。

由於人口是所有「政策」乃至各種活動的基本服務對象,本節先從以下明確的人
口統計資料,從 1945 年起每五年的統計資料開始說明分析。其中 1945 年的數據
是筆者在博士論文中的精密推估(註二),其餘年度的數據則為經濟建設委員會、
主計總處、內政部戶政司的統計資料,以萬人為單位(千人數採四捨五入計)的
摘錄。

1945 年：粗估 609 萬人。
1950 年：統計 755 萬人。
1955 年：統計 908 萬人。
1960 年：統計 1085 萬人。
1965 年：統計 1270 萬人。
1970 年：統計 1475 萬人。
1975 年：統計 1622 萬人。
1980 年：統計 1787 萬人。
1985 年：統計 1931 萬人。
1990 年：統計 2040 萬人。
1995 年：統計 2136 萬人。
2000 年：統計 2228 萬人。
2005 年：統計 2277 萬人。
2010 年：統計 2316 萬人。

從上述的統計資料裡，可以很清楚的看到 1945 年至 1975 年間是高速人口成長期，1975 年至 2000 年是緩和人口成長期，2000 年之後可以說是停滯性人口成長期。

只就人口數與經濟現象來看，我們就可以看到人口政策的後滯性。

1945 年至 1960 年間就國際局勢來看臺灣成為防堵「赤禍」蔓延的重要棋子，美國的半官方組織不斷透過自由中國之音、今日世界雜誌將臺灣形塑成太平洋防線上的不沈的航空母艦，中華民國也就順勢自我形塑成自由的燈塔、反共的堡壘，反攻大陸解救同胞乃成為中華民國在臺灣發展的主要目標，所以不但人口成長不可怕，就怕人口成長太慢。

不過當「世界局勢」有所改觀後，美援會撤銷，臺灣的人口政策就要精準的改變。「政府播遷來臺以後，所有經建計畫中，家庭計畫的推展頗為曲折卻頗具成效。它從民國 38 年到民國 58 年，經過二十年的努力才由行政院院會通過「臺灣地區家庭計畫實施辦法」及「中華民國人口政策綱領」並予公布，才取得法令依據。又從民國 53 年到民國 79 年再經過二十六年的努力才達成政策預定目標。並曾三度（1987 年、1992 年及 1997 年）獲得美國人口危機委員會（Population Crisis Committee）及國際人口行動委員會（Population Action International）評定為全世界九十五個開發中國家的第一名」（註三）。簡單的說 1960 年代末期開始依法實施「家庭計畫」，除了強調避孕、健康、優生之外，「兩個恰恰好，男女一樣好」是最重要的推廣概念。

然而發表於 2001 年的上引文，以 1976 年至 1990 年家庭計畫政策成效評估的研究居然無法察覺臺灣人口流失的危機，以「三度（1987 年、1992 年及 1997 年）獲得美國人口危機委員會（Population Crisis Committee）及國際人口行動委員會（Population Action International）評定為全世界九十五個開發中國家的第一名」作為政策評估的正向指標。當然也可反映出 2001 年臺灣人口政策後滯性問題的嚴重了。所謂 1997 年獲得「開發中國家的第一名」是指所引排名的機構在進行「全球人口膨脹控制」裡「功勞」的第一名而已。事實上在 1997 年前後，如果沒有大量的「外籍新娘」移民臺灣，並維持三倍數的超生事實的話，臺灣人口已然是嚴重的負成長了。這還不包括粗估約有十分之一的大學就學人口在大陸，百分之五的就業人口在大陸。直到第二次政黨輪替後（2004）才終止節育式的人口政策，逐步推出所謂「獎勵式生育津貼」，可惜的是到了 2004 年臺灣人大概已經充分消費了具中性化節育效果塑化劑食品達十餘年，不吃避孕藥也有百分之二、三十的人口已然有頗為嚴重的不孕症候群困擾。

戰後臺灣的人口變遷或許是受到人口政策的牽引，但更重要的是受到國際局勢的牽引，更何況人口政策本身就具有高度的「後滯性」，而臺灣的人口政策還受到1990 年代崛起變形民粹主義的干預，以致往往莫名其妙的對「事實視而不見，對無形視為事實」，戰後的臺灣經濟發展乃至社會變遷在 1990 年後也就更為複雜難解。

如果我們還認定社會變遷、經濟發展、文化發展、設計藝術發展四項目標之間有緊密的關連性的話，我們不妨再看看社會變遷的經濟數據與印象式數據。或是說不只是經濟統計上的數據才是硬道理，才具科學性。我們應該承認社會階級分化、貧富差距指標乃至人口組成的變化、國民心態的變化更是隱藏式的硬道理，而察覺這種隱藏式的硬道理才能有效解釋「奢侈品、準奢侈品、日常用品」的不同市場行為，乃至由此進而理性的推論設計產業的走向。

或許目前少有「設計產業總產值」的統計資料，甚至於也少見「設計產業朝向與藝術產業結合」的風險評估。然而，「藝術產業要賣得出去才有產值，設計產業則要雙賣（設計案賣得出去，設計案所生產的物品也要賣得出去）才有產值」這個道理卻從來沒有變過。我們在藝術產業及設計產業的未來市場評估上，當然無法以生產者的喜好程度或藝評家的分析來當作評估準則，更無法以「教化眾生」的心態來「自抬」預估產值。然而，在後續的分析上，我們卻可理解這些民粹式的設計產業政策或後滯性的設計產業政策，仍然在 1945 年至今「生龍活虎」的一再演出。

我們先解讀一組數據：「臺灣家戶所得五分距比值」來說明臺灣經濟政策變遷上

的疑慮。這組比值是依據主計總處的統計資料推算而得，其比值是最高 20%家戶平均所得除以最低 20%家戶平均所得的數值，通常是較為粗糙的社會貧富差距指標。由於這個指標的相對統計資料從 1964 年才開始建立，所以我們先每兩年紀錄一次這個指標值如下表。

表八之一：家戶所得五分組高低比值表

西元年	家戶所得五分組比值	西元年	家戶所得五分組比值
1964	5.33	1988	4.85
1966	5.25	1990	5.18
1968	5.28	1992	5.25
1970	4.58	1994	5.38
1972	4.49	1996	5.39
1974	4.37	1998	5.52
1976	4.18	2000	5.55
1978	4.18	2002	6.16
1980	4.17	2004	6.04
1982	4.29	2006	6.01
1984	4.40	2008	6.05
1986	4.60	2010	6.21

從數據上說話，臺灣的貧富差距在 1970 年代至 1980 年代這二十年間是控制在最符合「人間有溫暖，勤奮獲正義」的民生主義理想境界。1990 年的比值為：5.18，表示，1990 年代開始貧富差距問題已經拉警報了，2002 年的比值為 6.16，表示臺灣經濟理論模式完全放棄國父的民生主義理想，甚至走入惡劣粗糙的唯市儈主義而不自知，這不是精緻的資本主義經濟理論所能解釋，只有國父所說的「炒地皮、制度殺人、商人治國」才能解釋一二。然而孫文先生雖然創建了中華民國，但國父思想畢竟是二十世紀初的理論心得，當然只說了「炒地皮」而來不及說「制度殺人、商人治國」，乃至「政客治國」的惡形惡狀與愚蠢。雖然不是全部的現象，但是只要是十分之一的現象與印象，卻足夠以煙霧彈之功效，混淆了理性判斷下的政策走向，而讓國家發展陷於險境與困境之中。

臺灣的經濟學家與所謂的住宅專家，死守著所謂統計數據、數量模型與老舊理論，天天談房價已超過國民所得與負擔，房價以市場理論來看一定會下跌，政府要防止房價泡沫化的經濟危機，所以，房價一定會下跌，而且要緩和的下跌。說實在，這種經濟學家與住宅專家從 1990 年代喊到 2010 年代，眼看著房價在他們

大力鼓吹「房價必跌」之下，房價卻節節高漲，不知作何感想？我們不能說這些學者專家是否連理論之為何用都搞不清楚，但是如果與建商與仲介業的反應一起來看，應該說是屬於十分之一的「惡形惡狀與愚蠢」印象群也不為過吧。

我們再解讀這十分之一「惡形惡狀與愚蠢」的另一經濟面向成因與結果。並特別解釋所謂的經濟成長發動機的心理層面議題。

二次大戰之後的開發中國家經濟發展，大概都不會脫離羅斯託（W. W. Rostow, 1916--2003）的經濟起飛理論模型所指引。我國經濟發展的輝煌成果在於 1950 年代的土地改革（孫文的民生主義平均地權理論）與 1950 至 1970 年代的僅遵羅斯託理論、1980 年代的慎選求才的科學園區建設，除此之外非常重要的是人民勤奮的心態與認真求知識的心態。然而就在 1970 年代末期所謂的「亞洲四小龍」，乃至於 1980 年代的「亞洲四小龍之首」的封號，讓大部分我國經濟學者沖昏了頭，更不用說 1980 年代才初出學位的學者的大多一股腦的投入「計量經濟模型」的「研究」，這種經濟學者大概只會在電視上侃侃而談，卻毫無國家政策制訂的能力，國家政策的制訂如果排除了國民素養與國民心態這種「軟實力」的話，再嚴密的「計量經濟模型」都是廢紙一堆而已。

然而，偏偏在 1990 年代臺灣進入了「富二代國民精神症候群」，又是教育改革，又是市場機制解決一切，在所謂「臺灣錢淹腳目」的自我迷失中，1990 年代出生的新生代，乃至於 1990 年代成年的富二代，以及臺灣特有的「家長會」這種機構，共同將「富二代國民精神症候群」衝上高峰，形成一種流行。到底有哪些「富二代國民精神症候群」呢？從所謂法律邊緣（兵役法）的小留學生，到引為時尚的 ABC（註四）；從百分之九十五的幫傭是菲傭、全國最貴豪宅長居者是是菲傭瑪麗亞（主人通常只有過年時回來住住而已）到勞運團體竟然為非國民的外勞依法納入國定最低工資請命；從大學招生名額遠高於報名之人數，到私立大學竟有「中低收入者子女多就讀私立大學，高收入者子女多就讀公立大學，所以建言教育部調整大學教育經費補助從公立大學為重，轉為私立大學為重」等倒因為果的建言。凡此種種都只能說是「富二代國民精神症候群」冰山一角而已。

「富二代國民精神症候群」的成因當然很多，人數雖難估計，但往往「一顆老鼠屎會壞了一鍋粥」卻是事實，只是患了「富二代國民精神症候群」的人並不會承認自己是那一顆老鼠屎，何況就算自己承認是那顆老鼠屎，在政治角力上，抬轎子的轎夫也不容許他承認，在家勢角力上，溺愛他的家長也不容許他承認。這成因的想像性推測，不如用數據加理論來分析，感覺上也比較「科學」些。我們從地緣政治經濟學理論與脫殖民理論來解讀表八之一的話，那麼 1990 年代的「臺灣錢淹腳目」與 1990 年代後數度的股市投機利得，著實培養了奢靡的社會風氣與自認為有錢就是聰明的霸氣。而 2002 年之後家戶所得五分組比值一直高於六

點零則更加速了這些風氣的猖獗。掌握較強社會資源的有錢階級所培育出來的富二代，就算是笨透了，但在成長過程中卻不斷的被讚美，不但容易得「富二代國民精神症候群」，也早將所謂「勤奮的心態與認真求知識的心態」視為糞土，還自視為聰明透了。人數不必多，粗糙型資本主義的精髓就是「強凌弱眾暴寡，資本利得遠高於勞動利得」、「財團炒地皮只會喊營建業是火車頭產業，喊不動了換個口號口袋深」、「明明開學店還要裝模作樣拜孔子」、「明明撕裂了國民黨還要跑到國父紀念館哭靈表忠貞」，我們只能說真是夠了。

筆者認為光復至今的設計美學發展的認識，可以延續前述章節的文脈分析與意識形態分析到政治經濟學分析，而稍微減低式樣分析與實物案例的舉例解說，增加政策案例的舉例解說，如此才更能養成審美心靈的自由度，才更能面對財大氣粗的「老闆」而顯得游刃有餘。

8-2，脫殖民史觀到設計美學的前瞻性

1945 年第二次世界大戰結束。但是，整個亞洲的新局勢是在排除了中華民國這個戰勝國之後的美、英、法、蘇四大戰勝國控制下重新分配「領土」，重新分配帝國主義的利益，而中華民國雖是戰勝國，實情上卻是個被分配的盤中肉。中國在列強的意志下被撕裂了，被撕裂的雙方都一手高喊救中國人，另一手槍口屠殺中國人，這就是國共內戰。

被列強灌輸了現代化意識形態之下所控制的國共內戰，戰爭的局勢也只能發展到列強所能忍受的程度，只是撕裂的界線列強們往往也不見得撕得那麼精準而已。從中國到韓國，再到越南都是這麼撕裂著。所以自稱救中國聖戰的兩方，演出的可能只不過是列強代理人戰爭而已，而決定撕裂界線的方式往往不是地理上的界線而是意識形態的界線，只不過由戰爭的形態演出。這種意識形態往往是扭曲變形而由軍事強人及軍事強人背後的「老闆」所決定而已，連怎麼與世界接軌也往往由「老闆」所決定，這就是殘酷又現實的後殖民。

「因為反共聯防而被迫在 1950 年後剝離了中國民族經濟圈的臺灣，1951 年，和日本立刻發生了殖民時代的經濟關係；對日輸出米糖（佔臺灣輸出總額的 40％），從日本輸入輕工業產品。1956 年，臺灣和日本的貿易逆差已高達 2600 萬美元。從日輸入，對美輸出的臺灣與美日超強的垂直分工雛型，其實早在 1950年代〝冷戰———民族分裂———反共安全體系———對美日依附〞總結構的形成期，就已經萌芽了……」（註五）。正是這種後殖民的結構，加上還算徹底的土地改革與戰後物資缺乏之下所養成的勤奮、認真的態度，以羅斯託的經濟起飛理論形塑出 1970 年代的亞洲四小龍。

但也正是 1980 年代亞洲四小龍的龍頭榮銜所衍生的「臺灣錢淹腳目」風氣，造就出不少人患了「富二代國民精神症候群」，臺灣逐漸進入了鄙視「勤奮、認真」新世代當家作主的年代。投機取巧被私下高度讚美，一群選舉專家佔盡政府高職，潛意識裡不斷的散播後殖民觀點，還以為 1980 年代的經濟政策可以直接套用到二十一世紀。殊不知少了「亞太營運中心」與新世代核心產業的精準謹慎培植，少了勤奮認真的國民精神，所謂「中心——邊陲」理論中的戰略性位置只會下降而不會提升。

臺灣在 2000 年以後凡稍大的商業建築莫不以某某中心命名，凡稍有資金的商業公司莫不稱某某商企集團自稱，甚至於保險公司、房屋仲介商、沒有生產力的影劇公司、廣告公司。打開辦公室的歷史，真是輝煌，人人是主任，個個是經理，開口理財投資，閉口國際局勢。這種景象就不只是「富二代國民精神症候群」可以形容，簡直是舊版後殖民主義國際接軌的荒誕劇而已。這種荒誕劇的老闆、編劇與演員卻最容易上電視侃侃而談，對國家政策冷嘲熱諷，極盡「精神炒地皮」之能事，這種典型的置入性行銷，乃至包買的電視節目也能捧紅「自捧的房地產專家」、「自封的財經專家」、「自吹的藝人」、「自播的學者」，一點兒也不奇怪，連娛樂事業都國際接軌了，都後殖民化了。

如何能採取脫殖民的觀點呢？認清每段歷史的文脈、認清每段歷史中不同權力間的角力，認清每段歷史中不同權力所代表的原鄉面貌何在。然後才可能更清楚的瞭解文脈，瞭解權力間的角力如何施力，力道如何？這權力間的角力如何施力，力道如何？就是國家政策評估的人文面，當然不是所謂計量經濟數理模型所能解答。

所有的國家政策都該向前看，要站在當下，評估國家總體實力後才進行決策，國家政策施行後，不但政策的施行會有「既得利益者團體」的阻擾，就連國際局勢也是不斷的變化中。歷史之所以值得借鏡，是因為借鏡者明辨了「此時與彼時」的異同何在，而不是直接的套用。已經成為開發中國加經濟發展的模範生之後，就只有承認自己是開發中國家的畢業生，才能往更好的〝中心——邊陲體系〞戰略位置挺進，而不是回過頭來緬懷邊陲中的優惠與廉價。

1990 年代初所形成的亞太營運中心經濟發展策略，在 1990 年代初期本來是一個自以為「萬事具備只欠東風」的國家經濟發展戰略。這個萬事具備就是「製造中心、海運轉運中心、航空轉運中心、金融中心、電信中心和媒體中心」的體質打造好了；這個只欠東風就是除了「亞太製造中心」，其他五個亞太中心都是廣義的服務業，都是以大陸為核心市場。然而臺商雖然已大舉進入大陸，但中華民國以大陸為核心市場的構想卻無「實力與智慧」來喚醒這個核心市場的順利連線。

更可惜的是從 1993 年第一次辜汪會談後，直到 1998 年的第二次辜汪會談，兩岸之間在美、日、中、臺的四角六線關係上，特別是中——臺的關係上卻不斷的有「小動作與惡意解讀」出現，東風根本借不到。

更可惜的是從 1998 年的第二次辜汪會談後，直到 2008 年的江陳會談，就一直背負著「特殊的國與國」轉變到「兩國論」的惡意表達，不但借不到東風，還招來一陣陣妖風，所以一個好好的戰略就如此蹉跎了十五年。世界局勢早就變了，亞太營運中心除了「製造中心」、「金融中心」之外，其餘的全出現在上海，上海的購買力還自然而然的將亞洲時尚服飾中心吸附過來。

本來好好的一個經濟發展政策與計畫中「搶佔亞太重要產業營運中心」的戰略，如今看來只能改選產業，並在原選項產業上力拼亞太次中心而已。然而患有「富二代國民精神症候群」的大學畢業生們，除了對韓流韓星興奮尖叫以外，還能有什麼生產力；「富二代國民精神症候群」的 ABC 知識份子們，除了刻舟求劍重談過時的謀略外，還能有什麼智慧。雖然，患有「富二代國民精神症候群」的人們不多，但有權有勢或依權仗勢而居高位的患者卻不少，他們大多數都是「後殖民觀點」的擁護者。

我們看臺灣的政治經濟發展要用脫殖民的觀點來看，同樣的我們看臺灣設計產業的發展也該用脫殖民的觀點來思索，如此才能獲得具前瞻性的設計美學知識乃至智慧，而不是被教條、文獻、「配給的原鄉」與自戀綁死。

在日據時期自發的原鄉有一個半，配給的原鄉有兩個。到了臺灣光復迄今，日據時期三個半原鄉有了些延續與新詮釋，也另有新原鄉加入，他們一起催促著設計藝術以「更新」的面貌展開。不管原鄉是什麼，能打動市場，能打動主流人口的原鄉就是健康的原鄉。比較可惜的是在 1987 年解嚴之後，民粹式的選舉動員，令人不再對「原鄉較真」，反而對誰是主流人口較真起來。而戴上民粹式眼罩後，不但看不清主流人口是誰，連市場在哪裡也一併忘了。

筆者認為戰後至 1987 年為止主流人口一直沒什麼改變，而戰後至 1967 年「真原鄉」一直還沒出現。所以戰後的設計藝術美學大體上以原鄉意識形態來當脈絡的話，是更容易理出個頭緒的。

從戰後至 1967 年文化運動為止，原鄉有三個半：現代化原鄉（美國原鄉）、臺灣原鄉、中國原鄉（南京原鄉）與半個浙江奉化原鄉。主流人口：臺灣人佔 73%，臺灣新住民（所謂的外省人）佔 23%，臺灣原住民佔 4%。

從 1987 年迄今，原鄉有七個半：美國原鄉（後現代化原鄉）、臺灣原鄉、中國原

鄉、新中國原鄉、泛東南亞原鄉、新日本原鄉、原住民原鄉與半個新歐洲原鄉。主流人口仍是進形式,不過大致上已呈以下的趨勢:臺灣人佔55%,外籍新娘及其第一代臺灣新住民佔25%,臺灣半新舊住民(所謂的外省人第二代第三代)佔17%,臺灣原住民佔3%。至於1967年至1987年之間的原鄉與主流人口則屬於前期與後期的轉變之間。我們就以這樣的背景來認識戰後的設計藝術發展乃至於設計美學發展。

8-3,建築與室內設計的發展

臺灣光復後建築專業有了制度上的變化,先是人才不足時土木技師、建築技師、建築技副(原先日據時期曾任工部門的土木建築工程業務的公務員)、建築師共同具有法定規劃設計專業的國家認定,承攬並監造一切建築工程。直到1970年代建築師法修訂後才回歸於只有甲級建築師與乙級建築師(原建築技副)具有法定規劃、設計、監造、鑑定專業權利。此時建築專業也逐漸分化出建築、室內設計、展示設計、景觀設計、都市設計乃至於舞臺設計等分殊專業。不過,由於這些分殊專業的母法,諸如:室內設計師法、景觀設計師法遲遲無法通過立法院的三讀,所以,建築師仍然法定具有所有建築分殊專業的一切權利。我們先將建築設計、室內設計與展示設計這三項在制度上的發展描述如下。

其一,戰後的臺灣建築設計產業

臺灣光復之初,受到戰亂破壞,急需修復、建設,但因民窮財困而工商業之復甦與發展尚未開端。1946年臺灣省政府設有營建局,辦理一切省屬建築工程之設計、發包、監工、而建築師與營造廠之登記管理,也由該局處理。此時僅有三位建築師由上海來臺,為公家機關作建築工程之設計與監督,而民間修理、復舊工程,多由日據時期合格之臺籍建築類工程人員負責辦理。對工程人員,有供不應求的現象。1947年,建設廳辦理建築師登記,但多未及格,所以有暫代技師辦法實施,發給臨甲及臨乙兩種開業證。在1950年籌組建築技師工會。1953、1954、1955年,考試院舉辦建築技師與技副特種考試。1956年,建設廳將臨甲及臨乙兩種開業證取消,換發建築技師開業證,分甲、乙兩級,此時建築師業務趨於常軌。1971年公佈「建築師法」對於建築師之資格、責任、權利、義務等,均詳細規定,建築師終於取得法律之地位,而使得建築業日漸蓬勃。

建築師為自由業的一環,在工程與經濟建設上,占頗為重要之地位,凡是屬於經濟建設如地下工程、地面工程、海底工程、航空工程等等,無一不需要建築師負責設計、規劃、監造之責任。為配合政府之相關政策:解決人民居住問題,因此在1973年政府發布實施「核發建築執照簡化辦法」中,由建築師協助政府進行建築物之技術及結構審查工作,使得各地建築開發迅速發展,減少政府弊端,提

升建築設計品質，對社會貢獻良多。

自二次大戰之後，建築已經進入一個新的階段。建築師不再眷顧歷史主義的陳腔爛調，而試圖將傳統的機能主義，經由豐富其主體以使建築更具人性化，在這個世界潮流中，臺灣建築業也面臨同樣的問題，尤其在戰後整個社會的經濟蕭條、無自然的物資、無工業的情況下，建築業的運作更是艱難。但經過整體社會的努力及經濟的改善，臺灣建築業已走向一個新的里程，隨著科技的不斷進步，使建築及其相關領域的知識也跟隨在進步，而逐漸具有相當的規模。而各大專院校之建築科系，陸續成立，就因建築教育普及，建築師及其事務所在臺灣具有相當數量，同時也有好的作品產生，但隨著國民對居住環境品質日益重視的情況下，建築師在設計時，不僅要考慮主體本身之美觀及實用機能之外，更重要的事是須考慮建築物與周遭環境的關係及這個都市整體環境的特色文化相融合，乃至如何反映自有文化的「本土」特色等，才是 1990 年代建築設計業者應重視之問題。

其二，戰後臺灣室內設計產業

一般而言，戰後對生長在臺灣或生活在臺灣的人民來說是指光復後的那一時期，從光復後開始，社會經濟逐漸發展，專業分工也逐漸細化，加上一些外來文化，如美援時期的外籍專業人員和逐日增多的回國留學生，導致設計觀念的引入，進而配合經濟的成長，使國民對設計有進一步的體會，並導致設計的專業分工化，產生現今的平面設計、工業設計、室內設計等設計行業。戰後的室內設計業，我們可以以時間來區別大抵以十年為一單位，分述如下：

1950 年代，當時並無室內設計一詞，所有的室內建造、改裝、擴建，均由建築師或木工師父負責，可說是「跨行極易」的非專業階段。那時，人們對室內設計專業的了解有限，大約只有裝飾性的「裝潢設計」稱呼，而社會上也只認同咖啡館、酒家、餐廳、和觀光飯店才需要有專業人士來「裝潢設計」。此時的客戶層多半是醫生或娛樂業者，一般住宅是不興設計的。

1960 年代，室內設計到 60 年代才開始受到重視，這是從無到有的拓荒時期，已經出現一些室內設計專業者。這個時期內，各個學校如東海、中原、逢甲、文化、淡江等學校成立建築系，是又逢工業設計的成長期。加上一些留學學者的歸國，對室內設計行業產生了啟發的作用，所以建築教育、工業設計教育即「海外學人」歸國等現象都直接或間接的帶出室內設計的準專業性來。

1970 年代，成長期。這個時期正值臺灣的經濟起飛，十大建設等相繼施行，國家經濟開始富裕起來。而臺灣室內設計之興起，主要是由於經濟的繁榮，使設計技術趕上時代，經濟繁榮之後，不但住宅有了需求，就連公共空間的室內設計也成長許多，並逐漸走向國際化方向。同時間室內設計團體的成立、期刊的推出，

及引進外來書刊等，再再影響了室內設計業。

1980 至今，這個時期臺灣的室內設計業逐漸漸進入專業化的時代，人們有更好的經濟能力追求更好的環境品質，尤其對室內空間，除了機能性、舒適度的改善，還有許多的夢想存在其中。這階段的室內設計，因為開放政策的影響、投入者背景的多樣性、國外專業的投入，可說是進入多元、多樣的時代。

由以上的概述我們可以了解到，1960 年代末期起「室內設計」這行業才算真正出現，在 1960 年代之前則只能算是建築或工業設計乃至家具設計的附帶工作，並無自主性。1960 年代之後，由於建築、美工、廣告、工業設計的共同影響、啟發而逐漸產生室內設計這個專業。所以探究本源，這是專業分工下的產物，也許未來連室內設計也無法包容如此的廣大，又要接受融合許多的外來因子而再度細分為更多的細小專業也說不定。室內設計專業的走向純粹由市場機制決定。

其三，戰後臺灣的展示設計

臺灣展示設計相對於建築設計與室內設計而言，是發展得更晚的行業。早期大致歸屬於室內設計、建築設計或美工設計乃至於工業設計。在 1980 年代因為臺北世貿中心展場的完成與運作及同時代臺灣遊樂園區的興起，以及博物館事業的進入新一代的營運等因素，造成臺灣的展示設計成為專業的崛起。大體而言，1980年代的展示設計注重展場規劃與動線規劃，遵循理性主義的設計模式與風格，以致在展示設計的展具開發，乃至相關的「籌展事業體」、模具化辦公家具等都獲得一定的成長與成就。1990 年代展示設計在臺灣遊樂園區的事業興起過程中，扮演了重要的角色，展示設計的思維模式也逐漸帶入「敘事設計」的表現方式。2000 年以後，臺灣的展示設計則進入一個新紀元，此時不但新的博物館與社區性主題館林立，博物館、美術館、主題館本身的展覽部門等，都一再地成為展示設計的主要業務來源，連博物館、主題館的建築物本身也成為「詮釋」展示設計的重要作品，此時的展示設計就不只是單純的「物件」展示安排而已，展示設計連同展示的物件與主題乃共同成為「演出」的項目，而使「展示」的效果能夠發揮到淋漓至盡的設計效果。

在建築業整體發展上，我們還是可以只舉建築設計的案例，並依本章第二節的分析框架，來進行設計史上建築類型、風格的探討，乃至進一步進行設計美學史上建築類型、風格的成因探討。

1945 年至 1967 年間，臺灣的主流人口：臺灣人佔 73%，臺灣新住民（所謂的外省人）佔 23%，臺灣原住民佔 4%。臺灣主流人口的原鄉分別是：現代化原鄉（美國原鄉）、臺灣原鄉、中國原鄉（南京原鄉）與半個浙江奉化原鄉。而建築技術

上幾乎全面的土角磚造建築、磚造建築、加強磚造、鋼筋混凝土造建築登場，其背後就浮現了現代化原鄉（美國原鄉）的登場與獨霸論述戰場，經濟優先則為現代化原鄉的救命仙丹與壯陽藥而已。

1967 年至 1987 年間，臺灣的政經局勢一切看好，不過主流人口已在變動，而更重要的是「原鄉」也在變動。臺灣文化到底該是什麼！會是什麼！則面臨激烈的調色盤與顏料廠之間的柔性抗爭。而這種柔性抗爭到了 1987 年後則瞬間變成激烈抗爭，甚至沸騰化到失去了文化主旨的生活性，沸騰化後早已不是設計藝術的議題或文化的議題，而只留下民粹式的政治議題或選舉議題而已。

1987 年迄今則是另一種格局，快速經濟成長已經開始沈澱，但人們以為還在快速成長，消費的快速成長養成部分人口的「富二代國民精神症候群」，逐步拉大的貧富差距與高所得者「寅食卯糧」的消費習性仍然支撐出漂亮的經濟成長成績單。直到第一次政黨輪替（2000 年）才首度出現經濟負成長的紀錄，然而以改變經濟統計基底的「變帳」模式，仍然安心的撫慰著那些無法辨認的「富二代國民精神症候群」患者。雖然到了第二次政黨輪替（2008 年），「富二代國民精神症候群」的患者銳減，不過部分真實富二代惡形惡狀件事與律師群的精彩辯護卻也透過媒體擴大報導而幾乎天天演出。

1987 年迄今的另一種格局，平均來看就是人口結構上主流人口：臺灣人佔 55%，外籍新娘及其第一代臺灣新住民佔 25%，臺灣半新舊住民（所謂的外省人第二代第三代）佔 17%，臺灣原住民佔 3%。而七個半原鄉就是：美國原鄉（後現代化原鄉）、臺灣原鄉、中國原鄉、新中國原鄉、泛東南亞原鄉、新日本原鄉、原住民原鄉與半個新歐洲原鄉。

原鄉不一定透過數目上的主流人口發音，卻一定透過權力上的主流人口發音。

更複雜的是二十世紀後，原鄉的定義開始變化，原來原鄉也可以假冒、替換、變位、混合，特別是原鄉化為身份的表徵時往往假冒、替換、變位、混合得特別厲害。日據時期所謂的「擬洋風建築式樣」、「仿洋風建築式樣」、「殖民地建築式樣」在臺灣建築史裡居然可以有「英國維多利亞紅磚造文藝復興式（今總統府）」的稱呼或「維多利亞紅磚造＋仿雨淋版外牆＋法國曼薩爾式屋頂（今監察院）」的稱呼乃至於「臺灣總督府競圖時，辰野金吾曾擔任評審。辰野喜歡應用紅磚與灰白系飾帶，被稱為辰野金吾風格，如東京驛（1914），此風格因為他的學生到臺灣發展者很多而引入臺灣，對臺灣日治（日據）時期建築影響至深」（註六），不正是典型的「原鄉假冒、替換、變位、混合」嗎？雖然，在 1930 年代後日本的建築史上一律以「興亞式樣」來稱呼建造於殖民地上的重要建築物的風格，但就歷史而言，「帝冠式樣」或「興亞式樣」都只是個極權、侵略、戰爭代名詞的

髒字眼,就一國的建築史而言,「帝冠式樣」或「興亞式樣」也只不過是個「假冒、替換、變位、混合」的集大成罷了。

建築設計產業的發展如果無法清楚辨識建築式樣後的多樣原鄉,甚至於大量延續前一時期法定原鄉的眷戀而這前一時期又正是「殖民政權」時,那麼不但建築產業設計的發展往往自困於殖民母國的眷戀,更容易使建築設計的發展,建築史的寫作乃至於建築論述的走向無法面對現實的畸形現象。或許中華民國在臺灣所謂「現代化論述」仍未落幕,所以 2006 年行政院文建會主辦了一次「走過一個半世紀的臺灣近現代建築脈絡」展覽,並出版<<臺灣建築摩登畫的故事>>一書。我們且將這次展覽中 1945 年後所挑選與記述的「代表性」人與建築物稍作審視,就可判斷其對臺灣原鄉及現代化原鄉的拼圖上,對母群體的範圍認定與事實是有不少出入。最少,我們可以很清楚的看到這次展覽呈現了幾點戰後建築設計界的特殊景象,而這些特殊景象由於延續了 1895 年至 1945 年的「體制」,所以或許也可以稱為另類的「政策後滯性」現象吧。在此略數如下:

其一,延續日據時期的營造業制度,逐步完全排除了傳統建築匠師的職能。
日據時期的營造業稱為「請負業」,而日據時期建築設計業或建築師這個行業其建築行為卻是可兼跨至「請負業」,然而光復後延續民國二十八年的建築法卻逐漸從將建築設計定位於建築技師,而建築技師與「建築營造業」卻因對建築師的定位的嚴謹在建築管理辦法裡訂出建築師職能上不得兼營營造廠。進而應急需要而逐漸發展出建築技師開業只能從「營造業」與「建築師」之間擇一來執行其專業功能的狀況。直到民國六十年建築師法訂定後,前緣的「習慣」就法制化為法律條文,從此建築師不能兼營營造廠就「習慣成自然」而有明確的法律限制。然而在這個過程裡「傳統建築匠師」完全被排除於「現代化職業」之外,傳統建築匠師不管是大木工匠、小木工匠、剪粘工匠、鑿花工匠、建築彩繪工匠從 1945 年之後就被排除於建築師職能證照之外,也被排除於營造業職能證照之外,最多只能承擔「無專業證照」的建築小包工程而已。

其二,延續日據時期的建築論述,以建築現代化為主流論述。
1945 年之後臺灣建築論述是由所謂合格的現代建築師及西化教育體制下的建築從業人員與所謂的建築專家學者發音,傳統建築匠師乃至傳統匠師的作品基本上是被「消音」,乃至進而將傳統建築匠師的言論歸類於營造業的小包之下的「勞動力」的「勞騷」而已。

其三,建築現代化論述「化身為」現代建築論述,仍然抗拒後現代建築的「影響力」,乃至以現代建築論述來詮釋後現代建築論述。
諸如<<臺灣建築摩登化的故事>>一書所言:「就建築思潮之演進而言,1980 年代建築中最引人注意的一項乃是所謂『地域性主義』之興起。………1990 年代,

後現代主義的思潮風起雲湧，在許多後現代主義相關的發展中，校園涵構主義是令人注目的一種思潮，對於有歷史建築的校園，顯得尤其適切」（註七）。這一段描述也好，論述也好，其實不但「遮掩了一些事實」、「編派一些順序」，就是透過閱讀來理解其論述邏輯都會發現預設了一些前提。正如當時 1970 年代的全球政治經濟風氣下，英文著作的現代建築史其實都是對真相的一種閹割，而英文著作的中文翻譯在海峽兩岸的中譯本裡，又再度加進一次閹割一樣，賀陳詞在翻譯佛蘭普頓（Framption）的<<近代建築史>>一書時及指名道姓的閹割了塔夫理（Tafuri）一次，閹割了「左派思想餘孽」一次。賀陳詞在譯序裡指出：「Tafuri 的思想和行為背景我們不太清楚，就書論書，這本書是從左翼觀點出發的，甚至是在玩『極左意底牢結』魔術，因而有不同的論旨和價值觀。極左人士是忽視傳統文化成就的，當然不承認現代建築的文化淵源，便硬生生割斷十九世紀以前的血肉相連部分」（註八）。就連 Framption 的<<近代建築史>>原文中有關包浩斯以社會主義主張對抗德國納粹崛起的細節文本裡有關社會主義主張與事件也都予以刪除閹割。這大概就是<<臺灣建築摩登化的故事>>所言的「就建築思潮之演進而言，1980 年代建築中最引人注意的一項乃是所謂『地域性主義』之興起」吧。就建築思潮而言，在臺灣所謂地域性主義之興起，其實只表現了成大建築系論述霸權的受到挑戰或緊跟美國建築學界的皮相之論跟風受到挑戰（註九），怎稱得上什麼臺灣建築地域性主義的興起呢？

硬說成 1980 年代（臺灣）建築上的地域性主義興起，然後才 1990 年代（臺灣）建築上的後現代風起雲湧，確實無法符合這一階段臺灣建築思潮的真實狀況，也無法符合臺灣建築論述實踐的成果。那麼到底符合了什麼「思潮」呢？大概只符合維持成功大學建築系所掌控建築論述霸權的主觀意願，以及現代主義對抗後現代思潮的堅忍不拔精神而已。簡單的說，1960 年代以後臺灣的建築論述除了工程技術以外，通常沒有論述實踐的能力，在 Framption 的近代建築史譯本出現之後，乃至 Framption 後續著作提出所謂以建築技藝（工程技術 techtonic）為核心的論述觀點之後，粗糙的臺灣式現代建築論述馬上如獲至寶的將 Framption 的「陳腔濫調」奉為金科玉律重新「崇拜一番」，甚至還自動連結到 1970 年代一位人類文化學出身的美國「建築學者」拉普普提倡的常識性自然文化主義上來，然後忙著在專業雜誌或學述論文上發起圍剿「後現代思潮」的聖戰而已。1970 年代至1990 年代期間，世界建築學界或世界建築業界只有現代建築主義的節節敗退與後現代建築的聲勢日日看漲而已，哪有什麼「建築上的地域性主義」風潮可言，同時段裡臺灣的建築論壇只有「堅守民主陣容」最高原則下的現代建築論述與後現代建築論述間「庸人自擾的鬥嘴」而已，哪有什麼思想上的「建築地域性主義」風潮可言。1970 年代至 1990 年代臺灣的建築論述其實只有「後滯性」，帶著後殖民觀點的後滯性而已。所以，正由於狀況過於複雜，篇幅有限，我們只以以下十個案例進行「關鍵因素」的推測與分析。

圖 8-1：1950 年代興建之眾數街屋

圖 8-2：2000 年後預鑄式土地公廟

圖 8-3：1961 年李重耀設計指南宮

圖 8-4：指南宮之庭園一景

圖 8-5：1961 王大閎設計，1969 完工，臺大活動中心

圖 8-6：1971 年王大閎設計，1978 年完工，國父紀念館

圖 8-7：1984 年漢寶德設計，南園

圖 8-8：聯合報南園之事內設計

圖 8-9：1999 年李祖原設計，壹零壹

圖 8-10：2008 年李祖原設計，臺灣館

在風格辨識上,圖 8-1 之案例難以查出建築師的名字,但卻很容易辨識為「實用型的現代建築」,這個例子代表甚多 1950 年代興建的現代化的街屋,所舉案例比較特殊的只在於更「實用的」在二樓採斜屋頂與二樓半的閣樓式突出小間,整體造形頗為一致而「誠實」。圖 8-2 之案例則也不必有建築師簽字才能蓋,這是典型的後現代事件之一,建築師追求建築的專業性,我國建築師則追求國家考試所賦予的權威性,甚至權威性替代了專業性而不自知,案例所舉之預鑄式土地公廟其實屬於一般商品,其興建只需水泥工一名,花半小時就完成,只要市場接受度認證,而無須建築師認證,因為這是工業化商品,最多只需要產品設計師的設計與檢驗而已,如果要是為後現代建築的話也可以,因為這事件的諷刺性足以詮釋這就是後現代風格之一。

圖 8-3、圖 8-4 為李重耀設計的木柵指南宮凌霄寶殿,屬傳統建築風格之鋼筋混凝土造建築。圖 8-5 為王大閎設計的臺大活動中心,屬現代建築風格。

圖 8-6 為王大閎設計的國父紀念館,由於這個設計案幾經更改至 1978 年才順利完工,所以應可列為 1973 年文化復興運動之後的作品,屬現代建築風格。圖 8-7、圖 8-8 為漢寶德設計的聯合報系度假中心南園,屬傳統建築風格。

圖 8-7 為李祖源設計的臺北壹零壹商業大樓。圖 8-8 為李祖源設計的上海萬國博覽會臺灣館。兩者均屬後現代建築風格。

如果以 1967 年的中華文化復興運動及 1987 年的解嚴來作畫分的話,那麼大體而言,1945 年至 1967 年是現代建築崛起的年代;1967 至 1987 年是現代建築與後現代建築並存的年代;1987 年迄今則為後現代建築獨領風騷的年代。只是建築史上式樣史的描述斷然沒有排他性,所以在後現代建築式樣獨領風騷的年代當然也還有現代建築的設計與興建。

我們只就上述的描述來分析光復後建築設計美學的品味如下:

其一,臺灣的現代建築風格與後現代建築風格,主原鄉在美國,次原鄉在中國。這「猛然一看,難以接受」,分析其來卻可頭頭是道,放在時代軍、政、經的大背景下,則更是清晰無比。放在產品設計領域只消將建築改為產品設計便可。先不提光復初期的建築科系教們絕大部分都是接受二手的美國建築教育,臺灣建築系蓬勃發展的年代,學生的風尚不也是「來來來、來臺大,去去去、去美國」嗎?只可惜臺大並沒有建築系而已。美國式的現代建築:國際式樣成為學界的主流論述,美國式的後現代建築:范求利的作品與論述也是率先在臺灣的建築刊物中出現,更不用說大部分的圖書館裡往往只有美國的雜誌、期刊,與少量的日文

雜誌、期刊。雖然在 1980 年代之後臺灣經濟突飛猛進，臺灣學界對美日文之外的書籍、雜誌、期刊基本上還是「冷感」，就不必說建築系的學生了。所以，主原鄉在美國，次原鄉在中國，一點兒也不奇怪。

其二，臺灣後現代建築的多采多姿其來有自。

全球的後現代設計藝術論述從 1960 年代崛起時的「吃下現代設計，打擊現代設計」，到了 1980 年代就成熟轉化為「敘事設計，兼容並蓄，文化符碼，市場先鋒」了。中華民國在臺灣於 1987 年解嚴後，各式各樣的原鄉風起雲湧，除了美國原鄉、中國原鄉之外，臺灣原鄉、新中國原鄉、泛東南亞原鄉、新日本原鄉、原住民原鄉與新歐洲原鄉，各種號角響徹雲霄，只消略具文化符碼拆解的能力與素養，只消熟練建築造形的組合規則，多采多姿乃至各說各話的後現代建築作品當然是應運而生。怕只怕原鄉的假冒拼貼，怕只怕未能熟識各原鄉的文化意涵，怕只怕未能熟練建築技巧，未能精確揉合這複雜的文化造形符碼於一身，反而蓋出不倫不類的建築風格而已。

其三，臺灣建築發展上的崎嶇路與畸形路

就審美品味而言，建築作品的審美層次的提升本來就是要靠建築工程實務能力的支撐作後盾。循著工程、人文兼修的道路本來是條康莊大道。但是近四十年來的大學建築教育卻偏偏有一種極為特殊的風氣，往往「工程、人文」擇一而行。甚至毫無實務經驗與工程素養的建築專業教師主導了建築設計課程，雖然不是過半的現象，但也散播著極不特殊的建築學習論述，認為「大學是培養創意的場所，建築實務畢業後到建築師事務所、建築工地磨個一兩年就足夠了」，這樣子就從 1980 年代之後，就養成一批批「嘴巴建築學生」，考不上建築師就罵建築師考試不公平、不靈活。僥倖考上建築師而接不到業務就罵業主沒水準（當然是在背後罵），僥倖當上建築系的設計老師，就重複如此這般特殊的學習論述。這樣的只重「擇一而行」的建築學習風氣到底養成多少建築從業人員，其實很難估計，但這種建築從業人員選則建築師為主要就業目標，則顯然是走上人生的崎嶇路。而帶有這種心態的建築師與建築從業人員卻也帶出另外一條畸形路來。

1994 年臺北二二八紀念碑競圖評審結果由興建委員會重新排名次事件，是畸形路的開端。2001 年展開批判中臺禪寺建築，批判李祖原建築師，則是畸形路的高峰，乃至於網路上的「夥立豆（閩南語發音）」票選活動則是其餘威。這裡所分析討論的當然是建築美學乃至於臺灣建築發展的嚴肅議題，而分析的方法則是法國史學家福柯的癥候式閱讀法。

簡單的說，1994 年的臺北二二八紀念碑競圖品審準則完全無效，改由「革命貢獻程度」的自由心證投票，其結果自然談不上什麼建築設計品質或建築審美品質。2001 年的中臺禪寺事件則是罕見的「打嘴泡也能上論壇、上課堂、上建築

評審臺」畸形事件。其起因很簡單，選擇建築崎嶇路的建築從業人員走上偏峰，搞起「論述成就專業」的遊戲，總以為打倒此派，業務活水就源源而來。但是審視這些論述的內容，與其說建築設計專業的研討或建築美學的研討，不如說是極其惡質的「主流人口的原鄉辨認」而已，這是類似於「文化大革命中紅衛兵」起乩式的話語而已，既無建築專業知識，更無美感可言。

當然，能秉持工程、人文兼修道路的建築師與建築學者也還是比比皆是，臺灣的建築發展也還是康莊大道，特別是傳統建築裝飾工藝與古蹟維修上更是如此。我們如果以建築設計產業產值的外溢效果來看則更是如此。不過，什麼是建築設計業的產值倒是需要先依法依制度界定清楚，如此才不至於分析錯誤打錯靶。

建築設計業的產值有兩項，第一項就是建築法與建築師法所明訂的工作酬勞標準，這個酬勞標準是以法定工程造價的 3% 為準並按工程規模與特殊性而於 3% 上下有微細的調整，第二項是工作酬勞的母數，也就是工程造價下，因美感所帶出的高附加價值。建築設計業的產值與建築物的土地成本無關，與土木設計業的產值計算不同，與營造業的產值計算不同。更與建築投資業的產值計算差異極大，最多只能說建築設計業產值的外溢效果往往成為建築投資業的「利潤之一」而已。

進行這些說明我們主要討論的不是建築設計業的產值對臺灣經濟發展的貢獻有多高或有多低的議題，而是要討論教育政策與產業政策的配合的可行而未執行或任何道德勸說的政策配套，往往毫無作用的奇特現象。

我們從大專院校設科系所的核准實況，來說明教育政策與產業政策的配合的可行而未執行奇特現象。這種奇特現象或許不足以解釋教育政策的執行為何有兩套標準，但是卻足以解釋所謂教育政策竟然可以經常性的多套標準，而且這多套標準可能都有依據與原因。總之，教育政策的總目標竟是可以隨意添加、互相衝突也無所謂乃至明知衝突也礙於「法外因素」的難以克服而自動放棄且無人追究。

1960 年代至 1980 年代建築設計產業因戰後嬰兒潮的人口結構而導致過度景氣，然而此階段雖然尚未發生就業人口過剩的問題，但是整個大學體系（或稱高教體系）裡只有六所大學設有建築系，而大部分的建築從業人員主要均為專科體系所培育，然而這個階段建築設計產業的「專業認證」：建築師資格認定，卻鬧出諸多弊端，從地下建築師到借牌營業；從緊縮國家考試大門，放寬國家考試後門；從氾濫的換照（所謂土木博士只要在建築系兼課就可以以教學年資計而發給建築師證書）到考試院建築師專技人員放榜鬧場（抗議錄取率只有 1%），然而大學建築系與專科建築科還是招生滿班。這表示 1960 年代至 1980 年代的建築設計產業的產值極高，許多高中職的畢業生以擠入建築科系為第一志願，建築設計產

業的就業情形是求過於供。到了 1990 年代，因為臺中市空屋率高達 14%、所謂教育改革裡「讓想唸書的小孩都有書唸」、「專科改制技術學院」、「補貼當獎勵」竟然可以成為教育改革的目標之一，所以，建築設計產業的就業狀況在短短不到五年間就翻轉為「供過於求」。

然而教育政策裡難道對這種建築從業人員的「供過於求」毫無知覺與反應嗎？當然不是，只是這種反應其實只是一廂情願的政策前提設定：認為私立大學與私立技術學院可透過「市場機制」自然調整。所以 1990 年以後公立大學與科技大學除非「技術性偷渡」，否則建築系的設系提案只有一個答案：配合國家產業政策，不准。然而在「市場機制」下，在鼓勵專科「升」技術學院與獎勵私人興學的「自戴高帽」薰陶下，幾乎任何私立大學或私立專科「升」技術學院，只要粗爛的師資、校地、設備計畫下，設建築系通通都准。

所以私立大學或私立專科「升」技術學院的建築系或建築設計技術系裡，借人頭博士，非專業博士，無建築師執照的設計教師雖不能說是比比皆是，但所謂的大學評鑑與科技大學評鑑竟然也無視於問題的嚴重，照樣依教育部所定的標準，紙面作業加「深入訪查」一番，而私立學校作表面功夫的殷情完全顯露在「無法深入訪查」上，總之大學評鑑也財團法人化了，教育部委託財團法人來進行評鑑，所以教育部沒有任何責任，大學評鑑這種莫名其妙的財團法人總是依教育部的「標準」來進行評鑑，所以這個莫名其妙的財團法人也不會有任何責任，這個大學評鑑財團法人當然也會聽聽業界專業者的「聲音」，聘一些專業者來當評鑑委員，只是這業者者的認定當然有許多「自由心證」不足為外人道，而所謂教育專家評鑑委員、或自評所聘評鑑委員，通常也都是「深諳教職生態、決不會亂放砲」的好委員，既然按表操課，拿錢少了，評鑑結果只求皆大歡喜，又怎麼會有責任呢？所謂大學評鑑就在皆大歡喜聲中成為私立大學補助獎勵的重要依據，算來算去又哪一位個人，或哪一個單位有責任呢？

什麼？大學評鑑失真？沒關係，我們的教育界在國際大學評鑑排名落後的時，不都也有抗議評鑑標準不公，乃至自訂國際大學評鑑指標，重新評鑑然後「發現」我國大學排名突飛猛進的「人造阿 Q 事件」嗎？大學評鑑失不失真沒有人介意的，私立大學能不能依此評鑑而獲得教育部的補助才有人介意。我們的教育政策的執行就在一片歡樂聲中，圓滿成功。產學配合的問題怎麼處理？簡單，找幾個「樣版」，獎勵獎勵，當然又是一片歡樂聲。

所謂的教育改革運動，推動的成果竟然是建構式數學堅持了八年，竟然是尊師重道到了學生以開玩笑或報復的心態填寫教學滿意度評鑑，竟然是只有校友會倫理與家長會出錢倫理而沒有專業倫理與知識倫理，那麼這種教育改革運動顯然已經變質，而毫無「理念」可言。

所謂教育政策的落實，如果只造成大學教育評鑑越來越像 1970 年代的軍隊裝備檢查，乃至於 1970 年代的行政三聯制，那麼這種落實的怪行怪狀居然可以博得一團和氣與掌聲響起，那麼這才是真正教育改革的困境。因為教育政策推行的落實程度只造成政策目標的互相衝突與脫離現實，而以軍隊裝備檢查的心態來落實教育政策，通常只能養成軍閥式的敬業精神而不是正常國民的敬業精神，只能養成奸商式的私校辦學精神而不是正常商人講求「商道」的私校辦學精神。

所以，如果只就建築設計專業人才的養成來論建築教育政策的話，我們可以說建築教育政策的制訂未能面對建築專業人才分級上的供需失調問題；建築教育政策化為計畫時，未能顧及專業性的快速變遷；而建築教育政策在落實的工具選擇上具有「後滯性」與「自我感覺良好」的雙重障礙。

8-4，工藝、工業設計與建築裝飾工藝美學

如果我們認為政策分析並不只是計量經濟模型分析，認為政策制訂並不只是什麼行政三聯制的五零年代軍事資源管制政策的延伸，也不是六零年代所謂美國式的公司政策理論模型所能勝任，那麼，顯然我們應該換個角度來看待政策分析。

如果我們認為政治就是資源分配與權威分配，而這種資源分配與權威分配還不斷的接受「既得利益階級」的挑戰，不斷的接受外在環境變動的挑戰，那麼政策制訂顯然要精闢的透視各種數據，找出資源、利益、權利、權力的顯在分佈與幽暗分佈，才可能訂出明智理性的決策，乃至於明智理性的國家政策。國家政策制訂並不複雜，複雜的是政策制訂後的配套措施是否完善與完備，乃至於國家政策推動上阻力排除的代價是否承擔得起而已（註十）。

我們如果以脫殖民的觀點，以國家政策的觀點來進行戰後臺灣工藝發展與戰後工業設計發展，那麼錯綜複雜的分析論述，頓時都因「原鄉」與「學習樣版」的尋獲而清晰起來。

工藝產業與工業設計產業乃至於造形藝術產業，原本在人類任何文明史上都是同一種專業，甚至於在現代設計藝術運動風起雲湧的年代亦是如此，只不過在日據時期與戰後的臺灣，因為背負著極其特殊時代任務，背負著「國家」任務、背負著時間定格的意識形態，以致於，工藝產業、工業設計產業、造形藝術產業竟然各自為政的養出互不相容的「專業意識形態」。這一分為三的專業意識形態一直到 1987 年解嚴後才略有改觀。繪畫產業到底是什麼性質的產業，容下一節還有篇幅時再作分析，本節就先簡單描述戰後臺灣的藝術教育體制、工藝產業體制與

工業設計產業體制、建築裝飾工藝發展的變遷如下。

其一，戰後臺灣的藝術教育體制的僵固性與後滯性。

臺灣的藝術教育體制長期以來都只是日據時期藝術教育體制的延伸而已，就造形藝術這一領域更是如此，藝術教育如何能登大學教育的殿堂？只有透過師範教育這種及特殊的教育體制才登得了大學教育的殿堂。而師範教育主要的功能就是培養教師，而不是培養藝術家。如此這般的造形藝術教育定型定位長達四十九年，直到 1994 年國立臺灣藝術專科學校「升格」為國立臺灣藝術學院後才略有改觀。這長達四十九年的藝術教育定型定位到底有什麼重大的影響呢？

第一個影響就是藝術家當不成沒關係，當個美術教師也是頗為理想的職業，何況還可以博得良心事業的美名呢？

第二個影響就是造形藝術裡，只有繪畫才最純粹最聖潔，應用美術都是美術專業性不夠的學生才去混的，俗氣得很。所以求學心態上就鄙視「應用美術」，當然也更鄙視「設計產業」了，不是生產能力上的鄙視，而是純粹性與聖潔性上的鄙視。

第三個影響就是繪畫這們藝術就理論而言，西洋繪畫才具科學性與進步性，傳統繪畫就像廟裡面畫畫的匠師一樣，沒什麼學問也沒什麼進步性可言。然而，西洋繪畫到底是什麼「理論」，是什麼科學性，甚至於現代繪畫運動的派別與「內情」，大概只需停留在教授們所標榜的「印象派、色光派」就夠了。我們從 1945 年至 1970 年間國內一般報章雜誌，乃至專業雜誌上所發表的油畫、水彩畫的藝評之「不知所云」就可見一般。我們從長期以來所謂美術系畢業的學者們所寫的諸般「現代繪畫理論」，還不如學電機工程的畫家劉其偉所寫的「現代繪畫基本理論（1970）」、「現代繪畫理論（1975）」來得清晰易懂就可見一般了。或許除了「印象派、色光派」之外的現代西洋繪畫運動的其他發展，在當時的美術教師心裡都視為洪水猛獸，都視為「野獸派」吧。1973 年到 1987 年間，藝術教育的僵固性與後滯性則呈現在全力鞏固現代藝術與全面排斥後現代藝術上。當然 1987 年解嚴後又另當別論。

其二，戰後工藝產業的發動機在工藝所。

國立臺灣工藝研究發展中心是從日據時期「南投竹藝傳習所」的歷經改制而來，其發展的過程簡述如下（註十一）。

「南投縣工藝研究班」(1954 年～1972 年）－臺灣手工業立基之外發性需求導向階段。光復初期，政府面臨臺灣國際收支巨額逆差，技術欠缺、資本不足的產經環境，故採「以農業培養工業，以工業發展臺灣」為國家建設策略，以「技術上

比較容易，資金需要較少，而收效則較快」之勞力密集輕工業為發展重點。1954
年於焉成立「南投縣工藝研究班」為臺灣手工業立外發性需求之基礎，至 1959
年，將「南投縣工藝研究班」改制為「南投縣工藝研習所」。

「臺灣省手工業研究所」（1973 年～1998 年）－為臺灣手工業轉型之研究創造及
推廣產銷階段。經過光復初期政府有計畫的積極推廣輔導手工業，臺灣外銷工藝
市場日漸擴展，創造臺灣外銷工藝產業的鼎盛期。惟有感於國內手工業欠缺研究
改良、創新設計，而僅限於代工生產，以廉價勞力賺取微薄利潤的產業發展危機，
「南投縣工藝研習所」於民國六十二年改制為省屬的「臺灣省手工業研究所」，
擔負起協助業者加強研究發展、改進品質、增進外銷競爭力之任務。

　「國立臺灣工藝研究所」（1999 年～2009 年）－從文化創意視野為臺灣工藝產
業覓新機。民國七十年代中期開始，隨著臺灣產經環境發展，政府實施匯率自由
化政策，臺幣大幅升值，人工成本急劇升高，致使手工業產品出口成長趨緩，並
逐漸開始外移、產業規模急劇萎縮，過去曾為支持臺灣經濟發展重要生產力之外
銷工藝產業，在七十年代後期漸趨沒落。手工業研究所自民國八十年代起，旋即
調整其業務內容，如：辦理工藝設計競賽、生活用品評選展、原住民工藝展、文
化產業研討會…等，皆是從文化層次推動工藝產業之發展。至民國八十八年，更
名為「國立臺灣工藝研究所」，隸屬於行政院文化建設委員會，更確立以「文化」
為核心，定位臺灣工藝之價值與方向。

「國立臺灣工藝研究發展中心」（2010 年～迄今）
國立臺灣工藝研究所近年來以推動臺灣工藝現代化創意產業發展及工藝文化美
學推廣為重點工作，適值工藝產業朝向創意加值產業轉型之際，經各界協助努力
下，略見雛形。為因應臺灣工藝文化與產業發展，本所自 99 年 1 月 2 日起，改
制為「國立臺灣工藝研究發展中心」，簡稱工藝中心。今後以新的組織，有更多
嶄新的面貌與成長，並將持續為臺灣工藝文化與創意產業發展耕耘與努力，朝向
工藝新紀元時代邁進，期望各界持續給予本中心支持與鼓勵，讓臺灣工藝發展賡
續成長茁壯。

如果我們從國家產業政策的觀點來看的話，長期以來，工藝所的最大變化就是
1999 年的「手工藝研究所」改制為「工藝研究所」。而也只有從「手工藝」的專
注改設為「工藝產業」的專注才帶來工藝專業與產品設計專業結合的契機。而這
種本該結合的專業，至今卻仍有些許「各執設計專業區隔」的困擾。

其三，戰後工業設計的發動機在經合會與稍晚成立的外貿協會產品設計處。
1963 年美援會改組成行政院經濟合作委員會。其中工業發展小組建議在教育體
制上設立工業設計科系。同時在經合會時期，向聯合國教科文組織申請工業設計

專家延聘，乃至於選拔國內相關科系畢業生（機械）至德、英、美、日等國短期受訓。這是臺灣工業設計專業的點燃計畫，所以戰後臺灣工業設計產業的第一部發動機就在經合會，乃至後續的經發會、經設會與經建會。

1968 年「財團法人中國生產力及貿易中心」進行改組準備，1970 年「財團法人中華民國對外貿易發展協會」正式成立，1979 年外貿協會下設「產品設計處」，1990 年「產品設計處」擴編為「設計推廣中心」，2003 年「設計推廣中心」獨立並擴編為「財團法人臺灣創意設計中心」。所以，戰後臺灣工業設計產業的第二部發動機就在外貿協會，乃至外貿協會與經濟部共同出資成立的「創意設計中心」。

1988 年經濟部工業局提出五年期的「全面提升工業設計能力計畫」則不太能夠視為臺灣工業設計產業的發動機，大概只能說是「錦上添花」的獎品而已。

如果我們從國家產業政策的觀點來看的話，長期以來工業設計產業與其說是政出多門，不如說是「左右逢源」，但是這種「左右逢源」說不定也背負了頗為複雜不清的專業意識形態，乃至複雜不清的各色「原鄉」，造成不少無謂的庸人自擾。

其四，建築裝飾工藝再發展的契機在嚴謹的古蹟維修

臺灣的傳統建築工藝乃至於一般傳統工藝發展在日據時期的文官總督期，大致已達到醇熟的境界，只可惜 1937 年之後這一切幾乎都停止、困頓乃至倒退。雖然光復後臺灣一切重頭來，但世界局勢與氛圍裡，臺灣似乎只被編派了軍事戰備與經濟發展的優先重頭來而已。臺灣的古蹟維修還是在 1967 年的中華文化復興運動及經合會工業發展小組「無煙囪工業（觀光產業）」觀點的建議下才逐步展開的。無煙囪工業就是觀光產業，首先被提上政策剛領的就是以中華傳統特色為名的故宮寶物與觀光景點的開發，再次被提上議程的則是都市市容與古蹟。然而此刻離臺北最近的古蹟板橋林家花園，卻仍然是遊民霸居，殘破不堪。如何在這種情境下能夠維修古蹟，開放觀光呢？

同樣的經由經合會聘請聯合國專家所建議設立的臺灣大學建築與城鄉研究所（當時為土木工程研究所交通工程乙組）就於 1973 年接受觀光局的委託規劃研究而與板橋林家花園的規劃、維修、觀光結下不解之緣。

簡單的說，臺灣的古蹟維修、都市規劃乃至於觀光產業，在冷戰時期是被編派於經濟發展的一環而提上議程。並因 1967 年的中華文化復興運動而加速國家直接介入私有財產的古蹟維修。進而帶動傳統建築產業，並帶來傳統建築裝飾工藝產業再發展的契機。

我們如果將藝術教育也視為產業的話,進一步以 1967 年的中華文化復興運動,1987 年的中華民國在臺灣解嚴為分界,試探各產業原鄉的變化與替換則更能清晰理解工藝產業、工業設計產業、建築裝飾工藝產業在臺灣發展的脈絡,乃至於更清楚發展動向的緣由。

1945 年至 1967 年間藝術教育產業的原鄉為現代化原鄉(美國原鄉)與中國原鄉,但藝術教育的市場主要在於培養美術教師而不是藝術家,由於原鄉的改變,所以美術系逐漸展開國畫組與西畫組的系中分組狀況,東洋畫的教學當然消失改以國畫教學取代,而這種轉換或取代並無任何技術或主題上的困難,只是藝術教育產業的產品在推向市場時,要嚴格的品質「管制」而已。工藝產業的原鄉為市場導向的原鄉。由於這階段延續了戰前中日貿易管道,並新增了中美貿易管道,同時也興起第一次的入口替代,所以,工藝產業的原鄉為現代化原鄉(美國原鄉)、臺灣原鄉、中國原鄉與日本原鄉。由於原鄉只有增添沒有「更改」,所以工藝產業的產值逐日上升,令人眉開眼笑。產品設計產業的原鄉則更凸顯其市場導向的份量,而戰後至美援會改組之前,駐臺美軍乃至在臺美國人的逐日增加,加上工業設計產業原本就是在經合會工業發展小組中定位為加工外銷輔助產業,而早期的聯合國專家也以美、日兩國為主,所以,工業設計的原鄉基本上就只有現代化原鄉,只不過這個現代化原鄉是戰後的美國加上戰後的日本而已。然而也由於起步甚晚,1963 年至 1967 年也只有三年而已,所以對現代化原鄉的認識也只停留在機械生產、大量生產等粗淺的 OEM 模式(代工生產模式)而已。

1967 年至 1987 年間,這三個產業大致只有增加原鄉而已,藝術教育的原鄉增添了歐洲原鄉與臺灣原鄉,但仍然以現代化原鄉為最大的動力來源。工藝產業的原鄉也增添了原住民原鄉,但頗為可惜的卻劃地自限於「手工業」的藝術性上。產品設計的原鄉則增添了極特殊的「包浩斯設計教育原鄉」而不是「烏姆設計教育原鄉」,1980 年之後雖有「北歐設計教育原鄉」的引介,但是市場導向的爭議性,這最新最後的原鄉還不如「米蘭原鄉」來得更具吸引力。

1987 年迄今新添的原鄉則更為多樣也更為複雜,三種產業間共同的取向卻是「以現代化信條抗拒後現代情境的來臨」,這這種莫名其妙的「戒嚴」其解嚴時段也各有不同,藝術教育產業最早解嚴,工業設計產業次之約在 1990 年代中期就接受了後現代浪潮,工藝產業則到了 1999 年「臺灣省手工業研究所」擴編改制為「國立臺灣工藝研究所」後才逐漸解除其唯現代主義的思維模式。

古蹟維修為什麼就不分析其原鄉呢?道理很簡單,建築界的共識就是「原樣原料」進行古蹟維修,古蹟維修也因此躲開了紛雜的原鄉之爭,更躲開了臺灣建築發展的崎嶇路與畸形路。在案例上的分析就只以工藝產業的產品、工業設計的產品與建築裝飾工藝的現況,擇其精簡分析如後。

圖 8-11：1960 年代產品設計

圖 8-12：1960 年代工藝設計

圖 8-13：1970 年代產品設計

圖 8-14：1970 年代美式家具設計

圖 8-15：1980 年代產品設計

圖 8-16：1990 年代工藝設計（漆屏）

| 圖 8-17：2010 產品設計 IF 獎 | 圖 8-18：2006 工藝設計故宮加持，琺藍瓷 |

| 圖 8-19：古蹟維修帶動鑿花工藝一 | 圖 8-20：古蹟維修帶動鑿花工藝二 |

| 圖 8-21：傳統宮廟帶動觀光：紫南宮 | 圖 8-22：尪仔陶帶動劍獅紀念品 |

圖 8-11 為 1960 年代產品設計，大同電扇；圖 8-12 為 1960 年代工藝設計，竹編；圖 8-13 為 1970 年代產品設計，大同電鍋；圖 8-14 為 1970 年代工藝設計，外銷的美式家具；圖 8-15 為 1980 年代產品設計，咖啡壺；圖 8-16 為 1990 年代工藝獎作品，漆屏擺飾；圖 8-17 為 2010 年產品設計，德國 IF 獎之折疊腳踏車；圖 8-18 為 2006 工藝設計，以故宮文物授權加工之高價位瓷器組；圖 8-19 為霧峰林家花園維修工程中之鑿花施工情景；圖 8-20 為南投明新書院維修工程中之鑿花施工情景；圖 8-21 為竹山社寮紫南宮於社區總體營造後待來的觀光人潮（註十二）；圖 8-22 為低溫陶燒劍獅飾品，筆者認為是建築裝飾工藝尪仔陶的商品化結果。

在上述的案例裡可以看到工藝產業與工業設計產業已有合流的趨勢，而在 2000 年之後不管是工業設計或是工藝設計均已明顯的走上敘事設計的潮流，也就是說所有的設計作品都要有表情，要會說故事，如此作品的審美韻味自然會豐富起來。而圖 8-19 至 8-22 的案例則在說明古蹟維修業，不但可帶動地方的集體記憶，帶動建築裝飾工藝產業，也可帶來觀光消費，只要景色精緻，吻合消費者的品味，加上敘事性的增添，就可以成為休閒觀光的景點。

就上述的案例為依據，提出以下幾點敘事設計策略及審美品味的觀察。

其一，建築裝飾工藝產業、工藝產業、產品設計產業三者合流。
就產業案例來看，建築裝飾工藝、一般工藝、產品設計，不但設計知識上共享著相同的文化資源，在實物生產過程中也往往互通技術與材料，所以不必因學習過程的取向不同、信條不同乃至原鄉不同而以狹隘的專業意識形態排擠跨行產業或鄰近設計產業。

其二，敘事設計與文化符碼分析是爾後設計產業總趨勢。
就審美品味而言，上述的例子可以發現辨識消費者的原鄉成分是說服消費者的重要途徑，而不是同行間以權力原鄉的差異來進行所謂的批判。設計產業是標準的服務業，只有市場至上，消費者至上。設計作品能說故事，能說消費者想聽的，聽得懂的故事乃是設計審美的重要策略，也是今後設計產業的總趨勢。

其三，原鄉辨識功能在於尋找敘事題材，而不是搞民粹。
設計產業是一種服務業，旨在洞察市場與消費者的文化習性。設計產業不是說教的行業，更不是什麼「教育社會大眾、教育業主」的產業。所以，原鄉的辨識其目的在解析市場的消費者生活習性與認同取向，以便更貼切的運用消費者能接受的故事與造形文化符碼，進而設計作品。能幹的設計師以作品說服業主說服消費者，而不是對業主或消費者說教，更不是以想像式的民族主義進行政治動員。

8-5，繪畫美學與視覺傳達設計美學

我們在前節裡所提出的「戰後臺灣的藝術教育體制的僵固性與後滯性」其主因在於全盤接收「日本殖民臺灣時的師範美術科或美術師範科」教育體制對「現代性」的有限詮釋所致。而其後滯的牢固性卻又透過冷戰時期的「國際局勢」所強化。本節以脫殖民的觀點，以法國史學家福柯所提的癥候式閱讀或歷史考古學研究方法論，以戒嚴與解嚴在國家權力結構組成的差異等觀點，先解讀六件「權力與設計美學」的重要事件，進而再據以解析所選的設計美學案例。

中華民國在 1911 年武昌起義革命後成立臨時政府，然而 1911 年至 1917 年之間卻是個軍閥割據與混戰的年代。1917 年孫文在廣州成立中華民國軍政府，直到 1928 年軍政府掃除各軍閥政權後，依孫文的建國大綱而言這一階段為軍政時期，1946 年制憲國民大會通過中華民國憲法，1947 年公佈施行，所以，1928 年至 1947 年這一階段則為訓政時期，1947 年之後則為憲政時期。理論上軍政時期主權在軍（國民革命軍），訓政時期主權在黨（國民黨），憲政時期主權在民。然而事實上中華民國只有在 1928 年至 1937 年的不到十年間才比較有效行使國家權力，少有全面戰爭，歷史上稱為國民政府（訓政時期）的黃金十年，其他的時段裡幾乎都是內戰、局部混戰、全面對日抗戰。雖然中華民國在 1947 年開始實施憲政，然而此刻也正是國共內戰最激烈的年代，1949 年中華人民共和國成立，同年中華民國政府由四川省成都市遷往臺灣省臺北市，同時臺灣省政府主席兼臺灣警備總司令陳誠頒佈臺灣省戒嚴令，中華民國中央政府並繼續統治臺灣本島及澎湖、部分福建離島、東沙群島、太平島等至今。至此，中國歷史上於海峽兩岸分治的政治格局正式形成。1987 年中華民國正式宣佈解除臺灣省戒嚴令。

所以，中華民國從 1911 年迄今國家權力結構組成實況是十分複雜的，既移動於中華民國的理想與現實之間，也移動於列強的理想與現實之間，更移動於中國內戰到兩岸分立分治的理想與現實之間。如果以中華民國的理想面而言，軍政時期就是軍人專政，而這軍人還一定得是具中華民國革命軍人身份與國民黨黨員身份才行。訓政時期一黨專政，也是國民黨專政，或是說執政者一定要具備國民黨黨員身份才行。憲政時期主權在民，也是中華民國國民專政，或是說執政者一定要具備中華民國國民身份，並達一定年齡者才行。不過，理想面終究要與現實面妥協，而人性終究抵抗不了權力的誘惑，所以在訓政時期也就排除不了軍政時期的「惡習」，憲政時期也難以清除訓政時期的「惡習」，中華民國在臺灣就從 1947 年開始喊口號，喊蔣總統萬歲喊到 1975 年為止。喊政躬康泰喊到 1987 年。愛喊不喊總統好隨意到現在。

權力結構組成實況通常是指國家的當政者與重要官員由具有哪一種潛在身份者

擔任，而不是指國家的當政者與重要官員由具有哪一種顯在身份者擔任。如果以顯在身份而言，中華民國在 1947 年就是還政於民的政府組織與民主政體的權力結構，也沒什麼好分析的。

但是為什麼在 1970 年代還有諸多軍職外調充任高官事件，以及在 1995 年修訂後備軍人轉任公職考試比敘條例增定第五條之一「後備軍人依法取得公務人員任用資格者，與其他候用人員資格相等時，優先任用」的國家政策決定（法制化）呢？

所以，權力結構組成實況分析只有透過當政者與重要官員的「潛在身份」的細緻辨識，才可能更真實的呈現權力結構的真實樣貌。只是一般而言民粹主義薰陶下對「潛在身份」只有粗糙辨識乃至於栽贓式辨識，才更容易製造奪權的口號，所以革命或選舉時總會出現同志與敵人的辨識；臺灣人與外省人的辨識；資產階級與無產階級的辨識，可惜的是這些辨識通常是粗糙辨識乃至於栽贓式辨識，或是先有結果後有辨識的倒因為果推論過程而已。

然而，「潛在身份」的細緻辨識目的只在於發現逼近於真實的權力結構組成實況，乃至排出「潛在身份」的權力位階，所以在細緻辨識後仍然要分類化約成通則，才足以精簡描述出這個逼近於真實的權力結構組成實況，這看起來又有點像階級分析一般，其實不然，因為「潛在身份」之所以稱為「潛在」就在於「潛在」的易於變動，與「潛在身份辨識」是由權力高位者對權力低位者的「自由心證」，而不是權力低位者對權力高位者的「自由心證」或認定。

在 1947 年臺灣省戒嚴另發佈時，中華民國在臺灣的權力結構就是軍人第一，國民黨黨員第二、警檢調特務人員第三、公務員與民意代表第四，這樣的權力結構組成實況，我們簡稱為「軍、黨、特、政」權力結構。而筆者認為從 1945 年迄今，我們如果以「軍、黨、特、政」轉換到「黨、政、軍、特」再轉換到「政、黨、軍、特」然後在 1987 年解嚴後再轉換成「黨、政、特」的諸般權力結構變換。以這樣的權力結構變換樣貌才足以襯托出權力走過的痕跡，才足以解釋諸多事件演變的因果關係，進而解開事件表面的迷霧，理清事件發展的脈絡。而本節所提出的六件「權力與設計美學」的重要事件解讀如後。

第一件事：五月畫會（1957）與東方畫會（1957 年成立）。
五月畫會在維基百科中的介紹為：「五月畫會是臺灣畫家劉國松在 1957 年與臺灣師範大學美術系校友一同組成的畫家協會，也是臺灣藝術史上重要的畫會之一。影響了臺灣藝術從古典的靜物保守風格轉為現代藝術風格。畫會之所以取名為「五月」，據知是得自巴黎「五月沙龍」的靈感。五月畫會的創辦人有劉國松、郭豫倫、郭東榮、李芳枝等人，1957 年 5 月之後加入顧福生、黃顯輝、莊喆、李元亨、謝里法、韓湘寧、胡奇中、鴻鍾睿、陳景容、鄭瓊娟、廖繼香、孫多慈、

楊英風、陳庭詩等畫家,並開始固定在每年五月舉辦畫展(第一次展出是在臺北市中山堂)。在 1960 年代,五月畫會以大膽的畫風、主張自由的繪畫題材、概念、繪畫方式等成為臺灣現代繪畫的前衛團體,當時僅有另一個組織「東方畫會」能與之比擬。1960 年代後,五月畫會的成員大多出國留學、旅居海外,原先團體展出的方式逐漸變為成員的個展。1974 年後,五月畫會活動漸少。1991 年,五月畫會開始重新組織臺灣各大學美術系畢業生等舉辦畫展。」

東方畫會精簡的介紹如後:「李仲生在臺北安東街畫室的學生們,從李仲生方面逐漸熟知歐美、日本畫壇現代繪畫發展興盛的實況,而對國內畫壇的保守產生強烈的不滿。所以要將他們認為是現代的、進步的繪畫風格介紹給廣大社會的群眾,最好的方式便是開畫展。到了 1956 年 9 月,由霍剛、蕭勤、李元佳、歐陽文苑、夏陽、吳昊、蕭明賢、陳道明等八人成立了『東方畫會』。東方畫會的藝術主張:1.強調創新的可貴:認為要不斷吸收新觀念,才能發展創造。2.強調現代藝術是從民族性出發的一種世界性藝術形式。3.強調中國傳統藝術觀在現代藝術中的價值。4.主張『大眾藝術化』,反對『藝術大眾化』」(註十三)。

第二件事:現代藝術論戰(1961--1962)。

徐復觀在 1961 年 8/14 在香港華僑日報發表「現代藝術的歸趨」一文,指出現代藝術的反理性與破壞性摧毀了自然主義與感性,最後將為共產黨開路。劉國松在 1961 年 8/29-8/30 在聯合報發表「為什麼把現代藝術劃給敵人:向徐復觀先生請教」一文。其後余光中,虞君質為文支持現代藝術,徐復觀對此論戰沒甚麼興趣,倒是不少「閒人」為文支持徐復觀當時的觀點,而 1962 年五月畫會在國立歷史博物館展出。這一波臺灣現代藝術論戰也就不了了之。

第三件事:臺大哲學系事件(1972)。

臺大哲學系事件導火線,1972 年 4 月 4 日至 4 月 9 日中央日報副刊以孤影之名所發表的「一個小市民的心聲」及同年 12 月臺大哲學系副教授陳鼓應與哲學所研究生馮滬祥哲學系學生錢永祥在大學論壇社所舉辦的「民族主義座談會」上針對「一個小市民的心聲」一文的論調的激烈辯論上,陳鼓應發言「駁斥」「一個小市民的心聲」一文的論調。

臺大哲學系事件經過:1972 年 12 月到 1975 年 6 月之間,由國民黨特工系統以「反共」之名,對國立臺灣大學哲學系內自由派學者進行整肅的一連串行動,並導致臺大哲學系教職員包括趙天儀、陳鼓應、王曉波、陽斐華、胡基峻、李日章、陳明玉、梁振生、黃天成、郭實瑜、鍾友聯、黃慶明及美國籍客座教授 Robert Martin 遭解聘,臺大哲學研究所更破天荒停止招生一年。從許多跡象顯示,此事件是由國民黨特工系統主導,孫智桑、馮滬祥都與當時由總政治作戰部主任王昇領導的秘密組織「心廬」有密切關係。(馮生為其中一員,孫氏則無。但孫氏與心廬互動且密切。)在整個事件中,有八名教師受到不續聘處分;國民黨當權者欲以此

事件來打擊臺大長久以來的學術自由傳統的企圖，甚為明顯。

臺大哲學系事件的影響：哲學系師資產生斷層教學與思想品質嚴重下滑，臺大學術思想趨於保守內縮，學生自救運動衰退。

臺大哲學系事件的平反：獲得平反 1990 年代臺灣解嚴之後，要求重新調查臺大哲學系事件的呼聲再起；1993 年，臺灣大學組成專案調查小組，對臺大哲學系事件進行調查。但是警備總部等單位都認為調查小組非司法單位，拒絕配合提供資料。1995 年，臺大委請監察院進行調查。1997 年，臺大哲學系事件獲得平反，陳鼓應與王曉波復職重回臺大授課，其他受難人也多獲得賠償或回到臺大哲學系任教。（註十四）

第四件事：草屯手工藝陳列館的總設計師與建築師（1973--1977）。

維基百科介紹手工藝陳列館的陳述指出：「工藝設計館工藝設計館是由國際知名雕塑家楊英風在 1977 年規劃設計，工藝研究發展中心進行補強，2011 年 5 月（再度整修補強）完成啟用」。

文化部國家文化資料庫介紹手工藝陳列館的陳述指出：「1974 年臺灣省建設廳正式開始推動〝臺灣省手工業研究所〞之建設，並委託楊英風擔任該研究所新建工程之總設計師。楊英風在此案中另邀彭蔭宣先生擔任建築設計顧問，（彭氏曾是旅美名建築師貝聿銘先生事務所之青年建築師與得力助手）及聘請此間中國興業建築師事務所程儀賢先生擔任建築師。此圖即為楊英風與中國興業建築事務所合作的區域規劃配置圖。」

國立臺灣工藝研究發展中心網站介紹工藝館的陳述指出：「工藝設計館融合了傳統工藝與現代設計且提供了媒合兩者的空間，在地位或功能上，都可以說是代表臺灣發展當代工藝的重要指標，除了陳列其中的展品都大有來頭之外，工藝設計館的建築體本身，為知名雕塑藝術家楊英風教授所規劃設計，也是一極具代表性的作品。工藝設計館以簡樸、大方之姿，毫不矯揉造作地呈現 RC 結構的乾淨、俐落。楊英風教授設計的這棟工藝設計館，秉持著在地文化的精神，來與地方融成一體，就是謙卑精神的最佳體現。」

簡單的說，在 1974 年前後省政府建設廳一邊「管理」建築師，一邊卻認為所謂出名的藝術家就是建築師。而這也不是省政府的個別現象，而是當時學界、政界、的一般性看法，就連爾後藝術家能否充當建築競圖的評審，也都還有許多堂而皇之的說法，何況這還是藝術教育界的共識呢？

第五件事：臺灣鄉土文學論戰（1977-1978）。

臺灣鄉土文學論戰在維基百科的簡介如下：『臺灣鄉土文學論戰(1977 年至 1978 年)，是一場從 1970 年代初期開始，關於臺灣文學之寫作方向和路線的探討，特別是在 1977 年 4 月至 1978 年 1 月之間，關於這個議題的討論，更是達到了前所未有的高潮，一般稱之為「鄉土文學論戰」。表面上，這是一場關於文學之本質應否反映臺灣現實社會的文壇論爭，但是在實質上，這場論戰卻是「臺灣戰後歷

史中一次政治、經濟、社會、文學的總檢驗」。對於論戰的解讀事實上，和「鄉土文學論戰」相關的論述極為複雜，表面上雖然是以「現代主義 vs. 鄉土文學」的形式展開，但是，在這裡面流竄的相關論述非常多，至少包括了「右翼中國國族主義」、「左翼中國國族主義」、「現代化論」、「臺灣本土論」等相互競爭的看法。後來的論戰形式主要是以「右翼中國國族主義 + 現代化論 vs. 左翼中國國族主義 + 臺灣本土論」的結盟方式展開，或者用楊照(1991，134)的話來看，真正的論戰兩造是「官方意識型態 vs. 反官方意識型態」。在這種情形下，反官方意識型態的陣營這邊(主要以陳映真、王拓、尉天驄、高準等人為代表)，其實在立場上並不是統整一致的，其中最重要的差異，莫過中國立場和臺灣立場的歧異。也就是說，在鄉土文學論戰中，「本土這個認知仍然隱約之間側身於中國符號之下，尚未正式浮顯為一種抗爭場域」(陳明成 2002，121)。造成這種現象的最基本原因，當然是當時政治環境的影響。受限於當時國民黨對中國民族主義之雷厲風行的宣傳，知識份子早就習慣在言論上進行自我檢查，因此，比較強調「臺灣主體性」的言論，並不敢正式浮上檯面。一直要到 1980 年代，由於黨外運動在政治場域上對民主自由的爭取，鄉土文學作家中這種中國立場和臺灣立場的衝突，才正式爆發出來，而演變成從 1983 年開始的「臺灣意識論戰」』。

第六件事：臺灣意識論戰（1983-1984）。

臺灣意識論戰在維基百科的簡介如下：「臺灣意識論戰是 1983 年至 1984 年間主張臺灣意識及臺灣獨立的臺灣知識分子及政治運動人士通過黨外雜誌進行的一場思想論戰，主題在於臺灣人應抱持怎樣的國族認同。由於臺灣當時仍處於威權統治時期，長期的中國觀念與政治神話也根深蒂固，贊成臺灣意識的一方不敢或不能直接舉起「臺灣意識」或「國族認同」的旗幟，所以論戰是以所謂「臺灣結」對「中國結」的形式展開，因此該論戰又被稱為「臺灣結與中國結論戰」。這場論戰使文學運動與政治運動更緊密結合，臺灣意識成為公開話題，打開了國族認同的思想與言論禁區，並為日後臺灣獨立的理論論述及運動開展創造了空間」。

這六件事表面看起來好像不連貫，甚至於不相干。但是如果我們以權力主流人口的概念來解讀的話，順著事件的時序下來，第一件事至第四件事可以解讀為「軍、黨、政、特」的權力結構轉換到「黨、政、軍、特」的權力結構。在政治學的術語上稱為「軍人從政」（註十五）與「威權統治」，威權統治之下「知識」是沒什麼用處的，所以「教」不在其位。教育界在威權體制與戒嚴體制裡通常只是當政者的傳聲筒而已。

以下則從事件一至事件四的連續性，來解讀極其獨特的師範美術教育產業。並試圖論證這種極其獨特的泛師範美術教育產業精神，有效的延伸了藝術發展的僵固性與後滯性，以及在臺灣現代藝術論戰裡堅韌的「戰鬥性」。

我們看看 1945 年至 1962 年間的「美術教育產業」的重要從業人員（美術老師或畢業後的美術老師）的從業狀態。

李仲生，除了在彰化女中任教外，幾乎從不在報章雜誌寫藝評或寫論戰性文章；歐豪年，除了晚年升上教授時在中國時報副刊發表一篇「吐苦水之文」外，幾乎從不在報章雜誌寫藝評或寫論戰性文章；日據時期頗富盛名的李石樵、陳進、郭雪湖、潘春源、蔡草如亦復如此，甚至 1980 年代崛起的水彩畫家劉其偉，除了寫書以外，也是從不在報章雜誌寫藝評或寫論戰性文章。相對的，師範體系美術系的畢業生，特別是東方畫會與五月畫會的成員，卻幾乎泰半都是自視為「藝術理論大師兼藝術實踐大師」。

另一方面，我們再檢視一下所謂臺灣現代藝術論戰的內容與焦點及其影響，說實在，「當時看了言之成理，現在看來知識淺薄」，這雖然是馬後砲式的智慧，但只能印證臺灣當時也無所謂「真理愈辯愈明」的環境。論辯的雙方在意的並不是什麼現代藝術運動的真相，論辯的內容，只是已有答案的推理過程，甚至於是搪塞的過程，而已有的答案竟是「現代藝術到底是三民主義還是共產主義」這種無聊的假議題而已。

筆者不認為當時的劉國松有什麼「非戰鬥性理論」，也不認為當時的徐復觀對現代藝術有什麼認識可言，但最少在「歷史資料」可以輕易查到劉國松在 1954 年就發表過「日本畫不是國畫」一文評擊全省美展國畫部的評選。而徐復觀是『早年曾就讀於湖北省立第一師範學校、湖北國學館，在此奠定其國學基礎。後東渡日本，相繼就學於明治大學和陸軍士官學校。抗戰期間頗受蔣中正賞識，並亦曾以國軍少將軍銜、軍令部聯絡參謀的名義駐延安，歷時半年，與中共最高領導層有所過從。來到臺灣後，棄武從文，精研儒學』的新儒學代表人物之一（註十六）。這樣的找證據，絲毫沒有詆毀爾後劉國松在繪畫上的成就或徐復觀爾後在學術上的成就的意思，只不過在推理論證「當時的美術教育產業」真實環境與從業人員的從業狀況而已。

我們再陪襯一段「軍、黨、政、特」的權力結構轉換到「黨、政、軍、特」的權力結構時的社會風氣或「政教」風氣。在「軍、黨、政、特」的年代，軍人是愛國的從政者，而在「黨、政、軍、特」的年代則「軍職外調」成為文明制度化的表徵。「官大學問大」則為任何形式任何政黨的「革命實踐研究院或實踐革命研究院」潛在信條。

如果說二二八事件落幕後的「清鄉」是白色恐怖的話，臺大哲學系事件就是臺灣軍特系統所發動的「文化大革命」，而其對臺灣政治的摧殘絕不下於中共的文化大革命，只差沒有人頭落地而已。諷刺的是 1967 年中華民國在臺灣的中華文化

復興運動，還是在「漢賊不兩立」的 1966 年中共文化大革命之後才提出的，怎麼知道所謂的「批孔揚秦」場域與「新儒學復甦」的場域竟是如此的雷同。更諷刺的是，兩者都將「槍桿子」隱身起來，中共政權經過十年就展開平反與毛澤東三七開的反省，而中華民國在臺灣則經過二十五年（1997 年）臺大哲學系事件才獲得平反，卻也沒有什麼反省可言。

1971 年 4 月 14 日，「臺灣大學 150 名學生在中華民國國旗的前引下，遊行前往日本大使館。大使參事武藤出面接受抗議書。遊行隊伍然後轉至外交部，羅列在門前齊唱領袖萬歲歌，並高呼口號：釣魚臺是我們的領土！」（註十七）。對照著即將發生的臺大哲學系遭受到軍特系統的清算整肅，真是情何以堪。如果覺得 1971 年到 1972 年的反差太大，一個反差不大，但是更為掩飾殘酷於溫柔面孔之下的劉少康辦公室（1979—1983）持續著軍特系統對臺灣大中小學，乃至社會的「如沐春風」的教化工作。

簡單的說，1945 年到 1983 年為止，向來都是「軍、黨、特、政」轉換到「黨、政、軍、特」再轉換到「政、黨、軍、特」的權力主流人口的概念，而不是「閩南、外省、客家、原住民」數量主流人口的概念。而 1972 年 1983 年只是權力主流人口概念中的亂流，所謂政工特定階級竄到權力主流人口之首，緊緊抱著領袖，抱到或得權力而企圖止於權力的至善而已。

豈知，權力竟是醜陋無比，在外人看來，而大部分的「閩南人、外省人、客家人、原住民」都是外人，直到解嚴為止。臺大哲學系事件顯示了一介武夫都可鬥倒臺灣大學哲學系所，那麼這位自命為最具政治作戰知識與權位的軍人劉少康，在口音、腔調都緊跟領袖之後，找個幫閒文人寫寫蔣中正哲學體系之類的書籍並非難事。只是堅信將中正哲學體系是中華文化復興運動的重要成果，那就不只是無知無恥所能形容，而是污辱了中華文化而與「批孔揚秦」無異，充滿肅殺之氣於無形。

為什麼當初熱血澎湃的「現代藝術論戰」現在細讀起來竟是如此的知識貧瘠，為什麼當初諸多畫會只有五月畫會與東方畫會最受到矚目，原因無他，只有五月畫會與東方畫會出現了不少「敢講話」的鬥士，而這種「敢講話」只不過是能夠細微分辨「軍、黨、特、政」權力結構的禁忌，乃至細微分辨美、中、「匪」的矛盾也有不同層次的禁忌而已。如今看來這些話依然是「知識貧瘠而戰鬥力十足」。

為什麼當初有那麼多的優秀畫家，如：李仲生、李石樵、陳進、郭雪湖、潘春源、蔡草如、劉其偉、歐豪年，從來都不加入任何的論戰，因為他們對權力體系的善變與無常有深刻的體會，對「禁忌層次」的細微分辨沒有把握，也不屑把握而已。他們對緊跟在「軍、黨、特、政」權力結構後頭的公立學校教職人員，特別是「系

主任」與「校長」，不是不屑，只是不熟，而且不論進入「師範式的藝術教育生產體系」多久，共事多久，一直都不熟而已。

這裡將「美術教育生產體系」寫成「藝術教育生產體系」並非筆誤，而是師範式「美術教育生產體系」高度涉入戰後權力再結構過程的結果。更精確的說應該是「繪畫教育」在這種過程中自我膨脹為「美術教育」並進一步膨脹為「藝術教育」，不但只論現代繪畫就可以高舉現代藝術之名，更養成美術家就是無所不能的藝術家。所謂的「fine art」的「fine」在此無限擴張，乃至扭曲變形為「至高所以無所不能」，這其實只是「官大學問大」的精神再現而已。

有沒有什麼證據？師範教育體系的工業教育系所，認為有責任也有能力培育建築師、室內設計師、電機技師，乃至所有的工業技師，這就是「官大學問大」的精神再現。雕塑家楊英風可以被聘為總設計師、建築師，乃至諸多毫無工程常識，更別說建築工程常識的藝術家常被聘為公共建築的評審，甚至以藝術的角度要求設計的品質。當然這些藝術家評審比起人二系統，檢調系統的評審身段來得優雅一些，但是「官大學問大」的精神再現卻是如出一轍，最少在 1983 年之前絕大多數都是如此。

藝術教育如果背負了過重且扭曲的國家任務時，往往只有「反淘汰」的功能。然而，校園裡的好鬥成員卻常常在校園裡站上權力的主流。這種現象難道只是師範教育體系的獨特現象嗎？非也。中國時報 1998 年的新聞稿「名畫家歐豪年，黑牌教授？」就是權力主流對專業的傲慢表現的另一情狀。

『國畫大師歐豪年被文化大學聘為藝術學院教授，但教育部評鑑該院系所的師資時，歐豪年竟然是被評比為「零分」的「黑牌老師」？文大董事長張鏡湖昨天氣憤地表示，教育部的評鑑不公平，藝術類和傳播類系所的博士本來就不多，教育部量化的評鑑結果打擊該校發展。教育部高教司副司長陳德華則指出，以往專上教師的評比確實強調「學術性」，根據教師的學歷、著作進行審查，但八十年起已調整使部分領域可以作品送審升等，大學也可聘任專技人員教學。他指出，就他所知，歐豪年被文大以「專技人員」身分聘為教授，在評鑑項目中評比不可能不予列計』（註十八）。

中華民國在臺灣的教育體制不但延續了日本殖民臺灣時所帶來的特殊美術教育師範科的體制（註十九），這「保守性格」的教育制度卻不斷的擴大以「後滯性、僵固性」為榮的傳統。在 1968 年教育部成立「專科職業教育司」到 1973 年改組為「技術及職業教育司」（簡稱技職司）為止，這從德國取經回來的機械工程短期修業模式，竟然能夠不斷的開花結果更上一層，這種「刻舟求劍」（刻 1973 年之舟，求 1998 年之劍或 2010 年之劍）結果，在 1968 年至 1980 年為止當然對

國家經濟發展有絕大的貢獻，但是 1980 年代以後呢，或許是絕大的障礙。

世界改變了，全球經貿體系改變了。如果以「中性」的經濟發展理論來看，臺灣大約在 1945 年至 1960 年間完成了第一次的「入口替代及出口擴張」，大約在 1960 年至 1975 年間完成了第二次的「入口替代及出口擴張」，在完成第一次「入口替代與出口擴張」時的價格體系就早已不是日本殖民體制下的經濟模式所能解釋，最多只能稱為中華民國在臺灣的戒嚴體制經濟體，一種經過土地改革後初次釋放自耕農高度生產力，卻又能技巧的將這種「生產力過剩」化成以「肥料」帶動農業，以「換穀」帶動工業的絕妙機制，而使得美中、日中（在 1977 年之前中華民國簡稱為中，1977 年後中華民國在臺灣簡稱為臺）的經貿管道更為順暢。

然而，我們更應該說，到了第二次「入口替代及出口擴張」後貿易的項目貨品早就悄悄的替換了。中華民國在臺灣早就不能以「後殖民觀點」來思考「生存戰略」，而要用「脫殖民觀點」來思考「發展戰略」了，更不用說在後現代浪潮叩門、衝擊、靜悄悄完成「佔領」的 1990 年代。

新科技的推陳出新更加快速了，在「知識爆炸」的 1990 年後，技職教育體系就逐漸變成一種怪物，一種不食人間煙火的怪物，濫用教育資源不說，還帶者他的遠房表親「中華民國勞委會職業訓練局」一起濫用國家資源。請問 1990 年之後的高職教育成功嗎？特別是工科的高職生不想上「技術課，實驗課」，下課就往補習班跑，準備一些毫無「實踐道理」的學科補習，這是高職教育成功之道嗎？請問 1990 年之後的所有職訓中心所開的免費課程有幾成是滿班，乃至職訓局所主辦的技能檢定的證照在業界有幾成是公認有用的？

很可惜的這兩位難兄難弟毫無「知識有限公司生產」的警覺性，還不斷以「德國補習教育＋日本短大教育體制＋美國完全不承認學歷的社區大學體制」混合變體的制度來加強「技職教育體系」的正當性。不斷的以國外普遍出現「Institute of Technology」來壯膽。處於二十一世紀，還不斷製造「技職教育救經濟，工業教育救經濟」的陳腔濫調。

所謂「工程掛帥」、「二級產業掛帥」、「工程管理掛帥」只是 1968 年到 1980 年的國際政經局勢裡聯合國十年經濟發展計畫下經濟發展的好舵手而已。1980 年後早該另刻帥印，另掛帥旗了。怎知成立了「技職司」後，技職教育體系就不斷的自我催眠，從高中三高職七的比例調整，從合流分流，從技術士證照要在「考試上加多少分」等議題吵了半天，吵出心得，吵出智慧，吵出分配資源的信心。就是完全不提技術士證照完全沒有就業功能，就是完全不提許多高職畢業生連一篇「通順的中文作文」都寫不出來，就是完全不提「愛的教育」已經在當時的高職教育裡，將校園倫理與求學環境搞得「一塌糊塗」。而這些情狀當然是教育部高

官敲鑼打鼓式的「下鄉考察」所完全品味不到的滋味。

簡單的說，體制的誤植成為體系只存在於法西斯政權與法西斯主義思潮蔓延的年代。而很清楚的，我國「師範教育體系」就是向日本殖民帝國抄來的，從清末開始就是一字不漏的抄，所以「滿嘴救國卻救國無能」；我國「技職教育體系」則是向戰後德國教育臨時體制或實驗體制抄來的，是否一字不漏的抄，不得而知，但充滿德國法西斯精神倒是抄得精準。這種「知識有限公司」在完成階段性任務後就應該解編，回復正常的教育體制。因為在二十一世紀，「知識有限公司生產」的產品滯銷已不是「良率」的問題而是「不合胃口」乃至「倒盡胃口」的問題。

試想想？在知識爆炸的年代，怎麼還有高中與高職之分，怎麼還有科技大學與普通大學之分，二十一世紀難道還有一種「只作不說的技術知識與只說不作的知識技術」嗎？帶著 1980 年代的美好回憶進入二十一世紀的職場，只有頭破血流的份，哪有順利就業的份？更何況進入二十一世紀臺灣的粗重勞力、人身服務勞力早就被菲傭、泰勞所頂替。

就時代變遷的觀點，就脫殖民的觀點，臺灣就在如此這般，「軍黨特政」的排列組合權力結構中，就在教育救國論、八股救國論中，先是抗拒現代藝術，後是抗拒後現代藝術、後現代思潮中渡過 1945 年至 2011 年的滄桑歲月。

滄桑歲月中，繪畫產業有何演變、建築彩繪產業有何演變、視覺傳達設計產業有何演變？技術當然不是問題，問題出在口味變了！美學知識當然不是問題，問題出在後殖民觀點的借殼上市！業界的實務取向當然不是問題，問題出在教育界老是以「作之師作之君」的心態堅持後殖民觀點而以頗不務實的教材，倒盡學習者的胃口。

我們對戰後繪畫產業、建築彩繪產業、視覺傳達設計產業的發展，只有抽絲剝繭兼快刀斬亂麻，才視得真相，而視得真相之途，經過上述的冗長分析後，只需少數的案例，即可看穿真實的動力所在。

權力無處不在，權力也無時不隱藏其身，除非施權力者自認為佔有絕對優勢時，除非施權力者自認為不在乎時，權力才會以暴力現身，不再隱藏。後殖民的觀點只是享受殖民觀點餘溫，而脫殖民觀點才能帶有意識形態的警覺性來識破隱藏其身的權力，乃至權力走過的蛛絲馬跡。

我們就以脫殖民的觀點來回顧戰後繪畫產業的變遷、戰後建築彩繪產業的變遷、戰後視覺傳達設計產業的變遷。

8-5-1，繪畫產業的變遷。

繪畫產業的變遷其實很難從時間作劃分，但是相對於前述冗長的權力結構變遷的分析而言，我們還是以諸多漸進、迴旋、倒退、猛進的變奏曲裡，勉強的劃分一下時代前進的模糊線條，而將戰後繪畫產業依時序分成：主義的畫時期，無情的畫時期，敘事的畫時期。

主義的畫時期：繪畫這種行業太聖潔了，負有救國救民的任務，要跟緊主義革命的腳步，推動國家的進步、教育的進步、社會的進步、文化的進步，甚至要打倒反革命，帶頭教育大眾。主義的畫時期其實是思想貧血年代的產物，這種繪畫產業其實連以作品取悅自己都達不到，以作品取悅別人更達不到，還談什麼「帶頭教育大眾」。不過這時期的繪畫產業的從業人員往往並不這麼想，因為國家告訴你，革命是偉大的，聖潔的，所以應該緊跟著主義革命的腳步。可憐的國家正被撕裂著，但主義告訴你正義站在我們這邊，可憐的人民。

無情的畫時期：繪畫這種行業太無能了，既救不了國家也救不了人民，甚至於還養不活自己。還是在不同主義抗爭的隙縫裡面無表情的畫畫吧。同一個主義中也還另有隙縫，更不用說救國主義還有老大哥呢。對老大哥的文化不熟也沒關係，反正「國家、主義、領袖」對老大哥也不太熟，跟著教科書矇著、混著，久了就成為專家，一個說渾話專家的年代，還是畫無情的畫比較保險。

敘事的畫時期：繪畫這種行業既無聖潔也非無能，無非己悅悅人而已，繪畫這種行業無關主義無涉解嚴，無非寫寫鄉愁寫寫所見所思所感所嘆，不必跟著主義跑只要心思自由，心靈自在，畫技游刃，潤筆優渥，自可感人有餘。每位畫家原鄉自取，常思來源處，意境才足以分享，但多數畫家己悅悅人，總在中華民國解嚴後，總也不能解嚴後才悟繪畫自在還得畫技游刃有餘。一般而言，敘事的畫常在中華民國解嚴後，但也各個畫家境遇不同，心境不同，何時進入敘事的畫也不同。有主義的畫就有抗議的畫，有無情的畫就有煽情的畫，這是觀點的議題不是畫本身的議題，只有繪畫進入敘事的畫，才尋得觀自在吧。敘事的畫裡不求極樂，所以也就少有爭端而韻味無窮吧。

我們只以七件作品簡化這種「奇特」的戰後臺灣現代繪畫代表現代藝術的諸多論述浪花於一二，就繪畫產業的發展變遷而言，案例當然不夠，但是就諸多口水式發展論述中來領略可能的審美品味，乃至美學的發展，那可以說「真是夠了」。我們試著以：**主義的畫（主義 VS 抗議）→無情的畫（無情 VS 煽情）→敘事的畫**這樣不精確的劃分，來領略這模糊不清卻口水滿天的「時代作品」。

圖 8-23：1964，李石樵，無題自明

圖 8-24：196X，溥心畬，鍾馗

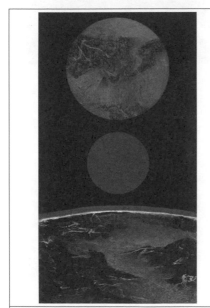

圖 8-25：1969 劉國松，地球何許系列

圖 8-26：1988 林玉山，喜馬拉雅山水

圖 8-27：1976 張大千，慈湖圖

圖 8-28：1990 吳天章，關於蔣介石

圖 8-29：2008 何懷碩，關鄉何處

8-5-2，建築彩繪產業的變遷。

建築彩繪產業的變遷有不同的動因，所以也就逐漸在此階段與紙禙畫產業分道揚鑣，雖然最終總會與紙禙畫合為一體，但其動因在於經濟因素與材料（油性、水性）、畫技、媒材（軟筆，硬筆）的快速變化及適調過程。所以，戰後臺灣建築彩繪產業的變遷只能以模糊的時間分界依序分為：省錢的建築彩繪時期、偷工減料的建築彩繪時期、敘事的建築彩繪時期。

當然在省錢的建築彩繪時期就有花大錢的建築彩繪，這是業主覺得值不值得的問題；同樣的在偷工減料的建築彩繪時期也有工料紮實的建築彩繪，這是買賣雙方的默契問題，只有在敘事的建築彩繪時期，建築彩繪作品才會進入較為真實的審美品味提升，而達買賣雙方無爭議，閱聽觀眾盡歡顏。然而這是專業制度是否成熟的議題，競圖承攬評審委員是否成熟「無私」的議題，可見得「大道之行也天下為公」應該到過來唸，而「天下為公也大道之所行」也非畫技議題，政治議題或美學議題，這只是鬥性堅強的蠢夫悟不得的「致良知」議題。我們也以：「**省錢的建築彩繪（省錢 VS 花錢）→偷工減料的建築彩繪（偷工減料 VS 工料紮實）→敘事的建築彩繪**」這樣時光順序，領略以下所舉的十件作品。

| 圖 8-30：1962，潘春源，精忠報國 | 圖 8-31：1960s，蔡草如，桃園三結義 |

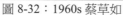

| 圖 8-32：1960s 蔡草如 | 圖 8-33：1960s，陳玉峰，王羲之弄孫自娛 |

| 圖 8-34：1973 劉昌洲，南極星輝 | 圖 8-35：1970s 許報錄，門神 |

圖 8-36：1980s 李登勝，門神　　圖 8-37：1991 林劍峰，桃園結義

圖 8-38：1998 潘岳雄，降龍　　圖 8-39：約 2006 黃信一，門神

8-5-3，視覺傳達設計產業的發展。

廣告設計產業與視覺傳達設計產業其實不必再分家了，專業分工原本只是勞資矛盾裡，廣義資方優勝者的鬥爭策略而已，這種鬥爭策略在 1945 年至 1960 年間，當然有助於提高生產力。但是作為國家戰略，經濟戰略當然先要反思「現階段到底有甚麼工可作，未來又有什麼專業是有利可圖」，而不是在教育政策上延續「只要分工就能提高生產力」的想法，認為有一種體制叫作「師範教育體制」，有一種體制叫作「技職教育體制」，體制越精細就是越符合專業分工的不變真理。天下原本就沒有所謂不變的真理，更何況世界局勢瞬息萬變，所以不要總以為有越多的科系名稱就是進步前衛的象徵，就是教育改革的重要指標。

就產業界的實況而言，廣告設計與視覺傳達設計真的不必再分家了，甚至於工業設計與視覺傳達設計其實也不必分成不同的科系，因為 1980 年代之後視覺傳達設計、工業設計乃至造形藝術，多有合流的跡象與趨勢。然而，我們的教育體制上卻在 1990 年代從美工系統包一切逐漸走向工業設計系、商業設計系、媒體設計系、資訊媒體設計系、動漫遊戲設計系、文化資產設計系、古蹟維修設計系、社區總體營造系、文化產業設計系、數位加值設計系、生活創意設計系，真是五花八門創意十足卻不見得有多高的生產力。我們就脫殖民的觀點來看，懂得未來的趨勢，而不是透過後殖民的觀點眷戀專業分工年代的賺錢之術，才能為業界重新打造榮景。不管是視覺傳達設計專業、美術工藝專業、廣告設計專業還是版畫專業，有實質生產力的專業才稱得上好的專業。而依此觀點來看這些專業在戰後也是可約略而模糊的分為三個時期，分別是主義的視覺傳達設計期、冷漠的視覺傳達設計期與現階段的敘事的視覺傳達設計期。

有主義必有抗議，這些都屬於立場與觀點分立的年代特有的現象。同樣的，有冷漠必有俗豔，這些也都是「非常時期向正常時期過渡」的特有現象，二戰與國共內戰期間不是才剛剛看盡諸多妖魔群舞的戲碼嗎？喘口氣的時候，看看冷漠與俗豔的對峙，想必也有另類舒緩的吸引力。只有到了敘事的視覺傳達設計期的到來，閱聽眾才可能更放心，更平常心的品嚐視覺傳達設計作品的細緻美感品味，而美感心靈難道不是從中華民國在臺灣解嚴後才可能逐漸滋長出來的嗎？

我們抱著平常心而不是抱著計較心來體會所列的五個案例。我們也以：「**主義的視覺傳達設計（主義 VS 抗議）→冷漠的視覺傳達設計（冷漠 VS 俗豔）→敘事的視覺傳達設計**」這樣不精確的劃分，來自行領略這模糊不清卻口水滿天「時代作品」的任何評論吧。重點在於「還原權力文脈，自行領略作品」才可能有「審美真實體驗」，所以這些舉例的分析與言說在本小節也就全都省了。

圖 8-40：1947 黃榮燦，臺灣事件

圖 8-41：1968 柏楊，大力水手翻譯

圖 8-42：1980 年代末廣告看板

圖 8-43：2002 年書籍封面

圖 8-44：2010 年代店鋪門面

8-5-4，糾葛的原鄉到糾葛的現代化

臺灣設計美學的發展之所以「看似」婆娑迷離，主要在於糾葛的原鄉。戰後臺灣設計美學之所以「看似」婆娑迷離，主要在於在糾葛的原鄉上更添加了糾葛的現代化。所以，只要我們能透過文脈分析，逐步解開這些糾葛的原貌與原料，那麼較清晰的臺灣設計美學史，乃至於較清晰的戰後臺灣設計美學發展的情狀，才能呈現。我們試著解解這兩大團塊的糾結。

8-5-4-1，解開糾葛的原鄉
我們試圖從以下幾個論題來逐步解開看似糾葛的臺灣原鄉。

其一，原鄉、權力與歷史寫作
原鄉可以是一種事實的概念，也可以是一種想像的概念，甚至於是一種權力作用下的意識形態概念。

作為一種事實的概念，原鄉就是指移民者與殖民者所來之地，乃至於移民者後代或殖民者後代稱呼其上一代所來之處。這種原鄉的概念是與生俱來少有勉強的成分，而其指涉則從環境、語言、文化、宗教、生活技藝、生活習慣到血緣關係無所不包。但是，原鄉作為一種事實的概念通常也受到移民者或殖民者所到之處與所移居之地的現實情境的挑戰，這種挑戰通常稱之為「在地化」。在接受「在地化」的挑戰裡，移民者與殖民者的態度與反應是頗為不同。通常移民者偏向以「接受在地化」來撫平原鄉的「思念」，殖民者則偏向以「改造在地」來撫平原鄉的「思念」。

作為一種想像的概念，原鄉就是與「自己目前情狀」無關的「子虛烏有之處：桃花源與烏托邦」。陶淵明作<<桃花源記>>，柏拉圖作<<理想國>>等就是與這兩位中外歷史人物「當時情狀」無關，而事實也不存在的原鄉。

作為一種權力作用下的意識形態概念的原鄉，就較為複雜一些，它是事實概念與想像概念的混合體，事實與想像糾結不清，當自我說服時往往想像居多，而當企圖說服他者時「抽象的事實」居多，具體的事實則通常稀少。在這種概念下的原鄉之所以與權力或暴力有緣，就是因為這種概念下的原鄉往往以「善」來包裝了「惡」，以「想像」來包裝了「事實」。

印度文明裡的吠陀教、婆羅門教、佛教、印度教就是最典型的例子，而「種姓制度」與「前世今生、因果輪迴」則是成就印度文明志業的人為工具。

日本文明裡大化革新與明治維新也是典型的例子。大化革新前後，日本的貴族階級將中國隋唐盛世當作意識形態概念的「原鄉」，到了唐朝末年，盛世不在，日本貴族裡就出現菅原道真（845--903），主張中國原鄉已消失，真實的原鄉是在地。

明治維新前，日本的九州藩與薩摩藩的武士階級（當時日本的准貴族）就跳出來將西歐帝國主義列強當作意識形態概念的「新原鄉」，明治維新後，這些新貴族逐漸將新原鄉改變為日本口味，同時在原有日本口味裡找出一個「想像的低賤民族」出氣，這個想像的低賤民族就是原先日本文化裡極力推崇的漢民族、唐民族，而當時只配稱為「支那民族」。

1894 年日本東洋艦隊殲滅了中國清朝的北洋艦隊，日本逐漸進入納粹軍國主義的魔咒，認為大日本帝國已然是世界列強俱樂部的成員，所以「西歐帝國主義列強」當作「新原鄉」已無利用價值，所以就一腳踢開再抬出一個「日本帝國現代化」的新原鄉，而這個新原鄉顯然只要日本口味、進步的科技與廣大的殖民地來襯托出「日本帝國現代化」的成就與大和民族的優越性與尊嚴。

臺灣史的寫作裡，如果忽略了日本帝國殖民臺灣所造的罪業，所進行的經濟利益剝削，然後以「抽象的數據」、冰冷的制度來檢討日本殖民臺灣對臺灣現代化的貢獻。這就是後殖民觀點下的臺灣史寫作，如此這般的臺灣史寫作通常都會誇大了後藤新平在臺灣的政績乃至對臺灣的貢獻，甚至以一位低階技術官僚：八田與一因客死南洋，其妻子在臺「殉夫」的事件，渲染成日本人或日本民族對臺灣的真愛。真是夠了。

這樣的歷史寫作顯然與事實不符，顯然是後殖民觀點的一廂情願自行發酵而已。後藤新平在臺灣的事蹟有何「罪孽」可言，還缺證據，所以並不清楚。但是後藤新平在離任臺灣總督府民政長官一職後，就任日本滿州鐵路殖民事業公司第一任總裁，乃至與日本侵略中國東北後的關東軍共同籌畫、執行「活體人體生化戰實驗」乃至「日本人種增高增壯實驗」，其喪盡天良與所造人間罪孽的事實，在後藤新平的早期言論與著作中早已揭露。後藤新平自稱這種「得意的政策」為「衛生殖民理論與優生殖民理論」。所以，透過這些文脈的釐清，我們可以辨識出以「後殖民觀點」來進行臺灣史的寫作時，往往背負了「日本帝國主義所造之罪孽」，並延續這種罪孽而有認識論的障礙的結果。所以後殖民觀點的歷史寫作只是「不識真相的孽障結果」，這種寫作結果只有累積尚待驗證的資料堆而已，而歷史寫作裡資料本身是不會說話的，資料就算被竄改了，資料本身還是不會說話不會申冤。

其二，原鄉的血緣成分及其擴大到原鄉的接受性

如果原鄉作為事實概念時，其指涉雖然從環境、語言、文化、宗教、生活技藝、生活習慣到血緣關係無所不包，但是人類文明經驗裡卻太常出現以血緣關係凌駕於地緣關係的權力關係乃至於統治形態。最簡單的事實就是大部分的文明起源階段都經歷過城市市民奴隸的權力體制，這就表示在地緣資源有限的狀況下，武力征戰能力較強的部落以統治階級的姿態凌駕於被征服部落的奴隸，並直接掠取被征服部落的所有生產力與資源。不論西方文明、印度文明、中華文明、西亞文明大致也都經歷過從城邦奴隸民主制、封建制、帝王制、民主制的經歷，而就算在民主制的權力體制下，也還看得到若隱若現的「血緣關係凌駕於地緣關係的權力關係」。可見得人類天性上血緣關係往往是原鄉作為事實概念時最維堅韌的成分。然而血緣關係畢竟有限，所以準血緣關係、類血緣關係、乃至於處於被統治階級時的地緣關係也都起了血緣關係的作用。如此一來原鄉作為事實概念時就從血緣關係開始而聚籠了環境、語言、文化、宗教、生活技藝、生活習慣等因素的相似性與一致性而成為族群自我認同到民族自然認同，在到國族乃至於國家強制認同的道路。

西洋文明與西亞文明遂行國族強制認同的工具當然是戰爭，然而戰爭之後又有哪些強制的工具呢？此刻殖民主人就以宗教與語言當作強制認同的優先「工具」，然後再以文化、生活技藝、生活習慣作為點綴性工具。

印度文明則較為坎坷。原印度古文明經過西元前 1400 年前後雅利安人的滅絕式殖民後，塗抹出以雅利安語為唯一強勢語言的源頭，從北印度起了人種混血、文化改殖、階級命定、宗教混雜多變的文化發展過程，而中只有西元三世紀出現印度北部的梵文與西元七世紀印度南部出現的巴利文起了一點語言統一、歷史傳承與紀錄的作用，印度至今在文化認同上都還面臨兩大語系、數百種語言，乃至繁雜難解的後種性制度的高度困難。

中華文明在遂行國族強制認同的工具當然也是戰爭，只是從周朝開始就稱為革故鼎新解於倒懸的革命戰爭，或俗稱改朝換代的戰爭，而也只有周朝是封建制度，周朝之後至清朝為止，除了漢朝初年是封建郡縣並行制之外，全都是官僚帝國制。而商周所發展出的文字系統在秦朝「字同文車同軌」的政策下，在爾後中華文明的語言一致性上其了絕大的作用。因為商周所發展出的文字系統並不是拼音文字，所以語言在允許腔調不同下雖然可以繼續分裂演變，但這種分裂演變確保留在既定的腔調與韻母關係內，乃至於確定保留在可以準確、通順讀出文字與古書籍的條件上，直到民國初年提倡白話文運動後，這種語言隨著時間而自然分裂的現象才再度出現。而中華文明除了元朝的九十年蒙古族算是殖民統治以外，改朝換代間從來都無須改變語言文字系統，乃至中華文明的「地緣擴散」也從來不必依靠戰爭、宗教、語言當作暴力擴散的共同支撐。

所以，四大文明發展過程中，原鄉作為事實的概念時，原鄉的成分結合的方法，乃至原鄉與權力結合的緊迫性，其實也是依事實而截然不同的。簡單的說除了中華文明在蒙古人蹂躪期間以外，原鄉的概念「只有」移民攜帶原地的文化成分到客鄉接受在地化的融合過程而成立，「沒有或少有」殖民者攜帶原地的文化成分到客鄉「強制」在地人當奴隸改語言的情境。這種原鄉的滋長或許是循序漸進而緩慢的，但卻是以人口數的逐漸增長而使原鄉成為在地的主流文化。

其三，殖民者突出原鄉語言要素與宗教改造的作用

原鄉作為作為一種權力作用下的意識形態概念或是只作為一種想像的概念時，語言與宗教就成為最關鍵的柔性因素，並藉語言來口頭描繪「假原鄉」的盡善盡美，藉由宗教來遮蓋殖民者原鄉的醜陋，乃至於遮蓋其以征服戰爭暴力的本質。所以殖民地裡語言與宗教的改造就成為殖民者統治的第一要務。透過語言的改造既可改變被殖民者對殖民者的認同感、豔羨感、乃至自甘墮落出賣祖宗的勇氣，透過宗教的改造，則被養成馴服的人格，種種罪孽都底不上成就教主神靈的偉大，種種不平也都消失於宗教的慰藉，沒什麼好計較，來世總是會報。

其四，想像的原鄉與意識形態的原鄉的混合體通常是人間罪孽的淵藪。

如果只是想像的原鄉，陶淵明的「桃花源記」或可抒發亂世中的清香，柏拉圖的「理想國」或可撫平柏拉圖搶救蘇格拉底不成的遺憾。如果只是意識形態的原鄉，任何歷史既有制度都可作為推動改革的借鏡，而不可原封不動的移植。孔子所作所為只當作意識形態原鄉，所以可以成就儒家之大，如果孔子當了握有實權的東周宰相或許只能造就周天子的一代暴君也說不定。

最可怕的是在歷史上確有無數的人物，將「想像的原鄉與意識形態的原鄉的混合」總以為人世間就是這種「想像的原鄉與意識形態的原鄉的混合體」下的天命天道所「命定」，當這種人握有實權時，人間罪孽也就層出不窮，而這種人也往往死不悔改繼續造孽下去，直到現世報出現。遠古西漢王莽、隋煬帝，近代清末洪秀全、民初袁世凱皆然。西洋文明逸史裡記載亞力山大大帝毒殺自己的爸爸馬其頓國王，武功蓋世成就了西洋文明中的第一個帝國：亞力山大帝國，然而亞力山大一輩子都在防止部屬叛變，亞力山大一死帝國馬上分崩離析，亞力山大帝國崛起至滅亡僅僅十三年（B.C.336—B.C.323）。而希臘三哲的亞理斯多德卻正是亞力山大大帝的帝師。可見得亞理斯多德的「想像的原鄉與意識形態的原鄉的混合體」，配上亞力山大的權力，造就了多大的人間罪孽於無形。當然亞理斯多德的論述無罪，而是亞力山大大帝的論述實踐造孽而已。

其五，近代國家語言統一的緣由、現象及閩南沙文主義的形成。

原鄉的大小範圍決定了鄉音的親疏，但鄉音的一致與否卻常為民粹鬥爭的工具。

雖然原鄉以血緣、地緣乃至文化為內容,卻不可避免的以語言口音為最主要的表面辨識根源。如果我們去除殖民主人所強制配給的原鄉而論,自發性的原鄉也還是有大小範圍之別,此時小範圍的原鄉似乎特別容易在口音上發酵,而產生鄉黨意識,阻礙了人們溝通時的「親切感」。這也是大部分近代國家極力推動「國語標準音」的理由。

不過,就算是有了語言上的「國語標準音」,加上其他項地緣與文化的內容時,原鄉還是有大小範圍的區別,這就稱為多元文化。可惜的是近代國家形成過程中,也有許多國家特別強調「單一民族組成的國家」,這種國家或這種民族卻最容易陷入「民粹主義獨裁專政」的惡性循環,例如二次世界大戰時期的德國、義大利與日本。這些強調單一民族組成的國家其實就血緣而言未必是什麼「單一民族」而是歷史事件蓄意造成語言統一而已而消滅佔領地上的其他民族語言而已,諸如:日本德川幕府成立時,德川家康向日本天皇要個「征夷大將軍」的封號,就是表示目前的北海道蝦夷族與大和民族的歷史淵源與結合十分短絀,更不用說整個琉球民族的語言風俗原先與大和民族的語言風俗完全無關。又如二十世紀史上兩度陷入軍國主義漩渦的德國,不斷的在猶太教民族與德語民族間區辯血緣的純粹性,終於發動了國族內的「血緣清洗大屠殺」。

在臺灣人口成長的歷史上,最早取得「准國語」地位的語言就是明末的福州話,與清朝的「福州官話」。然而也正是在盛清時期泉州話卻取得「臺灣方言」的優勢。此時臺灣的泉州話雖與泉州的泉州話略有腔調上的差別,但是卻從清中期因移民地盤爭奪而崛起的閩客械鬥及爾後的漳泉械鬥而形成以「泉州話」作為所謂「準標準閩南話」的意識形態,深刻的烙印在臺灣的主流人口的歷史記憶裡,進而形成爾後無形的閩南沙文主義。其後又經歷了日據時期的「去中國化」作用,臺灣漢人移民中的福州人後裔、興化人後裔就逐漸將「福州官話、福州話、莆田話(即興化話)」拋棄而在語言上融入操泉州話的族群中,就如同部分客家人或潮州人的後裔選擇性融入操泉州話的族群中的情境是一樣的,後者就通稱「河洛客」(註二十)。簡單的說,在臺灣人口成長的歷史上,原鄉原是移民的概念,但是鑑於漢人語言腔調上的差異與移民地盤的爭奪,從鄭明時期的「漢番爭地」到清朝中期的「閩客爭地」,乃至「漳泉械鬥」,逐漸的就養成了操泉話族群為基底的閩南沙文主義。乃至日據時期及戰後臺灣的權力結構也受此等閩南沙文主義的再詮釋,而將臺灣文化視為閩南文化或泉州文化的在臺同步發展。

如此論來,以文字結合語言的原鄉辨識往往具有最淺層直慣最深層的集體意識的能量,這也是近代國家極力推行「標準音」以及 1919 年我國新文化運動裡極力推行白話文運動(註二十一)的原因。然而在人類文明史上這種「標準音」運動往往是以「軍事征服加宗教征服」為代價,並連動了「滅絕地方文化」作用。這在拼音文字的文化裡,除了造就了希伯來語文的「千年流浪」民族以外,在十七

世紀至二十世紀中的常時段裡，只造就了帝國主義滅絕弱勢文化，乃至於惡意屠殺被征服民族的諸多人間悲劇而已。然而在「非拼音文字的文化裡」卻反而加深了「腔調辨識」的原鄉意識與地方意識。中國這麼大，原先文字同鄉的意識，反而在 1911 年後，「統一國語辦法方案（清 1911）」、「國語投票（1913）」、「注音符號拼音（1913）」、「國語統一籌備會（北洋軍閥政府 1919）」、「白話文運動1919」、「國語統一籌備委員會（國民政府 1928）」、「國語羅馬字母拼音法式（國民政府 1928）」、「國語推行委員會（正體字，中華民國 1936）」、「中國文字改革委員會（簡體字，中華人民共和國 1954）」、「漢字簡化方案 1956」、「漢語拼音方案草案（1957）」、「國家語言文字工作委員會（1985）」，凡此種種以 1913 年北京官話腔調統一了中國境內與歷史上千年以來的不同的「同文異腔」終於統一了。漢文字也從正體化為「容易學習」的簡體，再化為「更容易學習」的拉丁字母拼音，識得二十幾個字母就「識字」了。

標準音的魔力真是如此造福人群嗎？如果我們認為中共文革十年是造福人群，那麼標準音運動就是在造福人群。

反過來思考，「強將」中華文明往拼音語文系統「就範」，草率的將就，大概只能將所有中華文明裡的「封建餘孽」一次清算鬥爭於一役，同時連同，中華文明一起連根拔起丟到「臭水溝」而已。這種快速將中文拼音化的思維模式，其實連「後殖民思維」都稱不上，應該稱為十九世紀強賣鴉片給中國的洋行裡的「買辦思維」而已。清末以來，中國現代化的坎坷路程上，活靈活現的洋行買辦在中國這塊土地上造了多少「人間罪孽」，懷有買辦思維的中國近現代「知識份子」，包括北洋軍閥政府之下的北京所發起「白話文運動」的「領導者們」，其實也一樣在中國土地上繼續造孽著，只是這些人不與軍閥一般見識，不用槍砲或向列強們借來的財源來造孽而已。如此這般的中國知識分子最大的造孽就是「危言聳聽救中國方案」促成了 1911 年之後的軍閥混戰式的「中國人打中國人」以及 1947 年至 1950 年間的國共內戰，而在混戰與內戰的期間，「買辦式救中國的主義」倡導者們卻絕大多數躲在洋人保護傘下的「次殖民地」裡，或躲在「意識形態次殖民地」的「母國」裡。明明白白的同胞間的大屠殺也能「詮釋」救中國的聖戰，逍遙自在的避開戰區躲到日本、英國、美國、法國、蘇俄，也能口口聲聲救中國，著書主張如何救中國，這大概就是 1850 年至 2000 年間中國買辦式知識份子與人文學者的知識見地與能耐。這些爛主張，當然救不了中國，只有將中國往帝國主義列強所設的火坑裡推的份，將中國搞得一塌糊塗兼四分五裂而已。

中華民國在臺灣於 2004 年教育部所推動的「臺灣閩南語標準音」，2005 年教育部所公告的「臺灣閩南語羅馬字拼音方案」大量追認基督教長老教會長期在臺的漢字拼音化成果。如果從這個角度來看，其實也只是另一種「人間造孽」的開端而已，這種開端大概只會滋長「閩南沙文主義」乃至「基督教裡的宗教沙文主義」，

而不會滋長健康的閩南語學習環境。而「基督教裡的宗教沙文主義」往往只是以「上帝的愛」來包裝社會達爾文主義、白人中心論與後殖民主義，更將窮兇惡極的侵略式帝國主義，改裝成笑臉迎人的面具而已。

其七，臺灣所出現過的原鄉裡，最為複雜就是「基督教原鄉」與「現代化原鄉」。基督教原鄉之所以複雜其實很容易解開。上帝或許只有一張面孔，但是撒旦卻往往也以上帝的面孔現身。基督教或許傳播了「上帝的愛」，但歷史現實上確有更多的傳教士藉著上帝的面孔，帶來母國的軍隊或自籌的軍隊幹盡人間的罪孽。更不用說十七世紀至二十世紀歐洲帝國主義列強對非洲、亞洲、北美洲、南美洲的侵略式殖民，又哪一個不是傳教士當「慈善面孔」的先鋒呢？越南淪為法國的殖民地，其主導者就是改造越南拼音文字的傳教士，將越南最後一個王朝的皇帝、妃子、皇親國戚隨意立滅、審判、流放、拘禁的人也是這位「偉大的傳教士」。印度淪為英國殖民地的過程也好不到哪，印度最後一個強大的王朝：蒙吾兒帝國是如何被英國東印度公司「玩弄」於股掌之間，餵食鴉片於蒙吾兒帝國最後一任皇帝，藉故拘禁蒙吾兒帝國最後一任皇帝，還在國會通過法案將印度栽種鴉片強制銷售到中國的也是這間英國東印度公司，在這些人間造孽的真實場景時，基督教長老教會的傳教士又跑到哪裡呢？上帝又跑到哪裡呢？基督教的原鄉又跑到哪裡呢？

越南的例子就可以說是典型的白人中心主義，不但傳教士以撒旦之心戴上上帝的面具，戴久了就自以為自己是上帝，然後到殖民母國招兵買馬，回到越南救越南，救越南救了半天，這位傳教士就自己當上越南的救世主與土皇帝了，燒殺擄掠為所欲為，改變制度風俗為所欲為，改變語言文字為所欲為。只是二次戰後英國、法國、美國、蘇俄四列強爭奪越南這塊肥肉，而法國以武力爭不到而已。否則如今的越南史大概就會像 1970 年代英國人所寫的印度史一樣，大力歌頌法國對越南文明開化的絕大貢獻，而將這位心靈醜陋的傳教士描寫成聖人、描寫成越南現代化的第一位聖人，上帝的愛在這位傳教士的詮釋下可真是充滿聖潔的可恥。

基督教的原鄉在哪裡？就地緣政治學來論就是西歐，臺灣基督教長老教會的原鄉在哪裡？就地緣政治學來論就是加拿大、美國、英國這些「英語應為世界統同一語言，人間唯一標準音」的倡議國度，其中加拿大雖然來不及參與二次大戰之前的帝國主義列強的人間造孽活動，但也都是「後殖民主義」的堅強信仰國度。當然，並非傳教士個個都是「蛇蠍之心上帝面孔」，但自認為是上帝代言人的傳教士，顯然多為蛇蠍之心吧。新約舊約聖經裡有指出傳教士就可以以上帝代言人自居嗎？當初基督教從天主教分裂出來所指責的不正是「教廷怎麼可以以上帝的代言人自居」嗎？但是爭眼看看，基督教長老教會在臺灣的神職人員，乃至於教徒，怎麼常常以正義的化身自居，而引經據典的「教訓」他眼中的「異教徒」，甚至於極力推動日本帝國殖民臺灣時的「去中國化」運動呢？這當然不是「上帝的

愛」，而是以上帝的愛來播散「仇恨的種子」，是「奉上帝之聖名行撒旦之事」而已。基督教的原鄉在哪裡？除去了「上帝的愛」只是蛇蠍一窩而已，脫下上帝的面具只有撒旦的臉孔而已。基督教的原鄉當然很容易解開，就看到底有沒有戴上上帝的面具而已。而通常傳教士乃至於激進派教徒很容易誤將自己定位成「上帝的代言人」，不斷的以自身的利益考量來「教訓」異教徒，得到權力後才忘了帶上帝這張面具而已。

8-5-4-2，解開糾葛的中國現代化與臺灣現代化

中國的現代原鄉本來就很複雜多樣，臺灣的現代原鄉則在 1895 年至 1945 年間橫殖了「殖民地現代原鄉」。再加上現代原鄉還摻了天主教原鄉及基督教原鄉，以致於現代原鄉也就越來越像「向殖民屈服的西化原鄉」，甚至是列強在中在臺的洋行漢人買辦的原鄉了。不論是從清朝的歷史或是從臺灣日據時期的歷史來看，上述的說法並無任何加油添醋，只是這些買辦思維的人們不承認，而買辦與漢奸或臺奸勾當的當事人及其家族極力否認，極力抹滅那些「齷齪的證據」，而讓「真相」被掩埋，然後又以大賢人、大善人的姿態塑像供後人瞻仰而已。這是另一種變形的西洋宗教，一種無恥的拜上帝教吧。我們先從清盛期的現代原鄉開始解析。

其一，林則徐事件與實學的現代原鄉受挫歷程。

林則徐當然不是聖人，只是細數盛清時期的籌畫現代化的重要人物裡，大概只有林則徐算是一位通情達理、知敵務實的鐵錚錚好漢。林則徐在成功的虎門禁煙後，英國國會通過發動第一次對華侵略戰爭（第一次鴉片戰爭），林則徐以向民間募款購買軍艦的有限軍備，七次打敗來犯的英國艦隊。然而此時凡滿州貴族所守之海防與艦隊，雖執有船堅炮利，卻在與英國艦隊激戰時幾乎毫無防備的能力。道光皇帝因懼而接受英軍停戰條件，不但革除林則徐的品第，還應英軍的要求將林則徐流放邊疆，也簽署了第一個喪權辱國的不平等條約。其實，滿清朝廷早在 1840 年的簽署第一個喪權辱國的不平等條約時「就該滅亡」了，滿清朝廷從 1840 年拖到 1911 年才滅亡，只是拖累了中國跟著一起陪葬而已。在拖累中國跟著一起陪葬的過程中，許多現代化原鄉其實都只是妖魔鬼怪的陪葬品，而不是什麼「健康光明的思想」。

林則徐有沒有什麼思想與哲學呢？沒有，林則徐就是「閩學」傳統裡傑出的知識份子而已，林則徐也像一位不流血的革命先知，受制於昏庸腐敗的滿清朝廷，讓救中國的思想與方略只流傳於閩學這個小傳統中，而這種新閩學的小傳統裡，林則徐正是第一人（註二十二）。閩學這個添加了實學的學派，在林則徐之後就只有沈葆楨、劉銘傳等人獲得「新閩學」態度上的真傳而已。

什麼是林則徐在閩學裡所添加的新成分：「實學」呢？實學就是務實之學，在清

朝的實學，整體而言就是明末清初顧炎武<<天下郡國利弊書>>的實現版加上<<知洋、學洋、買洋才可防洋用洋>>的實現版而已。簡單的說，實學只是一種態度與實踐力而已。現代原鄉不在西洋，而在是否真知西洋。不像爾後清朝諸多所謂中興大臣與無官進士、落地秀才所發「昏言昏語救中國的現代化主張」。

其二，太平天國事件與神棍的現代原鄉乖張歷程。

洪秀全及太平天國事件，乃至於洪秀全所領導太平天國革命主張，其實就是典型的「昏言昏語救百姓的現代化主張」。

洪秀全、洪仁軒從美國浸信會傳教士羅孝全學習<<聖經>>，到自行洗禮自稱天兄自命為傳教士開始傳教，其原鄉就是連他自己也沒搞懂的基督教原鄉。既然已經自稱天兄了，其實也不必搞懂上帝說什麼，因為上帝會降乩於楊秀清這位天弟身上直接與天兄對話，何況，洪秀全還寫了《原道救世歌》、《原道覺世訓》、《原道醒世訓》、《天父詩》這些聲稱結合了基督教思想的書籍。

太平天國崛起的過程中或許也散播了許多救世思想，排除了宋朝以來的女子裹小腳的惡習，提倡軍隊形式的共產思想乃至於男營、女營、童營、聖庫（食糧共產）的制度，但是若說這種 1850 年至 1855 年間軍事組織的必要制度，就是共產主義的萌芽，那其實是污辱了共產主義。1853 年太平天國攻下南京並定都為「天京」，天下太平的好日子還沒來臨，洪秀全等人就把上帝忘了，把當初挾持充軍的數十萬百姓忘了，開始實施秦朝之後已無全面實施的封建制度。自命皇帝萬歲，楊秀清東王九千歲、蕭朝貴西王八千歲、馮雲山南王七千歲、韋昌輝北王六千歲、石達開翼王五千歲，各王擁兵受九千歲節制，諸王有妻有女有家眷，當初挾持充軍的數十萬百姓仍然男營、女營、童營到聖庫領糧食。諸王由洪秀全帶頭淫亂，老百姓卻連家都沒有，被迫妻離子散。這就是洪秀全的基督教原鄉、現代化原鄉，這就是洪秀全的民族正義、共產正義、上帝正義、天下太平方略。果不其然，洪秀全因為姦淫了楊秀清在攻城南京時所收的小妾，並命為天后，而楊秀清也表面不以為意，繼續以乩童的上帝降乩召「天后」入王府繼續姦淫為樂，終於在 1956 年發生慘絕人寰的諸王內訌。楊秀清逼宮、洪秀全密詔韋昌輝屠殺楊秀清王府所有家眷親兵，韋昌輝專權，洪秀全密詔石達開屠殺韋昌輝王府所有家眷親兵，石達開領政同樣也備受猜忌，只好領軍出走。就算 1853 年到 1856 年是太平天國諸王的好日子吧，1850 年到 1853 年打下的江山，也不過三年就花得差不多了，何況被挾持充軍的老百姓也沒如約享受過一天的好日子呢。剩下的太平天國軍力只能算是「殘部」，活生生的土匪，哪有什麼「滅清妖救百姓與造福百姓」的事蹟可言呢（註二十三）。

簡單的說，太平天國就是傳教士神棍化後的土匪而已，在起義之初或許軍紀嚴明充滿道德感，進入南京後就變質了。裝神弄鬼的神棍遇到表象的太平，就脫下慈祥的上帝面具，現出撒旦的行徑，一個撒旦還不夠，三個半撒旦（洪秀全、楊秀

清、韋昌輝、半個石達開），爭權、奪利、搶女人，除了暴政還能用什麼更好的形容詞呢。因為洪秀全以上帝的傳教士起義，所以，這就是上帝的神棍的基督教原鄉，這就是「昏言昏語救百姓的現代化主張」。太平天國鼎盛時期軍隊號稱六十萬人，太平天國二十幾年的動亂，漢人死亡粗估兩千萬人至五千萬人，與湘軍淮軍對分，每位太平軍平均屠殺六十位漢人，而其中大部分都是手無寸鐵的老百姓，這算什麼「消滅清妖造福百姓」，只能以對「異教徒同胞的屠殺」可以比擬，所以太平天國不只是長毛土匪，太平天國的政權應該算是暴政之外還加個無恥。同樣的，只就軍事行動而言，湘軍淮軍的領導者也是屠殺漢人的劊子手加個無恥。

其三，從曾國藩到李鴻章、張之洞、袁世凱：借用的現代原鄉。

1841 年五月，道光皇帝頒旨命林則徐以四品卿（從二品降罪為四品）調任浙江防務，緊接著又以廣東防務的敗戰，結果清廷要林則徐及鄧廷楨承擔戰敗罪責，林則徐革去四品卿銜（從四品降為無品罪人），遣戍新疆伊犁。道光皇帝的這種荒唐與違反天道的錯誤決策，其實就決定了爾後清廷的「氣數已盡」乃至於實學的沒落。

第一次鴉片戰爭的簽約等於是將「虎門禁煙」的成果付之一炬，不但英國人販賣鴉片給中國成了長驅直入之勢，以廉價的鴉片換取白花花的白銀也成為列強在中國獲利最高的境內三角貿易（鴉片換白銀，白銀換原料，原料運回殖民母國加工後再賣給中國）。清廷雖然下令禁煙，依附在洋行勢力下的鴉片館子卻不斷的增加，甚至許多清廷的中下官僚也以參與這種「三角貿易」而染上煙癮，甚至因此而淘空了各地（特別是遠離京城的邊疆地區）的儲糧。捻匪與太平天國就是如此這般「官逼民反」或「糧逼民反」而崛起，只是太平天國借用個洪秀全、楊秀清自己也搞不清楚的「西洋宗教原鄉」而已。

有了的太平天國崛起，才有所謂晚清漢人中興大臣的可能性，而支撐所謂漢人中興大臣的力量並非什麼王道天理致良知，而是湘軍、淮軍與北洋軍，乃至這些手上沾滿屠漢人鮮血的軍閥軍棍而已。

這些軍閥軍棍與洪秀全的不同，只在於前者通過科舉不願自欺欺人的搬出宗教來進行造神運動，而後者無能通過科舉且搬出西洋宗教來進行現世報的造神運動而已。這些軍閥軍棍與林則徐的不同，則在於他們將實學改造成洋務運動下的船堅炮利外加買辦之學，然後在 1894 年的日本侵略大清藩屬國朝鮮戰爭上，徹底失敗而已。自強運動則是洋務運動下，東南五省自保的變相「軍閥軍棍」運動，夾雜著所謂晚清中興美名，而湘軍系、淮軍系的互相奪權鬥爭下，最後為北方軍閥軍棍崛起乃至於民國之後的軍閥混戰鋪路而已。從孫文先生的角度來看，這些人都只是滿清的走狗，稱之漢奸也不為過。

當然這些軍閥軍棍，絕大部分都通過科舉，所以還真會寫些道德文章，不過他們的道德實踐卻往往是不及格的，最少在民族主義之下是不及格的，從曾國藩的漢人殺漢人，到袁世凱的中國人殺中國人與簽約二十一條款出賣中國，就民主主義而言就只有「造孽、可恥加絕子絕孫」可以形容而已。這些軍閥軍棍有沒有什麼現代化的原鄉呢？救中國的道德文章的作文比賽裡哪一位是「理論大師」，哪一篇又寫得最好，影響力最大，這些漢人中興大臣的現代化原鄉又是什麼呢？

簡單的說，中國近代史的研究裡，絕大部分的研究者都認為是張之洞，而張之洞的勸學篇寫的最好，勸學篇簡化為「中學為體、西學為用」八字箴言影響力最大，而這些漢人中興大臣的現代化原鄉就是日本的「明治維新」，然而這些漢人中興大臣卻與洪秀全一樣，連什麼是「明治維新」都還沒搞清楚，就到處以得到救中國的無上聖經自居，將權力搞到自己身邊，將清廷搞得一塌糊塗，清廷被搞垮後，繼續將中國搞得一塌糊塗。其中插槍走火而出名的就是未獲得實權而開啟救皇帝順便救中國的「現代化學者」，其中又以「自認為」為清廷乃至中國現代化貢獻最大的康有為與梁啟超。康梁之不入流的現代原鄉，在下一議題再分析。

我們深入瞭解一下林則徐的實學，怎麼被這些道德文章改變了中國現代化的「方向與具體辦法」。或是說「中學為體西學為用」的道德教條是如何淘空了「實學」的「務實」基礎。

張之洞在光緒二十四年（1989 年）提出洋洋灑灑巨著勸學篇，在序即指出：「昔楚莊王之霸也，以民生在勤箴其民，以日討軍實儆其軍，以禍至無日訓其國人………。舊者因噎而食廢，新者歧多而羊亡；舊者不知通，新者不知本。不知通則無應敵制變之術，不知本則有非薄名教之心。夫如是，則舊者愈病新，新者愈厭舊，交相為瘉，而恢詭傾危亂名改作之流，遂雜出其說以蕩人心。學者搖搖，中無所主，邪說暴行，植流天下。敵既至無與戰，敵未至無與安，吾恐中國之禍，不在四海之外，而在九州之內矣！竊惟古來世運之明晦，人才之盛衰，其表在政，其裏在學。不佞承乏兩湖，與有教士化民之責，夙夜兢兢，思有所以裨助之者。乃規時勢，綜本末，著論二十四篇，以告兩湖之士，海內君子，輿我同志，亦所不隱。內篇務本，以正人心，外篇務通，以開風氣。內篇九：曰同心，明保國、保教、保種為一義，手足利則頭目原，血氣盛則心志剛，賢才眾多，國勢自昌也；曰教忠，陳述本朝德澤深厚，使薄海臣民咸懷忠良，以保國也，曰明綱，三綱為中國神聖相傳之至教，禮政之原本，人禽之大防，以保教也：曰知類，閔神明之冑裔，無淪胥以亡，以保種也；曰宗經，周秦諸子，瑜不掩瑕，取節則可，破道勿聽，必折衷於聖也；曰正權，辨上下，定民志，斥民權之亂政也；曰循序，先入者為主，講西學必先通中學，乃不忘其祖也，曰守約，喜新者甘，好古者苦，欲存中學，宜治要而約取也；曰去毒，洋藥滌染，我民斯活，絕之使無萌拚也。外篇十五：曰益智，昧者來攻，迷者有凶也；曰遊學，明時勢，長志氣，擴見聞，

增才智，非遊歷外國不為功也；曰設學，廣立學堂，儲為時用，為習帖括者擊蒙也，曰學制，西國之強，強以學校，師有定程，弟有適從，授方任能，皆出其中，我宜擇善而從也；曰廣譯，從西師之益有限，譯西書之益無方也：曰閱報，眉睫難見，苦藥難嘗，知內弊而速去，知外患而豫防也；曰變法，專已襲常，不能自存也；曰變科舉，所習所用，事必相因也；曰農工商學，保民在養，養民在教，教農工商，利乃可興也；曰兵學，教士卒不如教將領，教兵易練，教將難成也；曰礦學，興地利也；曰鐵路，通血氣也，曰會通，知西學之精意，通於中學，以曉固蔽也；曰非弭兵，惡教逸欲而自斃也，曰非攻教，惡逞小忿而敗大計也。二十四篇之義，括之以五知：一知恥，恥不如日本，恥不如土耳其，恥不如暹羅，恥不如古巴；二知懼，懼為印度，懼為越南、緬甸、朝鮮，懼為埃及，懼為波蘭；三知變，不變其習不能變法，不變其法不能變器；四知要，中學考古非要，致用為要，西學亦有別，西藝非要，西政為要；五知本，在海外不忘國，見異俗不忘親，多智巧不忘聖………。易曰："其亡其亡，系於苞桑。"惟勿亡，則知強矣。光緒二十四年三月南皮張之洞書」

簡單的說，中國已在危急存亡之秋，要知恥（知恥不如日本）、知懼（知懼如印度之亡國）、知變（變法）、知要（體用兼顧）、知本（中學為體西學為用或清廷為體西政為用）。而總結所謂變法的精神與原則就是「中學為體西學為用或清廷為體西政為用」加上「學日本，不要學印度」。而張之洞的勸學篇會在 1898 年 4 月提出，絕非表示「勸學篇」是在此刻寫成，恰恰相反的是張之洞深入理解光緒皇帝與慈禧太后之間的矛盾，乃至於「新學」與「舊學」之間的矛盾，伺機而提出一個光冕堂皇的說帖而已，勸學篇裡的「新學」內容得到了光緒皇帝的認可，而勸學篇裡的「力辟民權論」又深獲慈禧太后的歡心，所以短短不到半年內，不但或清廷頒詔周知所有官員「研讀」，還印行了將近二百萬冊（註二十四）。

然而，深入解析勸學篇內容，其遊學第二中指出：「出洋一年勝於讀西書五年，此趙營平百聞不如一見之說也。入外國學堂一年勝於中國學堂三年，此孟子置之莊嶽之說也。遊學之益，幼童不如通人，庶僚不如親貴，嘗見古之遊歷者矣……。上為俄，中為日本，下為暹羅，中國獨不能比其中者乎？至遊學之國，西洋不如東洋，（原因在於）一、路近省費，可多遣；二、去華近，易考察；三、東文近于中文，易通曉；四、西學甚繁，凡西學不切要者東人已刪節而酌改之，中、東情勢風俗相近，易仿行，事半功倍，無過於此。若自欲求精、求備，再赴西洋有何不可？」。

說穿了，張之洞這種軍閥兼軍棍的近代中國知識份子群，所能引介的現代化原鄉只是廉價的「拿來主義」之下，日本口水式的現代化原鄉而已。

這樣的知識與西學的認識，正暴露了張之洞對日本文化的一知半解，也暴露了張

之洞龐大幕僚群的對西學、新學的無知與想像，或暴露了勸學篇早在甲午戰爭之前就已寫成，如今伺機「上書」而已。乃至這一群軍閥軍棍的根本連「日文報紙」都看不懂，卻以知日派、洋務派自居，是個十足無知的知識買辦與拙劣的文抄公而已。

勸學篇中對西化或現代化的認知就是抄自有日本現代教育之父稱呼的福澤瑜吉早年之作<<西洋事情>>與<<勸學篇>>兩書，而在 1885 年福澤瑜吉更發表了一篇極其有名的<<脫亞論>>，在<<脫亞論>>中福澤瑜吉明白的指出韓國與清朝是日本的惡鄰居，而以民族論之，日本應先改造日本民族成為如歐洲列強一般的文明開化民族，然後再同歐洲列強一樣的來「對付」韓國與中國（清國）這種野蠻民族。由於<<脫亞論>>是在日本重要報章的版頭「匿名發表」，其影響之大近乎使而後的日本著作不再以清國，而改以「支那」來稱呼中國，甚至日本民間也以「豬玀人」來稱呼韓國人與中國人，這當然促成日本軍國主義崛起與並為日本侵略中韓鋪路。1895 年中日甲午戰爭爆發，福澤瑜吉則稱此役為「文野之戰」，這種文明與野蠻之間的戰爭當然是指日本已擠身文明列強之國，而韓國與支那則為野蠻之國。日本的西學學習環境早是「日本第一，支那下賤的文化論」環境了，難道張之洞及張之洞的龐大幕僚群，竟沒有半個知曉，還極力主張：「遊學之國，西洋不如東洋，（原因在於）一、路近省費，可多遣；二、去華近，易考察；三、東文近于中文，易通曉；四、西學甚繁，凡西學不切要者東人已刪節而酌改之，中、東（日）情勢風俗相近，易仿行，事半功倍，無過於此。若自欲求精、求備，再赴西洋有何不可？」

先不說張之洞的勸學篇是胡亂抄自日本福澤瑜吉早年之作<<西洋事情>>與<<勸學篇>>兩書，而未聞福田瑜吉的<<脫亞論>>，就連遊學國的建議，也都是一廂情願到了「無恥近乎勇」的絕妙境界。連張之洞勸學篇的理論口號：「中體西用」都是抄自明治維新的「洋體和魂」，並且這種狗屁不通的「中體西用」還可繼續阻撓中國健康的現代化，則更顯示張之洞寫勸學篇而清廷鼓勵印發近二百萬冊的遺禍百年事實了。第一個遺禍就是形成康梁之不入流的現代原鄉。

其四，康梁之不入流的現代原鄉。
並非康有為及梁啟超入不入流的爭論，而是就康梁二人著書立萬內容裡的救中國乃至現代化主張，現代化原鄉而言，乃至康梁二人對中國的現代化進程而言，只有「不入流」三個字可以形容。

康有為的公羊傳三世說美其名為「托古改制」，實則與洪秀全的任何著作沒什麼兩樣，均為不可行的想像之物。差別只在於康有為中舉了而未能實踐，洪秀全是個落地秀才，所以實踐了，遭透的實踐，言行不一的結果，將三千五百萬個中國人逼入死亡的絕境而已。

梁啟超對新學、西學的見地，其實只比康有為早些迷途知返，而復入迷途而已。梁啟超大概真信張之洞的鬼話連篇，所以政變失敗後更加緊向日本學習「西學」，再親遊歐美數年，然後從保皇黨搖身一變成為「新學」的倡導人，1902 年提出「新民說」起來，後世評價梁啟超的「新民說」具有「喚起中國人民的自覺，要從帝國時代皇帝的臣民，轉化為現代國家的國民，並講述現代國民所應有的條件和準則，在二十世紀的中國起了啟蒙作用」（註二十五）。似乎誇大了「新民說」的「啟示性」，乃至掩蓋了梁啟超「思想」與「行為」的不一致性。特別是在民國成立後，梁啟超快速的加入北洋軍閥的內閣，乃至與北洋軍閥政權間的反反覆覆若即若離的關係，其實只更凸顯梁啟超從保皇黨搖身一變成為「新學」倡導人的內在矛盾，與「新民說」只不過是張之洞「中體西用說」的更新版本而已。這就是比康有為「早些迷途知返，而復入迷途」的評價所據。

由於康梁二人著書立萬，復涉入權力取捨，在晚清到民國初年的環境裡，「投靠」北洋軍閥，又毫無軍權來堅持「新民說」的實踐。所以，總而言之，康有為托古改制純屬書生論政，原鄉當然是滿清王朝萬萬歲。梁啟超則為張之洞勸學篇裡所提「遊學之國，西洋不如東洋，（原因在於）一、路近省費，可多遺；二、去華近，易考察；三、東文近于中文，易通曉；四、西學甚繁，凡西學不切要者東人已刪節而酌改之，中、東（日）情勢風俗相近，易仿行，事半功倍，無過於此。若自欲求精、求備，再赴西洋有何不可？」的無奈實踐者，梁啟超自己的論述與實踐間多半聯繫不起來，由梁啟超發表「新民說」仍是書生論政，並具有高度反諷性，新民說的原鄉仍不脫「日本式的現代化」或「明治維新」的陰影。康梁合論，皆書生論政，引發不入流的現代原鄉，民國之後仍有影響力，格外諷刺。

其五，日據時期的現代化：橫材入灶或殖民化的現代原鄉。

廣義的說日據時期的現代化並不止於臺灣，還包括同時段的韓國與 1937 年至 1945 年間的中國東北與所謂的「偽滿州國」，乃至於更短時段的日本帝國侵略佔領區。韓國與中國，前者從清朝的藩屬國改變為日本的殖民地，在 1945 年短暫的由李承晚、金九、金日成乃至美國駐軍、蘇俄駐軍混沌的看著韓國脫離殖民統治，然後在 1950 年起這種脫離殖民情境的韓國，主與中國的情境類似，主要由共產主義陣營與資本主義陣營的勢力決定了韓國撕成兩塊，而不是韓國人決定撕成兩塊：北韓與南韓。不過，不管北韓也好，南韓也好，從 1945 年二次大戰結束後都主張明確的走上脫殖民觀點的現代化途逕，對原先的殖民母國：日本都保持高度的「警覺心」，雖然南韓在歷史上與日本的關係就很曖昧，二次戰後初期也有大量韓國人歸化為日本人，但是保留南韓國籍的韓國人卻是清清楚楚的表達了對日本殖民時期的厭惡態度，而北韓則更不用說從 1945 年開始就視日本為極不友善且殖民作惡的國度，所以，對日本帝國主義者而言，後殖民觀點在戰後的韓國是沒有任何市場的。

日據時期的臺灣、韓國、中國東北，乃至於所謂「偽滿州國」在二十世紀初的數十年間，基本上都是執行日本式的殖民地現代化。這與日本國內本身的現代化進程是完全不同的目標設定。其所標舉的明明白白的就是「殖民化的現代化」，就文化內容而言則是擁抱了橫材入灶式的現代原鄉。

殖民化的現代原鄉從內容上來看，香港就視一個典型的代表，沒有民族主義（或是只有英國民族優先主義）、沒有民權主義（無所謂民主不民主，更無所謂民意代表或執政者由國民選舉決定），只有殖民母國任務規定下的經濟產業活動與現代化進程而已，對被殖民的民族基本上執行漸進式的否定過程。日本在韓國與臺灣的殖民過程也是如此。

臺灣在日據時期的現代化歷程就是定位於「農業臺灣、工業日本」，乃至於晚期被設定為「日本帝國南進的基地」時還是「農業臺灣、工業日本」，再加「深水港口建設、嚴格執行去中國化」而已。所謂的皇民化基本上就是將中國人與中國文化徹底醜陋化後，再從民族論上安裝上「日本皇民的意識形態」。

什麼是日本皇民？什麼是日本國民呢？

日本皇民就是殖民地上的次等民族出頭天的恩惠身份認定。這種身份當然遠低於日本國民。簡單的說，就是剝奪了「現代國家公民權」的「日本國民」；就是燒掉自己祖宗牌位，改立日本神道教牌位，隨便撿個日本姓氏當作血緣祖宗的「日本流浪賤民」；就是與在臺日本人同工不同酬的假日本人而已。而日本在臺皇民的原鄉也就這麼被配給成「日本內地」與「日式殖民地現代化」兩種而已。

所以日據時期的在臺設計藝術現代化歷程也就可以將西洋情勢與西洋設計藝術就時間上任意分割切塊，挑出殖民主人認為不會妨礙日本民族優越性的一些學習課程，分配成所謂殖民地勢用的美術與勞作的重要教材。要完整的美術與設計的學習時，只要家裡還算有錢，你就有資格到「日本內地」好好的學習。就與英國殖民印度一樣，印度人想在知識與職業技能上謀求更高的成就，就只有精通英語加上家裡有錢，然後到「英國內地」好好的學習。所以，只能稱之為橫材入灶或殖民式的現代原鄉。

其六，從孫文、黃興到蔣介石、黃復興：民生主義向資本主義靠攏的過程。

滿清滅亡前後以革命為號召的政治軍事團體，除了北洋軍閥的滿清餘孽之外，大概只有兩股勢力，一股就是十九世紀末崛起並由孫文領導的中興會、同盟會乃至國民黨這一支勢力；另一股就是五四運動後由陳獨秀、毛澤東、周恩來等領導的左派知識份子、中國共產黨這一支勢力。這兩股勢力終於在二次世界大戰剛剛結

束，當日本侵略戰爭剛剛終止後，馬上決裂，水火不容的演出「中國人打中國人的國共內戰」。兩股勢力都號稱「現代化救中國」，但兩股勢力也都宣稱「中國人打中國人」是逼不得已，恩恩怨怨或許說也說不清，或許早已雲淡風清，或許這一代也還難以雲淡風清，不過，如果從兩股勢力的現代化原鄉來看，或許正是「西洋老大哥」抱得太緊，抱得忘我，才是當初決裂，乃至水火不容的莫名其妙原因吧。我們先看看早起的這一支所抱的現代化原鄉。

以孫文的革命經驗、黃興的革命經驗，乃至於中華民國成立前加入革命黨的知識份子的遊學經驗來看，這一股勢力最早的現代化原鄉就是英國美國與日本，或是說就是當時列強中對中國友善的「先進國」。孫文先生總括這個現代化原鄉為三民主義（民族主義、民權主義、民生主義）與建國方略（交通建設與工業化）。然而，孫文先生革命了一輩子，卻只當過「若有實權」的臨時大總統四十三天（1912/0101—1912/0212）而已。或許正是「沒有實權反而不至權欲薰心」所以能夠逐步將「三民主義、建國方略、實業計畫」想得透徹，想得明白。不過，孫文才過世不久，國民革命軍才完成北伐不久，國民黨馬上鬧內訌，出現所謂「寧漢分裂」，或許「容共與否」只是表面原因，真實的原因當然是「權力奪取的內訌」，而汪精衛的分裂也都隨爾後汪精衛當了漢奸而使「容共與否」成了假議題。從此，國民黨的勢力就一直在掌握了軍權的蔣中正身上，直到國共內戰後將中正下令遷移中央政府於臺北，乃至將中正臨死之前完成其子將經國的順利接班，國民黨的勢力一直就在蔣中正—蔣經國父子身上。乃至於蔣經國極其特殊的留學俄國經驗，在軍隊裡發展出「政治作戰系統的黃復興黨部」，才有更混沌的「國父思想——蔣公哲學」一脈相傳的說法，不過這種「國父思想——蔣公哲學一脈相傳的說法」，也隨著 1987 臺灣省的解嚴而逐漸雲淡風清斷了一脈之說。由於蔣中正就讀日本軍校的留學經驗，乃至國共內戰後中華民國被美國勢力所籠罩，雖然，也有波折。但是此後的現代化原鄉顯然更集中於美國。

中華民國的發展雖然從蔣中正所領導的黃埔軍校北伐成功而全國統一，但也隨著日本侵略與二次大戰結束的國共內戰而輾轉成為「中華民國在臺澎金馬」與軍事戒嚴與解嚴。整體而言，中華民國現代化的原鄉就是從民生主義的實現到資本主義靠攏的替換過程。

其七，從陳獨秀、毛澤東到鄧小平：實學的現代化原鄉得來不易。
在五四運動後逐漸崛起的左派勢力與中國共產黨勢力，在二次世界大戰後與中國國民黨共同發動了「國共內戰」。國共內戰的結果中國共產黨在北京成立中華人民共和國，中國國民黨（當時處於訓政階段，所以為中國國民黨專政）主控下的中華民國中央政府遷移臺北，是為中華民國在臺澎金馬的新階段之始，同時宣佈戒嚴。

中國共產黨成立中華人民共和國後以憲法規定中國共產黨的政權為一合法性（相當於中國國民當的訓政階段），以符合共產黨革命的目標（無產階級專政）及成果於不墜。只是這種革命體制一直貫徹下來使得中華人民共和國逐漸從左傾走向極左的道路，不但經濟出現問題，甚至在 1966 年至 1976 年間造成慘絕人寰與慘絕人倫的文化大革命動盪。文革十年以毛澤東過世，四人幫下臺判刑而結束，出來收拾殘局的並不是華國峰而是鄧小平，鄧小平的決策：實學、深圳試點及開放改革，改變了中華人民共和國爾後的發展與命運。凡救中國的勢力都有中國現代化的原鄉，中國左傾勢力到中國共產黨再到中華人民共和國，一路下來其現代化的原鄉也一直在改變與抉擇中。簡單的說，是從共產主義集體經濟原鄉，走向俄國現代化原鄉，再走到一步登天的原鄉（所謂共產主義是天堂，人民公社是天梯），再走到具有中國特色的「不斷革命論」原鄉（文化大革命十年），再走到實學精神（所謂不管黑貓還是白貓，會捉老鼠的才是好貓）的現代化原鄉，企望走出具有中國特色的社會主義市場經濟。

所以，從陳獨秀、毛澤東到鄧小平，可以說實學的現代化原鄉是得來不易。

其八，臺灣現代化原鄉遠比中國現代化原鄉來得複雜。

中國現代化原鄉近從林則徐的實學現代化受挫為起點經歷了太平天國、自強運動、康梁學說的洗禮後，先由孫文先生的三民主義現代化原鄉在軍閥割據混戰的情境下一枝獨秀，後由毛澤東先生的共產主義現代化原鄉在二次世界大戰結束後以分庭抗禮轉變為國共內戰後，海峽兩岸各有不同意識形態現代化原鄉的政治實體間的抗爭，乃至各抱各的現代化原鄉發展迄今。

臺灣現代化的原鄉則為上述歷程裡，在 1895 年至 1945 年的五十年間，橫材入灶式的插入了日本帝國殖民地的現代化原鄉，這五十年期間還以「去中國化」與「皇民化」作為日式現代化工程之前提。臺灣光復及中華民國政府播遷來臺後又以中華道統乃至爾後（中共文化大革命後）中華文化復興為己任。這 1895 年與 1945 年的兩次天翻地覆式的轉變（就執政者而言稱為撥亂反正的轉變，諸如：日本帝國竊佔臺灣後原先劉銘傳的鐵路建設雖已完成基隆至新竹的建設，但日本殖民當局就要完全另創鐵路系統，而將劉銘傳的鐵路建設完全廢棄，任由荒煙蔓草埋葬了劉銘傳對臺灣現代化的成就及貢獻。與此相反的，臺灣光復後除了在師範教育體系裡廢棄日語教學，改弦更張為國語推廣，光復初期的禁唱日本歌以外，卻大量沿用日據時期的建設成果，乃至於連「法律規章」都一併沿用），凡此種種都易造成價值觀的高度混亂，所以，其情境也就遠比中國現代化原鄉來得複雜。

不論如何分析，中國現代化歷程與臺灣現代化歷程，都要透過上述文脈解讀下的抽絲剝繭，才可能將這「雜色堆疊的現代化原鄉」理出個頭緒，而解開各抱不同現代化原鄉所產生的「誤解」，消除不必要的「衝突」，減少後殖民觀點的滋長，

強而有力的掙脫「後殖民的情境」，進而體悟出救中國也救臺灣的重要政策。設計藝術的產業政策，亦如是。

8-5-5，三個產業的共同美學基業：取悅別人而不是取悅自己。

我們從戰後繪畫產業的變遷、戰後建築彩繪產業的變遷、戰後視覺傳達設計產業的變遷中，能夠讀出哪一種「主流」的美學論述嗎？能夠品味出哪一種「主流」的審美品味嗎？甚至可以描述出一種「主流」的美學嗎？

沒有，也不會。因為這種「主流」只是一種權力鬥爭的概念與策略而已。因為我們的風氣一直停留在以「人口數主流概念」來掩飾「權力主流概念」的人造魔障中，甚至在「人口數主流概念」裡極盡享受「挑撥離間的快感」，發揮閩南沙文主義的義和團精神而不自知。請問？什麼時候開始了漳泉一家親，又什麼時候開始了閩南客家一家親，而不論是在漳泉一家親的年代也好，或是閩南客家一家親的年代也好，哪一個政黨不是以「原住民利益優先」為號召，但是除了以後殖民的觀點錯按「南島族群種族論」於「福建古民族」的身上以外（註二十六），卻又為臺灣原住民作了什麼「該做的事」呢？

除了收編幾個外省人第二代當作族群融合的樣版以外，又發展出哪些具有彌平二二八傷口的論述良方呢？當政治人物戲謔的提出「乞丐趕廟公」的論述，進而衍生出「國民黨是外來政權」、「太平洋（臺灣海峽）又沒加蓋，可以游過去」（2007）、地下電臺強力放送「外省豬滾回去」、形塑出外省人第二代第三代都該背上二二八原罪的政治氛圍，這樣的政治人物「著手撕裂族群，還高喊對方才是撕裂族群融合的罪人」能發展出什麼智慧處理族群融合，能有什麼眼光帶領中華民國在臺灣的和平崛起，其實是可以想像而無法期待。

因為這種以所謂閩南語為語言絕對優勢的意識形態，這種機關算盡的政治人物所具有的知識與能耐恰恰只是「後殖民觀點」下「殖民者體臭餘溫」的取暖而已。總認為在臺灣可以操縱省及仇恨，可以盡力偽造受壓迫印象來博取選票同情，佔盡族群操弄便宜的政黨，總認為天下事我（民意代表、民選縣市長乃至民選總統）說了算，殘酷的現實世界只回答「不在其位、無政可謀」而已。這種以所謂閩南語為語言絕對優勢意識形態的政黨，在立法院裡極力阻擾大陸新娘獲得工作權與中華民國國民資格，乃至於企圖立法禁止陸生在臺領獎學金、談戀愛、結婚的種種「不對等」待遇的諸般作為，將會發現早有更殘酷的現實已然發生。更殘酷的現實是這機關算盡，如果算得更精確得些的話，將會發現臺灣的人口結構已經起了絕大的變化。就出生人口數來計算所謂「血緣」與「媽媽的話」，所謂的泉州人或泉州話為依據的人口數優勢，在 1990 年代已經改變，而在 2000 年後更有絕

大的變化。

我們先引用<<內政統計通報>><一〇一年第二十七週>的資料出生登記裡的一些統計數據來表明這種絕大的變化的事實如下：

表八之二：以母語及來源處計算臺灣人口結構的轉變

	總出生嬰兒數	臺灣媽媽的出生嬰兒	大陸新娘的出生嬰兒	其他外籍新娘的出生嬰兒	臺灣媽媽出生嬰兒佔總出生嬰兒率	大陸新娘出生嬰兒佔總出生嬰兒率	外籍新娘出生嬰兒佔總出生嬰兒率
民 90 年	260354	232608	--	27746	89.3%	--	10.7%
民 91 年	247530	216697	--	30833	87.5%	--	12.5%
民 92 年	227070	196722	--	30348	86.6%	--	13.4%
民 93 年	216419	187753	11206	17460	86.7%	5.2%	8.1%
民 94 年	205854	179345	10022	16487	87.1%	4.9%	8.0%
民 95 年	204459	180556	10423	13480	88.3%	5.1%	6.6%
民 96 年	204414	183509	10117	10788	89.7%	5.0%	5.3%
民 97 年	198733	179647	9834	9252	90.3%	5.0%	4.7%
民 98 年	191310	174698	8871	7741	91.3%	4.6%	4.1%
民 99 年	166886	152363	8185	6338	91.3%	4.9%	3.8%
民 100 年	196627	181230	8937	6460	92.1%	4.6%	3.3%

註一：民國 92 年以前大陸新娘與東南亞新娘並無分開統計，表中全列入外籍新娘計。
註二：外籍新娘取得中華民國國籍後，其出生嬰兒則以臺灣媽媽出生嬰兒數計。
註三：早期外籍新娘居住七至八年才能取得中華民國國籍，近期則縮短為三至四年，所以，近期往往有外籍新娘的第二胎或第三胎以後之嬰兒列入取得中華民國國籍後的臺灣媽媽出生嬰兒數計算。若以平均外籍新娘生四位子女計，則上表統計數據，顯然高估了臺灣媽媽的嬰兒出生數，低估了外籍新娘的嬰兒出生數。

我們再以此為據，推算所謂「媽媽的話」為母語的話，我們仔細推算如下：

1945 年—1950 年間，臺灣人佔臺灣人口的 73％之說，這 73％其實是已經開始融合的泉州人、漳州人、福州與興化人、客家人的第二、三、四諸代，而其中約略而計泉州人後代佔 73％的五分之二、漳州人後代、福州與興化人後代、客家人後代各佔 73％的五分之一。所以，字正腔圓的泉州意識擁護者，如今只佔臺灣人口的 14.3％而已，而字正腔圓的漳州人後代、「操閩北語」後代、「操客家語」

後代也只各佔 7.3%而已。

目前如果臺灣強調「說母語就是說媽媽說的話」，具有正當性的話，那麼最該在國小國中提倡的語言教學絕對不是什麼閩南話、漳州話與客家話或原住民語言，而是以前稱為外籍新娘現在稱為臺灣媳婦的母語。因為 2008 年的粗略統計，臺灣媳婦努力生產下，臺灣的新住民家庭人口已佔臺灣總人口的四分之一，「外籍新娘的臺灣媳婦」裡東南亞新娘佔三分之一至四分之一之間，大陸新娘佔三分之二至四分之三之間。所以媽媽的話以普通話計，佔未來人口的 18.78%至 16.7%之間。媽媽的話以東南亞語言（主要是越南語、泰國語、印尼語、緬甸語，而菲律賓、馬來西亞並非臺灣外籍新娘的主要原鄉）計，佔未來人口的 8.4%至 6.3%之間。如果斤斤計較於媽媽的話是否字正腔圓，機關算盡於「說媽媽的話具有無限上綱的革命（應該說教育改革）正當性」，算來算去最該在小學裡排在方言第一名的不正是「普通話」嗎？

「說媽媽的話」在莫名其妙的教育部顢頇年代幾乎只以泉州話為媽媽的話，為母語。這種無限上綱的最大諷刺成果就是：「你只要上教育部臺語辭典找到女性主要性器官這個詞，那麼就會聽到字正腔圓的以泉州音發音的臺語教學」，乃至髒話、俚語、笑話不絕於耳。連「三隻小豬」都是重要成語，列入教育部編列預算來推動的「成語典」，甚至還可以衍化出「三隻小豬」救國救黨救小英的絕妙策略，就可以瞭解到底什麼叫做「民之所欲，常在我心」的百變多樣。這就是泉州文化的氣質，閩南文化的氣質嗎？這就是在臺灣的閩南人的「共識」嗎？筆者認為當然不是，這只不過是閩南沙文主義的擦槍走火與堅信硬拗成真理的軍閥精神敗部復活而已。

當然，如果，一個政黨高喊民主進步，而忘了民主為何物，忘了進步為何物；一個政黨高喊為國為民，而忘了國為何物，民為何物。千萬不要責怪這些政客，因為在政客的眼裡「民主、進步、國家、人民」都不是東西，都只是拿來打擊政敵、加強政黨意識、乃至於強化統治的「工具」而已。而「如果」這種假設性的的議題提出時，政客們總會以「不要模糊焦點」來作為答辯的擋箭牌。

這種極其怪異的「政治身段」在越是落後的政黨裡卻也表演得越為淋漓盡致，也越具有政治動員的能量。不過，不是物極必反，而是選民本來就不是傻瓜，所以也就促成解嚴後的政黨輪替成真，而且還不斷的輪替。哪有哪一種政黨「命定」領導國家呢？天下其實沒有什麼真理，如果硬要說有的話，那麼「權力造成腐化，絕對的權力造成絕對的腐化」，「一黨專政只會造成唯一黨的絕對腐化」大概是值得參考的智慧吧。

如此這般強調「脫殖民觀點」的分析，目的無它：美感之道在於心平氣和而不在

於真有什麼舉世無雙萬代不變的真理；美學分析之道在於洞悉權力的後設，洞悉權力走過的蛛絲馬跡，進入當時真實文脈又再判斷、融會不同歷史文脈的差異與相似處。於是乎，才有能力回到當今、回到中華民國、回到在臺灣，來思考一些如何活用美學知識的重要議題而已。

這冗長的分析結論之一就是：繪畫產業、工藝產業、視覺傳達設計產業三者的共同美學基業就是「取悅別人（業主、消費者、閱聽眾）而不是取悅（設計師）自己」。沒有漏了產品設計專業，因為更重要的結論是：「不管設計學院有多麼複雜的分科分系，所有設計產業的共同美學業基還是「取悅別人而不是取悅自己」，而不是取悅偏狹的設計專業分工意識形態。

這冗長的分析結論之二就是：如果只就日據時期的產業政策及光復至 1990 年的產業政策來看，或許設計教育政策有些遲滯現象，但在二級產業的成長上尚不至於造成過大的阻礙。但是如果從 1990 年代至今的產業發展結果來看，這設計產業與設計教育的遲滯現象卻在產業發展上造成及嚴重的阻礙，其中最明顯事件的就是 1990 年代所提出的「亞太營運中心」的一腳踏空，卻絲毫沒有「踏空後的應變戰略」與 1990 年代末因政治人物選舉時炒作族群牌而造成隨後的政黨惡鬥這兩件事實。這兩個錯誤的事實沒有人進行深刻的檢討，乃至產業政策逐漸「民粹化」，越是偏狹民粹式的短視政策，甚至可以說是「毒藥式的產業政策」就越能獲得政治人物的青睞，甚至許多矛盾的產業政策都藉由政黨惡鬥而不斷推出至今仍然持續者，除非犯法無法終止。簡單的說：「教育政策從洋媚外兼義和團式民粹主義發燒，財政政策上毫無民生主義理想，卻想盡辦法寅食卯糧，經濟政策上誤用獎投條例難尋產業明日之星，法治政策上批鬥企業（以曹興誠司法案件最為惡質）盡失善良人之信賴」這些詞句從來未出現於 1990 年之後的任何政策宣示之中，但這種惡毒的政策卻如鬼魅一般從所謂教育改革的年代，從所謂政黨惡鬥的年代，從「亞太營運中心一腳踏空卻又死不承認」的年代，纏繞著冠冕堂皇政策宣示之下的立法與施政計畫，一點一滴的，逐步的侵蝕著國家實力與國家發展的機會，並造就出許多矛盾的產業政策。乃至從頭開始所謂「從 ODM 轉變到 OBM」的下位政策推動得十分、百分、萬分吃力而不討好（註二十七）。

這冗長的分析結論之三就是：「從 ODM 轉變到 OBM」的充分準備在於文化軟實力與市場開拓的硬實力，然而我們卻做出許多更矛盾的決策而不自知檢討。

國家政策上「亞太營運中心」踏空的原因，從來不正面檢討，反而以民粹主義來炒作總統大選，乃至後續的各類選舉。這種權力策略的錯誤配置，直接且明顯的影響了設計產業的後滯政策乃至矛盾政策。1990 年代後期至今，民粹式的政黨惡鬥造成國家政策無法延續，甚至每一次政黨輪替後都來個國家政策大轉向，偏偏爛的政策沒轉向，好的政策反而轉成爛的政策，政黨領袖的利益高於政黨的利

益，政黨的利益高於國家利益，只有人民的利益少有照顧，反正市場機制決定了一切，那麼又有什麼照顧全民利益的國家政策可言呢？所以任何政府機制上的疊床架屋、政出多門、矛盾的政策、施政、預算計畫也都只具有為期三、四年前的「選票正當性」，甚至於是「民意代表個人的正當性」而已。國家發展與潛力就在臺灣錢淹腳目的年代開始向下沈淪而不是向上提昇。反映到設計產業政策與社會風氣上就造成崇洋媚外數典忘祖的文化敗象而不自覺，還以「一切象美國看齊再加上二號典範日本」表述為這就是「國際化」來自我表功。如此這般設計產業政策的執行結果就是臺灣在 1980 年代末從亞洲四小龍龍頭地位至今敬陪末座，乃至臺灣迷上「韓流」，「哈韓流」的結局嗎？我們崇洋媚外還需要多加一個「韓國」的結局嗎？我們數典忘祖還需要多加一項「去中國化」或「將中國醜陋化」這種日本殖民時期的「教條」來繼續「教訓」中華民國的「民氣可用」嗎？

中華民國在臺灣要從 ODM 轉變到 OBM，最重要的難道不是雄厚的文化軟實力與精緻的市場開拓硬道理嗎？雄厚的文化軟實力怎麼可以切除中華文化而將國父孫文先生定位為「外國人」呢（民進黨執政時期的考試院院長個人言論）？就算是政黨惡鬥的擦槍走火，又怎麼可以一邊高喊黨政軍退出三臺退出校園，另一邊卻由政黨中央、乃至地下市長的政壇小丑明目張膽的在市政府前舉行公務員入黨宣示儀式而攪亂文官體制呢？政黨惡鬥使得一切「愚蠢的政策」都獲得了政黨利益正當性的護身符。所以國家可以繼續高喊三民主義而忘了民生主義裡的「均富理想」，國家可以繼續高喊民族主義而忘了故宮寶藏，甚至是冷凍、作賤故宮寶藏，國家可以透過政黨惡鬥而使種族歧視獲得正當性並化之於無形無罪之境地，造成外勞政策與移民政策在執行上矛盾甚至混淆，一邊高喊「維護國際人權，外勞本勞最低工資不得脫勾」，另一邊卻任由人力仲介公司無窮盡的進行外勞在臺資薪剝削，任由國人對外勞的諸多額外工時與工作內容的剝削。何以至此？口號式的文化政策，政黨惡鬥下的文化政策，繼承日據時期「去中國化」的文化政策，不明究理的抗拒後現代設計，乃至 1980 年代「臺灣錢淹腳目所養成的暴發戶心態」及「假富二代精神症候群」等等，正是造成臺灣文化向下沈淪的主因。少了雄厚的文化軟實力，又少了精緻的市場開拓硬道理，就是「從 ODM 轉變到 OBM」這種「產業升級，產值向上提高」遲遲難以「翻身」的主因。相反的在 1990 年代韓國歷經 IMF 的「金融輔導」，不到二十年而能突然崛起，過程中不斷的以「孔子是韓國人、豆腐是韓國人發明的（其實是漢朝時淮南國境裡發明的）、屈原賽龍舟是韓國的非物質文化遺產」來建構新神話，不斷的以愛用國貨、企業併購、開拓市場、建構韓國品牌，其成功的主因難道不是厚植雄厚的文化軟實力，又熟練並實踐精緻的市場開拓硬道理嗎？

有了上述的共同美學基業及設計產業政策的背景徹底的檢討後，我們再回頭整理一下 1945 年迄今的設計美學變遷如下。

其一，建築美學上審美內容的抗爭膺服於營建技術的抗爭。

戰後臺灣建築美學的發展由現代建築風格到後現代建築風格，在現代建築風格崛起時其實沒有遭受到什麼意識形態的抗拒，但在後現代建築風格崛起時卻飽受誤解、扭曲、抗拒後，終於在資本意志下貫穿了臺灣的建築論述，另一方面以古蹟維修與仿古建築為主的建築論述也在此刻豐富了臺灣的後現代建築風格的滋長。

然而，這種以視覺審美為主的設計美學論述卻完全無法左右以營建技術為主的設計美學論述，然而營建技術為主的設計美學論述幾乎少有學者論及，因為論來論去只有老生常談的「機能美」而已。而營建技術的發展卻從來不談什麼「機能美或機能不美」的議題，營建技術論述只是悄悄的表述了從磚造建築到加強磚造建築，再到鋼筋混凝土建築，再到預鑄鋼筋混凝土建築，再到鋼骨造韌性結構建築，終於在臺北壹零壹大樓案達到頂點，蓋出當時全世界最高的摩天大樓。臺灣營建技術的發展向來是靜悄悄的，但其論述實踐的能力卻遠高於臺灣建築論述實踐能力。不過也不必高興得太早，因為臺北壹零壹大樓，除了高，在營建技術上是沒有什麼「原創性」可言。換句話說，就營建技術而言只是有錢而已，沒什麼技術上的貢獻可言。他就是有錢，沒啥能力也變得聖賢起來，正是「臺灣錢淹腳目」年代的臺灣美學情境。

其二，工藝美學上技術的抗爭遠落後於審美內容的抗爭。

與建築設計產業發展相反的對比就是工藝產業發展，這裡的工藝產業當然包括了產品設計產業。只是若只就「手工藝產業」與「產品設計產業」兩者而言，手工藝產業顯得更為明顯而已。

「工藝美學上技術的抗爭遠落後於審美內容的抗爭」，指的不是技術上有多大的發展，只是表述了「審美內容」的發展較之於「技術發展」略勝一籌而已。而這種略勝一籌卻也沒有多大的市場開拓能力。簡單的說，臺灣工業技術或許有創新乃至許多世界領先的專利，但是這些技術能力卻少有整合到設計產業中，或是說工藝產業與工業設計產業在核心技術如何整合到一件設計作品上的「智慧」似乎仍然只欠東風。究其原因或許很多，就其現象而言則是「設計意識不足」而「設計專業意識形態過剩」，所以，筆者認為其主因在於：手工藝產業對日據時期的產業政策的全面接收而帶有明顯的「僵固性與後滯性」所致；產品設計則對於經合會時期「初階段入口替代與出口擴張」與當時聯合國專家的建議產業領域設定，乃至於對「國際式樣、美國口味」乃至於包浩斯的過度崇拜所致。另一方面，手工藝產業的「藝術化」取向也造成其與「產業化」之間的矛盾，進而拖累了工藝設計意識的形成，直到日據時期的「黑手」去掉後，才有明顯的改觀。

就發展策略而言，2000 年後，民間工藝產業的創新發展遠快速於公部門的政策獎勵產項。這其實是另一種政策「僵固性、後滯性」的警訊。而工業設計產業上

雖沒有這種政策「僵固性、後滯性」，然而這不是「沒有消息就是好消息」，恰恰相反，這正顯示出「只有學生作品參展得獎，而少有公司作品得獎後搶攻市場」的「無法獲利了結」的警訊。

就設計風格上，且不論現代設計風格到後現代設計風格的轉變，工藝設計太強調臺灣味與產品設計的太強調「去臺灣味」一直是這兩大產業的隱憂。太強調「去太灣味」的結果並不是精準捉住「目標市場」的文化符碼，而是按上設計者自己設定的「無文化符碼」，然而卻不能體會「國際式樣」只流行於 1950—1980 年代。太強調臺灣味除了特殊原因（如臺灣精品在大陸打下的市場）以外，通常是很難攻佔外銷市場的。在已有的國際政經局勢裡，中華民國在臺灣從來都不是「全世界的主流」，可見的未來也不是。高喊愛臺灣！臺灣第一勇！這種口水就留給選戰時喊爽就夠了。

其三，繪畫美學上論述強於實踐，可惜論述自我模糊起來。
戰後臺灣繪畫產業的發展，其實歷經崎嶇道路至今尚未脫困。或許「困與不困」更細的專業分項上也有不同的情景，但是如果就產業外銷而言，那真是「坐困愁城」與「一籌莫展」。這主因都在於「繪畫美學上論述強於實踐，可惜論述自我模糊起來」所致。繪畫美學論述上的「嘴角全沫」恰恰造成繪畫產業外銷上的「坐困愁城」，在 1970 年代迄今獨佔繪畫產業外銷龍頭的只有「薄利多銷」的「西洋風景油畫」與「仿真畫」。然而，卻從來沒有任何畫評家或繪畫美學論述為這個產業「卜過一掛，看過一眼」。然而，自稱是繪畫產業主流的「油畫」與「綜合媒材創作」，除了在 1960 年代至 1980 年代得過美國新聞處的「再教育獎項」以外，又有哪一位得過具有國際市場價格指標的國際大獎呢？「具有國際市場指標」的小獎項大概也沒有，頂多只是花錢辦展覽，然後回國大肆宣揚，這與十九世紀的洋買辦又有什麼不同呢？

只就繪畫產業而論其實本無細分國畫與西畫之必要，然而繪畫美學論述上，國畫、西畫、現代畫之間的論戰卻一直都忙得不可開交，到了 1990 年代才暫停戰火，因為另一種口水式意識形態的抗爭崛起，頂替了原先的論戰，只是這次已不是什麼國畫論與西畫論或現代藝術論戰，而是廣義西畫領域上自稱主流的爭奪戰，西畫論述較真起「臺灣性」來了，好像參與了發言，參與了歷史寫作就將自己的作品，乃至於看得順眼的學長學弟的作品定位成「代表臺灣」、「佔據主流市場」。

1990 年代至 2000 年的廣義現代畫或廣義西畫體系的繪畫論述，其實仍然走著老掉牙的路子，差別只在他們專攻公立美術館與公立博物館的市場而已。所以，「繪畫美學上論述強於實踐，可惜論述自我模糊起來」。2000 年之後所謂的西畫產業或現代、後現代繪畫產業或許有些傑出的作品，可惜「恕我眼拙閱歷不深」看不

出來，而「西畫或現代、後現代繪畫論述」在筆者看來，仍然是「半瓶水響叮噹」而已。繪畫嘛？買主開心就好？買主覺得有意思就好，難不成還停留在「軍閥精神餘溫中」認為繪畫對現代化革命該有責任，畫家就是藝術家能統包一切，前衛藝術就是搞革命？相對的，悄悄站上國內繪畫產業主流位置的國畫與現代國畫，倒呈現出不同景象。簡單的說：在這個領域可說是「繪畫美學的實踐強於論述」，不但擁有國內市場，還與香港市場，東南亞市場交流頻頻，也與開放探親後的大陸市場交流頻頻，三個市場都獲利而尚未了結。

建築彩繪工藝的發展則更是「繪畫美學的實踐強於論述」，不過卻飽受「政府採購最低標」的困擾。另外，在建築彩繪實踐上也歷經了產業快速膨脹與材料、繪畫技巧的激烈變化的挑戰，從紙褙畫與建築彩繪的「同工低酬」，到「地仗層的革新作法」，再到「化學漆廉價搶攻市場」，再到「尊古法製，只是有些無須地仗層處理的也因編列預算而多加了一層皮」（註二十八），再到「政府倡導義大利式古蹟繪畫維修法」，依這個時序下來，建築彩繪工藝的發展只能以一句話來形容：「五味雜陳」。

廣告設計產業也是「繪畫美學論述強於實踐」，只是不論實踐也好論述也好都比西洋繪畫產業來得令人激賞，好得太多了。廣告設計美學上，在 1980 年代末，首先跨過「後現代消費意識」的門檻。這指的當然是意識形態廣告公司。另一方面，廣告業在媒材上本來就適合說故事，特別是電視廣告的 CF 製作。再一方面，廣告設計也是最先體悟到「告知→勸進→說服」的雙向溝通傳播理論的行業，所以也就能一把把握著「危言聳聽（注意！看這裡！）→巧言令色（說你想聽想看的故事，並挾帶業主的訴求於無形之中）→皆大歡喜（閱聽眾準催眠狀態達成）」的轉化於不流痕跡的順暢。所以，屢屢有符合當季文脈的廣告設計作品出現，當然廣告設計裡也有不少爛作品，不過這些大概都是業主意志太堅強所致，誰說出錢的不是大爺呢？誰說大爺沒有「官大學問大」的陋習呢？只是廣告設計產業也另有隱憂，哪就是公司財務管理普遍不良，乃至從 1990 年代開始許多臺灣的本土廣告公司都被跨國（廣告）公司併吞而已。

其四，美學的原鄉本為在地，「在地」卻四分五裂頗為無奈。
任何設計美學的原鄉都是在地，不是材料的在地而是人文的在地，不是權力結構的在地而是數目人口主流的在地。1945 年迄今，設計美學的原鄉卻遭遇到過多原鄉難以整合的困擾，特別是解嚴後至今還以「權力結構的在地」來干擾「數目人口主流的在地」，真是「雖然在地」卻「四分五裂」頗為無奈。緊靠後殖民觀點的狂熱者與政客們，不要將政黨的利益訪在國家利益之上，更不要趁著執政而將短暫的政黨利益與政黨意識形態強加在國家之上，日據時期配給的原鄉未必是成長的動力，恰恰相反的去中國化與去中華化往往只造成文化貧瘠；政黨惡鬥並不是民主進步，恰恰相反是民粹抬頭；收回政黨惡鬥下所播下莫須有的仇恨種子

吧，解嚴這麼久，選舉也結束了，讓善良文化來滋長新一代的設計產業活力吧。

8-6，小結：審美品味的人口主流與市場主流

文明就是文化，人類學就是社會學。只有在長期殖民帝國霸權心態下所形成的西洋文化才會將非我族類的文明視為文化，並賦予貶低的意涵，將非我族類的人群研究視為人類學知識，予以歧視後，來突顯所謂種族優越性的虛榮心而已（註二十九）。而凡此種種也都造成歐美國家近三百年來，自以為高度文明，恩澤開化殖民其他文明的血腥歷程，在軍事宗教殖民主義遭受全人類唾棄的二次世界戰後，就變種為經濟殖民主義，乃至文化殖民主義，繼續依靠後殖民觀點的散播，而競逐世界霸權，直到 1960 年代末（1968 年為標記）資本主義形態再度接受挑戰，1980 年代末（1989 年為標記）共產主義形態再度接受挑戰。

換句話說，人類近代文明與工業化革命的崛起，恰恰是以西方文明對其他文明的侵略、侵蝕、殖民、剝削為代價的結果。這種西方文明資本主義茁壯的歷程也造成其他文明追求現代化歷程時的困頓與迷惘，甚至現代化誤解為西方化，或墮落為被殖民後的滅絕文化而毫無自省的能力。而現代建築運動乃至現代設計運動卻恰恰好橫跨了十九世紀末至二十世紀的兩次世界大戰，直到 1960 年代。

所以評價現代設計運動為：「西方文明猖狂而西方文化貧血年代的結晶代表」，乃至「西方理性主義猖狂至理性異化後的制度性結晶」，其實一點兒也沒有任何污衊貶低的加油添醋。雖然現代建築運動與現代設計運動對人力生產力的提升也有絕大的貢獻，但是這些「絕大貢獻與利益」一直掌控在人口數較少的西方帝國列強手裡，進而加緊了世界各文明體系乃至各個國家間的惡性競爭與戰爭卻也是個不爭的事實。

如果我們從設計美學的角度來看「西方文明猖狂而西方文化貧血年代的結晶代表」時，這「西方文化」說得太廣泛了，其實這只是「德、英、美民族文化」擾動並詮釋了近代西方文化，代表了 1980 年之後的西方文化的一種畸形表述而已。

十六世紀初，上帝從德意志民族的馬丁路德宗教改革運動後，取得一張新的面孔代表西方（並衍生出基督教），並取得西方的新口味而流傳下來；十七世紀末至十九世紀中，央格魯薩克森這個德意志民族的分支以英國之名，透過牛頓及爾後諸多發明家與企業家，也取得一張新面孔代表西方（並衍生出資本主義與殖民帝國主義雙霸權），同樣取得西方的新口味而流傳下來；二十世紀前半頁這張資本主義與殖民帝國主義雙霸權的寶座逐漸從英國過渡到英國的表弟：美國的手中，同樣的為西方文化添加了一種「憲法規定不得種族歧視」的新口味而流傳下來。

如此這般所形成的設計美學口味，就是現代建築美學與現代設計美學的口味。一種斤斤計較於戰略利得、市場利得、生產精密性、數據精確性的設計美學因此而與希臘羅馬文化聯繫起來，因此而與西方傳統文化聯繫起來，並因殖民帝國的殖民地戰爭，殖民地買賣，連同市場爭奪與市場開拓的痕跡，撲天蓋地的捲席全人類的所謂自由民主國家。同樣的這種文化的另一分支，講究德意志民族與俄羅斯民族集體主義的文化，也以馬克斯思想，特別是馬克斯的「資本論」為淵源，以共產主義為名，同樣的以蘇聯為首，因殖民帝國的殖民地戰爭，殖民地買賣，連同市場爭奪與市場開拓（只不過換成規劃的市場或集體經濟的分配機制）的痕跡，撲天蓋地的捲席全人類的所謂無產階級專政國家。

然而這種以德、英、美民族的口味或以德、俄（斯拉夫）民族的口味強加諸於世界各民族的作法，終於在 1960 年代美國的布雜建築教育體系爆發了溫柔的更換口味運動（註三十）；在 1960 年代美國爆發了更換口味的學生運動（註三十一）；在 1960 年代法國爆發了更換口味的學生暴動（註三十二）。這些運動與趨勢在設計藝術領域終於快速的匯集成「以打倒現代建築教條，打倒現代設計運動」為目標的後現代設計藝術浪潮。

後現代設計藝術在崛起的過程中雖然以「以打倒現代建築教條，打倒現代設計運動」為目標，以改變現代建築美學品味、改變現代設計藝術美學品味為目標，但是後現代設計藝術浪潮的發展過程裡也很清楚的可以理解只有文化間的互相激盪與融合才能提升文化能量。人世間的任何一種文化並不是以打倒另一種文化而能成就其大的。打倒只是一種鬥爭的策略而不是目的，人間天堂並非靠打倒人間地獄所能形成，何況呼現代主義或現代設計藝術也非「人間地獄」，它最多只能稱為「理性異化後殖民主義的幫凶或市場機制的幫凶而已」。西洋文化發展到十九世紀中葉顯然已出現分裂，古北歐文化以歌德文化、日耳曼文化、英國海洋文化為主逐漸壓倒了古南歐文化：拉丁文化。或是說從十六世紀崛起的基督教文化在十九世紀中葉逐漸壓倒了天主教文化，而到了二十世紀的六零年代則出現了拉丁文化向日耳曼文化的反撲，這在後現代設計藝術乃至後現代設計藝術美學的崛起的過程裡顯得特別突出，並引援了結構主義到解構主義變身過程中所有西洋哲學重要派別間的激辯與論證，更因此而開啟了後現代文化裡多元文化為基礎的契機。

後現代設計藝術乃至於後現代設計美學也就在上述的背景裡豐富了其發展的潛力與活力。後現代設計藝術的發展從 1960 年代的崛起到 1990 年代的開花結果，總結而言，除了早期的對抗現代設計藝術並吃下現代設計藝術以外，顯然已增添了以下的諸多內容與趨勢。

其一，尊重多元文化，並以母文化與異文化間的激盪結果為創作材料。

其二，重拾「自己的」傳統文化。

其三，重拾設計藝術創作裡的敘事性。

其四，開創資訊革命後的溝通新模式，乃至大量接收資訊科技技術成果於創作媒材上。

其五，從生產面經濟學轉變到消費面經濟學，進而改變「設計者創作者為中心」創作態度為「消費者為中心」創作態度。換句話說「為市場而生產創作」乃至「為客製化的市場而生產」已成為後現代設計藝術的新教條，然而所謂「客製化的市場」卻仍然只是「行銷（Marketing）」概念的深化而已。於是乎如何創造有行銷實力的品牌，乃至品牌的擴張與品牌的併購則成為後現代市場經濟裡最嚴肅的課題，也是後現代建築、後現代設計、後現代藝術創作裡最嚴肅也最富挑戰性的課題。過不了這一關，不但「商品賣不出去」，任何再神聖的作品也變得毫無價值可言。於是乎市場開拓與品牌重塑就成為後資本主義市場機制裡的兩大利器，前者需要深入理解分眾社會裡不同的消費者「內心身處需求與慾望」，而後者則透過神聖化與儀式化過程將這眾多「內心身處需求與慾望」除罪化。當然患了「假富二代症候群」的患者是不需要經過這種「除罪化」的儀式，就已經「卯食寅糧」的快樂消費著，而品牌廣告只需要輕輕勾起這些人的慾望，讓他們起乩就可以了。

其六，後資本主義的市場機制顯示了一個道理，最少目前還是如此：「市場是王道，高價賣得出去的商品才能支撐這個王道，錢是不長眼睛的，眼睛長在花錢人的腦袋裡」，於是乎「人口主流」與「市場主流人口」的文化母體、文化符碼乃至原鄉與審美傾向就成為看清這個「市場就是王道」的絕佳途徑。

我們從上述的切口進入設計美學的詮釋。

審美品味的人口主流與市場主流就是要研究「人口主流」與「市場主流」的取悅兼說服的技術，而不是取悅創作者說服創作者的技術。這裡是在進行深刻的藝術史分析與美學史分析，分析審美品味的真實性與虛偽性，分析我國傳統設計美學與藝評裡的諸多具諷刺性的案例，也分析權力介入歷史寫作的常道與歪理。或許歷史傳承裡將歪理視為常道而傳承下來，乃是歷史演化裡最諷刺的無知吧，而歷史上最具藝術成就卻又最為諷刺的例子就是趙佶及趙佶的作品。第二諷刺的例子就是蔡京及蔡京作品的歷史評價。

權力史上認定趙佶是頗有才情的昏君，而蔡京是巧言令色的奸臣，若不是如此也

是佞臣一個。事實真是如此嗎？這種權力史的錯誤解讀，更造就了藝術史乃至藝術品評價的「偽道德」結論：趙佶的藝術才情，不但提升了宋朝的藝術成就，還首創「瘦金體」，同時也將「花鳥畫」、「寓意畫」乃至皇家工藝提高到前所未有的新境界；相對的蔡京只不過精於書法，連宋朝書法四大家都排不上，四大家之「蔡、蘇、黃、米」之蔡指的是當過泉州知府的蔡襄，而不是當過宰相的蔡京。

不過，如果有機會回到歷史，看盡趙佶的創作，看盡蔡京的創作，大概也只能說：「所謂藝術史的寫作水平，是飽受『偽道德』民粹主義的干擾，寫盡人間反諷演義而已」。

筆者當然也不是神仙，也無能力「回到歷史，看盡趙佶的創作，看盡蔡京的創作」，但是筆者在撰寫<<福建設計美學發展講義>>時，也著實考證了一些資料（註三十三），而認為：「蔡京。說奸臣未必是事實，說佞臣未免太沈重，說才情遠勝趙佶千萬，說對工藝發展的貢獻，推動莆仙工藝之父，飽受後世讚美的明式家具創始人也」。然而，藝術史的寫作者們，有機會「回到歷史，看盡趙佶的創作，看盡蔡京的創作」嗎？又哪一位或哪一段的藝術史寫作上「摘下過對趙佶作品想像式的光環」，又「還給蔡京作品真實所感的公道」呢？當然，書畫與人品難以對等視之，但是前述的簡易考證，只說明了我們藝術史寫作上仍然堅信美學上的比德說而不自知而已。藝術史的寫作要憑創作實物，設計美學史的寫作則除了憑「創作實物」外，還要憑「設計創作實物經驗」與「面對設計藝術品的真心感動」。所以，我們也可以認為：「趙佶。說才情未必有也，說性情與王莽雷同，偽君子一個，還要自命道德真皇帝，比出身卻比王莽好命，論結果各賠一個朝代，置百姓於無物。趙佶者，宋徽宗是也」

取悅別人稱為「說服」，取悅自己稱為「想像」。不切實際的「想像」往往會虛耗實力，變得軟弱無能，誤把蠢藥當春藥，虛耗過渡而不自知。知識上不切實際的「想像」更會虛耗實力，將自己搞得笨笨的，還以為別人都是笨蛋，甚虧而不自知。以這樣的分析來描述宋徽宗的創作能力與藝術作品評論，應該算是貼切吧。這裡沒有任何影射，也不必對號入座，只是所謂「歷史檔案文件」裡充滿了「準趙佶」罷了。真要對號入座，還可另舉一歷史人物：盡修野狐禪的董其昌。

如果認為上述的分析與臺灣設計美學的建構毫不相干的話，我們可以心平氣和的想想：臺灣的人口主流在哪裡？臺灣能開拓的市場主流又在哪裡？臺灣的文化發展趨勢又在哪裡？現今臺灣民俗信仰裡向著「儒釋道巫都可以」生活習慣者有多少人？向著「西洋宗教」生活習慣者又有多少人？臺灣的主體性在哪裡？臺灣文化特色在哪裡？

臺灣文化原鄉的最大一塊到底在哪裡？會是明治維新嗎？會是包浩斯嗎？會是

上帝的愛嗎？會是美國牛肉配可口可樂嗎？會是極盡日本軍閥去中國化遺志之能事的「後殖民觀點」嗎？中華民國在臺灣的自認為文學家的政治人物，居然在「五院院長」的高位時發表並提倡「孫文是外國人」的論點，這已經不是「後殖民觀點」，簡直自我倒退回「日本帝國主義者觀點」吧，哪來的民主信仰可言，又哪來的進步思想可言？民俗信仰如果「去中國化」之後，除了虛構之神廖添丁與廖添丁廟之外，「外省豬滾回去，太平洋又沒有加蓋」這不是在咒罵媽祖，咒罵關聖帝君，咒罵太上老君，咒罵孔子嗎？而臺灣如果少了媽祖、關聖帝君、太上老君、孔子這些文化成分，那麼臺灣又還有哪些令人懷念的廟宇文化呢？

「儒釋道巫都可以」說明了一切，臺灣文化的原鄉裡中國文化與福建文化才是最大塊，臺灣現在與將來的人口數主流裡，操國語寫正體字的才是最大塊，而大塊小塊間也快速地在融合中。哪裡是外銷的「好價出口地」，哪裡就是「工業設計乃至於所有設計產業」的市場主流。

錯把自己留學國視為「市場主流」其實與韓流迷（FAN）、日本迷、美國迷、北歐迷的行為差不多，這些都是「補償性的差異消費習慣」而已。將「補償性的差異消費習慣」當作設計美學，設計論述，設計實踐來倡導，真是萬萬不可也萬萬沒這個道理。請問倡導了近四十年，有這些地區的外銷戰的實力與實例嗎？沒有！可見的未來也不會有！誤把「FAN經」當作學術，其實只有誤盡莘莘學子又錯失經濟發展的良機，不是嗎？

臺灣設計美學的特殊性就在於：長期以來的「權力主流人口」以文化先進者自居來整合「人口數上的主流人口」，而這種情境在日本帝國殖民臺灣時最為「雷厲風行」。

光復迄今臺灣設計美學的特性則在於：太多的軍閥精神不斷的敗部復活，總認為審美品味是可以配給的。只要有錢有資格當個美國人的爸爸就有能力「潛移默化」臺灣大眾的審美品味於無形。這種崇洋媚外的心態其實只在學校課堂上主導了臺灣學生的審美品味，乃至臺灣設計學術上的審美論述，從來沒有撼動過民間自發性的審美品味，乃至於感動過業界的業主。光復迄今的設計美學發展與日據時期設計美學發展，分析起來竟有高度的雷同性。只差「東洋畫」改個名字稱為「膠彩畫」。而不管東洋畫也好，膠彩畫也好，從來都沒有進過臺灣宮廟，也上不了祖廟的供桌，它也就進不了尋常百姓的心靈。只差多了「西洋畫論述」與「現代建築論述」，西洋畫論述支撐了畫廊畫室的生意興隆，但是幾乎絕大部分民間畫廊除了「專畫外銷油畫」的行業以外沒有什麼人在畫油畫；現代建築論述撐出現代建築的許多作品，但是幾乎絕大部分的民間建築也都是聞風不動，只有營建技術與材料上的絕大改變而已。

誰說歷史不會重演呢？重演別人的歷史又有什麼主體性可言呢？所幸歷史重演時連結局也一併預告了。臺灣設計美學在戰後的發展。只要將日據時期的劇碼重抄一遍，再加兩道油：現代設計論述與後現代設計論述，並添三道菜：美國口味、歐洲口味與新日本口味，什麼！忘了原住民口味？不是的，一種崇洋媚外的學術習性都可以將原住民從「福建古民族」竄改成「南島族群」，這自認為閩南沙文主義就是王道的廚師們，他們的菜單裡沒有原住民口味這道菜的。

歷史會重演嗎？科學的知識就是真理嗎？

人世間其實真理不多，不過筆者認為：「配給的原鄉、規定的原鄉與由上而下的原鄉，不但無法深入人心，通常也不具有什麼吸引力，這些配給的原鄉之所以感動人心熱淚盈框，通常是裝出來的」，或是說，透過「脫殖民觀點」才能夠看清假知識霸權的耀武揚威與永遠的功虧一簣。

有了本節上述的脫殖民觀點陳述後，我們再回頭將臺灣設計美學發展的情狀，盡量貼近真實地表述如下。

其一，臺灣原住民美學多彩卻不多姿，因為從漢人來臺後就規定了姿勢。
臺灣原住民設計美學是什麼？當然指呈現與原住民文化同步發展的設計美學。只是臺灣原住民文化發展的道路頗為坎坷，而至今難以辨識而已。

就考古資料的解讀上，現今臺灣原住民就是福建古民族在西元前 6000 年至前 4000 年臺灣海峽形成之際跨陸橋尋獵物而移民來臺所形成的民族。只不過從十七世紀開始來了一批批的福建新移民與西班牙殖民、荷蘭殖民，這些殖民者或移民者就以不同的經濟形態，改造了原住民文化的姿態，不接受改造的原住民從此被稱為「生番」，而接受經濟形態改造者至今則被稱為「平埔族」並大部分與福建新移民通婚乃至難以辨認了。連血緣都同化了，語言文化夫復何言？然而，1980年代末崛起的新一代考古人類學家，卻大部分都主張「臺灣原住民是南島族群的後代」，這種睜眼說瞎話的論述卻主導了什麼「原著民正名運動」，臺灣原住民也就從 1980 年代的九族一直成長出十族、十一族、十二族、十三族，目前還再繼續「分化」不是嗎？

何謂睜眼說瞎話。南島語族群本是十九世紀無知的西洋帝國列強公司員工所設定的「語言祖先」概念之一。而考古學上的最荒唐的笑話就是：「雅利安人是現今印度人的祖先：語言祖先，然後把語言二字省略」。這南島語族群原先只是個「多元複雜無以名之冠以地區之名」的概念，到了日本殖民臺灣時就依南進戰略而強化了「南島語族群」概念的「假實性」，到了 1980 年代澳洲因為要加強對太平洋

的貿易，澳洲學者也就自作主張的將澳洲毛利族加入了「泛南島語族群俱樂部」。部分臺灣新一代考古人類學家就在此刻紛紛加入此「泛南島語族群俱樂部」，然後極盡無物質證據考證之能事，並且「外銷轉內銷」的在國內學術刊物一律採「南島族群」一詞。請問，語言祖先概念，省了語言二字，還能是什麼概念呢？當然是：「雅利安人是現今印度人的祖先：語言祖先，然後把語言二字省略」的荒唐概念而已。這也不是誰的陰謀或陽謀的議題，只是後殖民觀點下精緻、無知兼無恥的產物而已。哪有什麼科學性可言，所以說是睜眼說瞎話，而且是權慾薰心下的爭眼說瞎話。

臺灣原住民設計美學多彩卻不多姿，因為從漢人來臺後就被規定了姿勢。從 1980 年之後還被潑彩，將荒唐的語言祖先概念，很學術性的貼在「福建古民族」身上，可見得最少部分臺灣所謂史學新一代與考古人類學新一代的「學術性」的不夠「認真」。或許「認真的定義不同時」，這些人其實是很認真的。也是這些部分史學新一代與考古人類學新一代，寫就了我們所能認識的原住民設計美學實踐，更為多彩卻姿態一致，就像 1980 年代臺灣各觀光景點裡的紀念品一樣：「更為多彩卻姿態一致」。

其二，顏鄭洋鄭時期的設計美學只奠定下了閩語系族群的生活態度。

顏鄭洋鄭時期指的是顏思齊鄭芝龍盜商集團、荷蘭人盜商集團、西班牙盜商集團的三足鼎力到鄭成功收復臺灣延續明朝「正統」的這一段歷史。

顏思齊鄭芝龍盜商集團、荷蘭人盜商集團、西班牙盜商集團的三足鼎力到底是哪一股勢力首先「登臺」，目前仍然是公說公有理婆說婆有理。不過，荷蘭人並無力也無能佔領全臺卻是個不變的事實。荷蘭人據臺其實只有在最後的十年，才「接收」魍港，乃至於更晚的淡水港、雞籠港與極短暫的宜蘭地區而已。但這些都不是決定臺灣文化成分的關鍵。是荷蘭人的「殖民統治」、西班牙人的「殖民統治」與顏鄭盜商集團的「移民形態、開發管理」，才是決定早期臺灣文化成分的關鍵。鄭成功收復臺灣後則更加強了「移民形態、開發管理」。

在荷蘭人的「殖民統治」時期或許有「印度南方人口」的三角貿易，但一定有矮黑人的屠殺與「矮黑人運返巴達維亞」的事實。另一方面，荷蘭人的「殖民統治」基於「耕作技術」及「管理人員」的引進，也加速了浙閩廣三地的對臺移民。再一方面來論，西班牙人的「殖民統治」，卻因馬尼拉的屠殺華人事件，漢人與福建商盜集團，通常連雞籠港都不靠岸，更別說加速福建的對臺移民了。

鄭成功收復臺灣時明顯的帶動（規定）兩萬戶的「軍戶」落籍臺灣，而這兩萬軍戶及其眷屬幾乎就決定了爾後漢人來臺的「比例」議題。大體而言，操泉州語者佔五分之二，操漳州語者佔五分之一，操潮州語者佔五分之一，其他語言者併同

顏鄭集團與荷蘭人統治時期的漢人約五分之一。不過,在語言學上「泉州語、漳州語、潮州語、客家語,乃至興化語、福州語」都屬於閩語系,當時雖然並無「國語正音班」之類的學習管道,但是從南明政權曾以福州為首都的事實來看,鄭成功的部隊通行「福州官話」是可以想像,而此刻的閩語系之間是可以口語溝通則是「合理的推測」。

我們以「配給的原鄉」難以久留,「人情的原鄉」古古長長,「技術學習不帶原鄉」這三個準則。以數目人口主流就是「內銷生產的主流」這種推定,就可以很清晰的得出「顏鄭洋鄭時期的設計美學只奠定下了閩語系族群的生活態度」,而人口數主流人口的消費能力則衍生出明顯的福建原鄉,福建設計,福建生活習慣,乃至福建神話與當時的福建設計美學。簡單的說,臺灣設計美學在這個階段開始了與福建設計美學同步的開端,雖然略有後滯,但只是稍微缺錢而已,鄭芝龍乃至鄭成功、鄭經,如果連成一股政治勢力的話,這股政治勢力從頭到尾都擁有五行商隊,專門進行東亞的貿易。所以,當時的臺灣缺不缺錢?只能說稍微缺錢而已。

其三,清朝時期的設計美學三個大小原鄉互相滋長而漸趨成熟。
清朝時期的設計美學簡單的說就是福建設計美學的翻版,而有不同的步調,在盛清時期,臺灣就是福建省的組成府縣之一,官方語言就是「福州官話」,所以此刻臺灣設計美學不但就是福建美學的翻版,而且還是快快樂樂的翻版,只是步調稍微後滯一點。然而臺灣設計美學發展在 1850 年之後,逐漸有了新的步調,也有了融合原住民文化的跡象。

1850 年就政治經濟形勢而言,福建飽受太平天國動盪之苦,臺灣的新一代仕紳也因參戰與軍功,併同已累積的文官科舉致仕而快速崛起。臺灣的經濟也在這一階段逐漸相對於福建而超前,到了臺灣籌備建省時,則不只是沈葆楨的「實業派思潮」對臺灣的軍事與交通佈建有極大顯著的影響,就連劉銘傳首任臺灣巡撫的政策都比所謂「自強運動」更勝一籌。所以,大致上在 1875 年前後臺灣的經濟實力就已然「青出於藍而勝於藍」了。換句話說,臺灣建省之後的設計美學,其原鄉就逐漸從福州原鄉、北京原鄉再增添出半個上海原鄉了。

臺灣設計產業也在盛清時期的對福建原鄉的亦步亦趨轉化到晚清時期的進度超前,而另加學習經貿的樣版:上海。所以,清朝時期的臺灣設計美學是在福州原鄉、泉州原鄉、北京原鄉轉換到泉州原鄉、北京原鄉、上海原鄉的三個大小原鄉互相滋長中而漸趨成熟。而臺灣人口中默默的「去福州化」卻悄悄的滋長著。

其四,日據時期的權力結構巨變,配給的原鄉卻只能選則性的少量留存。
日據時期臺灣設計產業表面蓬勃發展,實際上飽受摧殘,現象上稀少的殖民地內部的交易統計與行業認定統計,都把「實際上飽受摧殘」的事實遮掩過去。而臺

日貿易的統計與現代化行業的認定又把「表面蓬勃發展」的假象進行了放大。更明顯的遮掩與放大則是「權力結構巨變」與「日本殖民者說了算」的雙重扭曲，而這種雙重扭曲又再度的透過「後殖民觀點」與「現代化論述只有日人說算」而持續的在 1980 年後再度敗部復活的影響著臺灣設計美學的發展。

在日據時期臺灣設計美學的原鄉主要有日本原鄉、現代化原鄉（日式的歐美原鄉）、福建原鄉、小上海原鄉，而設計美學論述的實踐上，日本原鄉屬於配給的原鄉；現代化原鄉經過日本的口水調配後，配給性減弱，吸引力增強，但模糊性也增強；福建原鄉屬於自發性原鄉，雖然在 1937 年後日本殖民政權斷然執行「去中國化」的斬斷桃花政策，不過暗地裡還是桃花朵朵開只是不向著太陽旗而已。

小上海原鄉則夾雜在現代化原鄉的名目下名正言順的「進出」臺灣，不是「侵略」只是回家而已。日文漢字與中文漢字在此果然分道揚鑣。從日據時期設計產業的生產量來看設計美學發展的話，我們只能說，審美心靈不是說教所能滋養，配給的原鄉當殖民者離去自然不會長久。

殖民者所留下的生活習慣與價值觀其實只有日本料理、不正確的日語發音，以及錯把「馬鹿野郎」這個「不得已的傻瓜」當作「髒話」且口號式的響徹雲霄而已。日本殖民政權能夠將漢字字義，從「不得已的傻瓜」轉化成「心甘情願的傻瓜」，其實也算是「頗為成功」值得慶幸的事，不過這只是後殖民的觀點餘溫而已。吃藥後，可以退燒了。

其五，光復迄今的設計美學，多采多姿，但有些論述卻停格在項莊舞劍。
光復迄今的設計產業，如果就現代設計風格與後現代設計風格來看，設計美學的發展大致還是有「僵固性」與「後滯性」的現象。就分科產業來看，恰恰就是日據時期強調「現代化、科學性」的設計產業表現得最明顯，西畫與油畫則尤是「僵固後滯」的高手，手工藝產業也緊跟其後。探其主要原因是延續師範教育美術科的教育體制的成果。次因原因則是延續手工藝講習班政策乃至體制的成果。

臺灣設計美學論述，則由於解嚴後的原鄉激增而顯得多采多姿，而分項設計美學論述裡，大致也都呈現多采多姿的情狀，只有自認為是現代藝術家正統的西畫美學論述以及 2000 年之前的「手工藝美學論述」，呈現停格狀況，前者停格在「項莊舞劍」，後者停格在加強聘請日本新一代專家或加強日式漆藝傳習計畫上。這兩項設計美學論述其實都只是花拳繡腿，因為循此舊路的學習下，這兩項產業都沒有「外銷實戰」的實踐成果可言。

除了西畫美學論述與「手工藝」美學論述以外，設計分科下美學論述大致逞「互不聞問」的獨力發展情狀，也還好，唯一最具戰鬥力與「打破互不聞問陋習」的

「西畫美學論述」其實沒有什麼威力，所以，其他獨力發展的分科設計美學，也還沒有嚴重後滯性與「指鹿為馬」的惡習，進而也還能比較具有實踐力地帶領各自項下設計產業發展。進而真實的豐富了戰後臺灣設計美學多采多姿的樣貌。而在解嚴後這多采多姿的樣貌卻又有點犯桃花，不過如此這般的心花朵朵開，總比西畫設計美學好像只能吹一把號，來得令人愉悅，不是嗎？

不要對號入座，雖然門票已買。畢竟，所有設計產業的美學基業是：「取悅買者，而不是取悅設計師自己」，畢竟，所有設計美學的論述實踐都要準確計較：「審美品味的人口主流與市場主流」。畢竟，買了票看了生悶氣，很划不來。

雖然本文只針對臺灣設計美學進行分析，但因採用了文脈分析法與脫殖民觀點，所以筆者認為就算是分析臺灣美學的變遷，其結果大概也只能說：「臺灣設計美學是如此，臺灣美學亦若是」。

第八章註釋

註一：詳，Robert A. Pastor 編著，董更生譯，2000。

註二：參考，楊裕富，1992，p.127。

註三：引自，孫得雄、陳肇男、李棟明，2001，p.27。

註四：ABC，美國出生的華人，ABC 可以成為時尚，乃至於由小留學生長大來冒充，或電視節目上的自行冒充，這些大概都是緣起 2000 年前後。

註五：引自，陳映真編，1988/11，p.43。

註六：引自，傅朝卿，2006，p.26。

註七：引自，傅朝卿，2006，p.82-84。

註八：引自，Kenneth Frampption 著，賀陳詞譯，1984，p.IX。

註九：先不說賀陳詞的翻譯對 Kenneth Frampption 所著近代建築史裡包浩斯的社會主義主張的自動消音就達不到翻譯之「信」。其譯序裡的對塔夫理背景及著作的「惡意」解讀，算是 1980 年代初期臺灣「恐共症侯群」的另一卓越表現吧，譯書出版不久即遭臺大建築城鄉所研究生提出譯文的質疑，而臺灣建築論述的主導權也至此逐漸由成大建築研究所轉移到臺大土木研究所的建築與城鄉組。

註十：詳，楊裕富，2008。

註十一：參考及引用，國立工藝研究發展中心網站資料。

註十二：詳，楊裕富，1997，及 1997 年後竹山社寮地區的發展現狀。

註十三：參考，國立臺灣美術館網站資料。

註十四：起因部分參考臺灣大百科，經過、影響、平反部分引自維基百科。

註十五：說好聽一點就是愛國青年從軍報國，既然抱國了越抱越緊當然是越愛國吧，說實在一點，這就是二十世紀起，諸多「開發中國家」的惡夢，軍閥混戰與長期軍人執政。

註十六：引自，維基百科，徐復觀款。

註十七：同註五。

註十八：1998 年中國時報 9 月 9 日新聞稿。

註十九：中華民國的師範教育體制早在 1945 年之前就有了，所以不能說日據時期帶來了師範教育體制，只能說帶來了美術教育師範科的體制。

註二十：正確的稱呼是河洛客而不是福佬客。因為從來沒有福建人自稱福佬的道理。而福建人從三國之後自稱「河洛人」，指的就是中原河洛地區遷移至福建的族群。

註二十一：1919 年五四運動的同時，一群受過西方教育（當時稱為新式教育）的北京大學老師與文人所提出「口語與書寫，文字一致」主張所形成的文化運動，這個運動表面上看起來是為了「減低華語文學習上的困難」，事實上卻是以「北京腔作為標準音」的「標準音運動」的一環。

註二十二：詳，何綿山，2005，p.21。

註二十三：參考維基百科，太平天國款。

註二十四：詳，馮天瑜，2006。

註二十五：引自，維基百科，梁啟超款。

註二十六：詳，本書第三章的論證。

註二十七：在 1970 年代至 1980 年代經濟政策上產業升級極其重要的改變就在於「從 OEM 轉變到 ODM」（從委託代工製造到委託設計），然而 1990 年代之後經濟政策上產業升級極其重要的改變則在於「從 ODM 轉變到 OBM」（從委託設計到委託品牌創造，也就是所謂自創品牌的挑戰）這「從 ODM 轉變到 OBM」的相對條件與環境（或前提）則為「臺灣成為亞太營運中心」這個戰略方案。

註二十八：建築彩繪古法製裡，諸如：粉牆、木壁板、乃至於良木的樑枋彩繪，其地仗層往往只是整平後略加魚膠，然後直接以白打底（如果木頭紋色均勻連白底也不必打），就畫，然後題字。最後，熟桐油或蛋清薄施一層即可。而目前的地仗層處理，批麻捉灰一道、兩道、三道，好像都免錢一樣，這其實不是正常工序，只是梁思成整理「清式營造算例則例」中老舊彩畫作油漆時的工料分析而已。

註二十九：詳，楊裕富，1998，p.31-32；p.45-52。

註三十：范求利（Venturi，R）在畢業時，其畢業設計獲得第一名的羅馬大獎而赴義大利遊學一年，並於 1966 年發表<<建築中的複雜與矛盾>>一書，高度質疑現代建築運動所揭諸的設計美學教條。詳，楊裕富，2004，p.69。

註三十一：1960 年代美國學生運動與嬉皮運動所共同揭諸的「和平與愛」雖也有爭議（諸如愛詮釋為性愛解放），但是卻明顯的質疑美國國家任務中「顛覆看不順眼小國家，進而發動戰爭，捲入戰爭」的神聖性，另一方面在設計藝術的形式向度，也同樣高度質疑當時如日中天現代藝術的正當性與教條性。

註三十二：1968 年的法國學生暴動則可視為當時法、義、西、葡等國的「反美國文化」總爆發，只是當時被稱為「反文化（anti-culture）運動」而已，當然在更高的層面，是對當時自由民主資本主義機制的總質疑，只是透過學生運動的形式演出，最後形成「鎮壓、暴動、（一年後戴高樂）總統諳然下臺」而已。

註三十三：詳，楊裕富，2011，福建設計美學發展講義，p.116。

第八章參考文獻

石國宏，2001，戰後臺灣建築競圖中建築樣式與文化表徵關係之研究，中壢：中原大學建築研究所。

江衍疇，1993，<經濟面下的建築文化>，<<雄獅美術>>，272 期。

汪洁、陳國平，2003，閩臺宮廟壁畫，北京：九州出版社。

李翠瑩，1998，<戰後第一次反帝愛國運動>，<<人間雜誌>>第 37 期。

呂清夫，1993，<現代主義的實驗期>收錄於<<臺灣美術新風貌展>>。

何綿山，2005，閩臺文化探略，廈門：廈門大學出版社。

林平，1993，臺灣美術新風貌展（1945—1993），臺北：臺北市立美術館。

林品章，2003，臺灣近代視覺傳達設計的變遷，臺北：全華科技圖書公司。

林秀娟編，2011，工藝印記：臺灣百年工藝文化特展，草屯：國立臺灣工藝研究發展中心。

林保堯，2001，百年臺灣美術圖象，臺北：藝術家出版社。

孫得雄、陳肇男、李棟明，2001，<臺灣家庭計畫之轉折與政策經驗>，臺灣經濟預測與政策第 32 卷第 1 期，臺北：中央研究院。

許峰旗、覃桂茂，2007，工藝新樂園，草屯：國立臺灣工藝研究所。

莫藜藜、賴珮玲，2004，<臺灣社會「少子化」與外籍配偶子女的問題初探><<社會發展季刊>>105 期，p.55-65。

陸蓉之，1993，<臺灣當代美術新潮：銳變的年代 1983—1993>收錄於<<臺灣美術新風貌展>>。

陳文泰，1998，從現代化過程中探討臺灣建築論述的演變。

陳映真編，1988/11，人間雜誌第 37 期：讓歷史指引未來，溯走臺灣民眾 40 年來艱辛而偉大的腳蹤踪，臺北：人間雜誌社。

傅朝卿，2006，臺灣建築摩登化的故事，臺北：文化建設委員會。

崔詠雪，2007，<<臺灣美術主體性專輯>>，<<臺灣美術>>第 67 期。

馮天瑜，2006，張之洞及其勸學篇，光明日報轉載於人民網。

馮永華，2008，後現代品牌設計思維架構之研究，斗六：國立雲林科技大學設計學研究所博士論文。

黃忠臣，2000，神聖空間的建構：行天宮臺北本宮楹聯碑畫賞析，臺北：行天宮。

張志遠，2005，臺灣的工藝，臺北：遠足文化公司。

楊裕富，1992，從住宅用地供給變遷分析臺灣住宅政策與立法，臺北：國立臺灣大學土木研究所建築與城鄉組博士論文。

楊裕富，1997，設計藝術史學與理論，臺北：田園城市出版公司。

楊裕富，1997，南投縣竹山鎮社寮社區輔導美化地方傳統文化建築空間計畫，斗六：國立雲林技術學院設計研究中心。

楊裕富 1997<設計文化的轉向：世紀末設計論述的提綱性反省> <<第二屆設計學會研討會>>。

楊裕富，1998，設計的文化基礎：設計、符號、溝通，臺北：亞太圖書出版社。

楊裕富，2004，後現代設計藝術，臺北：田園城市出版公司。

楊裕富，2008，以國家政策探討臺灣工藝發展史，斗六：國立雲林科技大學設計學研究所。

楊裕富，2011，敘事設計美學：四大文明風華再現，新北市：全華圖書公司。

楊裕富，2011，福建設計美學發展講義，課程講義，未出版。

楊裕富、曾意潔，2010，設計發展脈絡，臺北：財團法人臺灣設計創意中心。

蔡明玲編，2003，臺灣美術丹露，臺中：國立臺灣美術館。

蔣勳，1993，<回歸本土：七０年代臺灣美術大勢>收錄於<<臺灣美術新風貌展>>。

劉芳如，2003，<試說溥心畬神異人物畫的創作核心>，<<雄獅美術>>272 期。

賴建都，2002，臺灣設計教育思潮與演進，臺北：龍辰出版公司。

原點編輯部，2012，用臺灣好物過幸福生活，臺北：原點出版。

聯合晚報編輯部，2008，誰在玩品牌：20 位臺灣品牌築夢人驚豔國際的品牌傳奇，臺北：聯經出版公司。

Kenneth Framption 著，賀陳詞譯，1984，近代建築史，臺北：茂榮圖書公司。

Robert A. Pastor 編著，董更生譯，2000，二十世紀之旅：七大強權如何塑造二十世紀，臺北：聯

經出版公司。

Lynn Pan，2008，Shanghai Style : art and design between the wars，Hong Kong：Joint Publishing (H.K.) Co..Ltd。

參考網站

行政院經濟建設委員會網站

http://www.cepd.gov.tw/

行政院主計總處網站

http://www.dgbas.gov.tw/mp.asp?mp=1

內政部戶政司全球資訊網

http://www.ris.gov.tw

內政部統計處網站

http://www.moi.gov.tw/stat/

Rostow, Walt Whitman.生平

http://www.s9.com/Biography/Rostow-Walt-Whitman

國立臺灣工藝研究發展中心網站

http://www.ntcri.gov.tw/zh-tw/Home.aspx

國立臺灣大學建築與城鄉研究所網站

http://www.bp.ntu.edu.tw/

臺南家具產業博物館

http://www.fmmit.com.tw/index.php

國立臺灣美術館

http://www.ntmofa.gov.tw/

國立臺灣美術館。李仲生現代曲。

http://www1.ntmofa.gov.tw/lcs/index.asp

國立臺灣美術館。打開臺灣美術話匣子。

http://ww1.ntmofa.gov.tw/opentaiwanart/index.htm

維基百科。臺灣鄉土文學論戰、臺大哲學系事件、臺灣意識論戰、五月畫會等款。

http://zh.wikipedia.org/zh-tw/Wikipedia:%E9%A6%96%E9%A1%B5

臺灣大百科全書網路版

http://taiwanpedia.culture.tw/web/index

文化部國家文化資料庫網站

http://nrch.cca.gov.tw/ccahome/index.jsp

國立臺灣工藝研究發展中心網站

http://www.ntcri.gov.tw/zh-tw/Home.aspx

維基百科。太平天國款。

http://zh.wikipedia.org/wiki/%E5%A4%AA%E5%B9%B3%E5%A4%A9%E5%9C%8B

人民網。馮天瑜，2006，張之洞及其勸學篇。

http://theory.people.com.cn/BIG5/49157/49165/4411142.html

維基百科。梁啟超款。

http://zh.wikipedia.org/wiki/%E6%A2%81%E5%95%9F%E8%B6%85

第八章圖版目錄

圖 8-1 臺北五零年代之街屋（楊裕富拍攝）；圖 8-2 預鑄式土地公廟；圖 8-3 李重耀設計之木柵指南宮；圖 8-4 指南宮之庭園一景；圖 8-5 王大閎設計之臺大學生活動中心；圖 8-6 王大閎設計之國父紀念館（楊裕富拍攝）；圖 8-7 漢寶德設計之新竹南園；圖 8-8 南園之室內設計；圖 8-9 李祖原設計之臺北壹零壹大樓（楊裕富拍攝）；圖 8-10 李祖原設計之上海世博臺灣館；圖 8-11 一九六零年代產品設計，大同電扇；圖 8-12 一九六零年代工藝設計（引自國家工藝研究所網站）；圖 8-13 一九七零年代產品設計，大同電鍋；圖 8-14 一九七零年代外銷暢旺的美式家具設計；圖 8-15 一九八零年代產品設計，咖啡壺組；圖 8-16 一九九零年代工藝設計，漆屏；圖 8-17 二零一零年獲得 IF 獎之產品設計，折疊式腳踏車；圖 8-18 二十一世紀初工藝設計之法藍瓷；圖 8-19 古蹟維修帶動的鑿花工藝之一（楊裕富拍攝）；圖 8-20 古蹟維修帶動的鑿花工藝之二（楊裕富拍攝）；圖 8-21 傳統宮廟活動帶動觀光及文資保存，竹山社寮紫南宮（楊裕富拍攝）；圖 8-22 尫仔陶陶藝復甦帶動之劍獅旅遊紀念品（楊裕富拍攝）；圖 8-23 李石樵油畫，無題自明；圖 8-24 傅心畬紙褐畫，鍾魁；圖 8-25 劉國松作品，地球何許系列之一；圖 8-26 林玉山作品，喜馬拉雅山；圖 8-27 吳天章作品，關於蔣介石；圖 8-28 何懷碩作品，關鄉何處；圖 8-29 潘春源建築彩繪，精忠報國；圖 8-30 蔡草如建築彩繪作品，桃園三結義；圖 8-31 蔡草如建築彩繪作品，精忠報國；圖 8-32 陳玉峰建築彩繪作品，義之弄孫；圖 8-33 劉昌洲建築彩繪作品，南極星輝；圖 8-34 許報錄建築彩繪作品，門神；圖 8-35 李登勝建築彩繪作品，門神；圖 8-36 林劍峰泥塑彩繪作品，桃園結義；圖 8-37 潘岳雄建築彩繪十八羅漢之降龍羅漢；圖 8-38 黃信一建築彩繪作品，宮娥門神；圖 8-39 黃燦榮版畫，臺灣事件；圖 8-40 柏楊翻譯作品之大力水手漫畫；圖 8-41 一九八零年代之唱片封面設計；圖 8-42 一九八零年代末之時裝廣告設計；圖 8-43 二十一世紀之視覺傳達設計，賽德克巴萊電影海報。本章圖片除正文另有說明及附記引用來源外，均引用自本章所列之參考文獻與參考網站資料並予以圖像校正及清晰化。

國家圖書館出版品預行編目(CIP)資料

臺灣設計美學史. 卷三, 當代臺灣 / 楊裕富著.
-- 初版. -- 臺北市 : 元華文創, 2019.05
面 ; 公分

ISBN 978-957-711-083-1 (平裝)

1.美學史 2.設計 3.臺灣

180.933   108006178

臺灣設計美學史(卷三)—當代臺灣

楊裕富 著

發 行 人：賴洋助
出 版 者：元華文創股份有限公司
公司地址：新竹縣竹北市台元一街 8 號 5 樓之 7
聯絡地址：100 臺北市中正區重慶南路二段 51 號 5 樓
電　　話：(02) 2351-1607
傳　　真：(02) 2351-1549
網　　址：www.eculture.com.tw
E - m a i l：service@eculture.com.tw
出版年月：2019 年 05 月 初版
定　　價：新臺幣 330 元

ISBN：978-957-711-083-1 (平裝)

總 經 銷：易可數位行銷股份有限公司
地　　址：231 新北市新店區寶橋路 235 巷 6 弄 3 號 5 樓
電　　話：(02) 8911-0825　　傳　　真：(02) 8911-0801